城市轨道交通
列车故障处理

（第2版）

（配技能考核与评价手册）

毛昱洁　主　编
吴帆帆　主　审

人民交通出版社股份有限公司
北　京

内 容 提 要

本教材是“十四五”职业教育国家规划教材。教材内容结合当前城市轨道交通发展现状与趋势，组织多位行业专家、企业导师和专业骨干教师对城市轨道交通列车司机的典型职业活动、工作任务以及胜任职业活动所需的职业能力展开分析，确定了 PGSD 能力分析模型。主要内容包括：牵引系统故障处理、制动及风源系统故障处理、车门系统故障处理、车载信号系统故障处理、高压供电系统故障处理、辅助电源系统故障处理、列车服务设备故障处理、站台门故障处理。

本教材是城市轨道车辆应用技术专业城市轨道交通列车故障处理课程的教学用书，也可供城市轨道交通列车驾驶和检修从业人员阅读。

本教材配有多媒体教学 PPT 课件，任课教师可加入“职教轨道教学研讨群”获取（教师专用 QQ 群号：129327355）。

图书在版编目（CIP）数据

城市轨道交通列车故障处理/毛昱洁主编. —2 版. —北京：人民交通出版社股份有限公司，2021.11（2025.1重印）

ISBN 978-7-114-17686-9

Ⅰ.①城… Ⅱ.①毛… Ⅲ.①城市铁路—铁路车辆—故障修复—高等职业教育—教材 Ⅳ.①U239.5

中国版本图书馆 CIP 数据核字（2021）第 232668 号

“十四五”职业教育国家规划教材
Chengshi Guidao Jiaotong Lieche Guzhang Chuli

书 名：城市轨道交通列车故障处理（第 2 版）
著 作 者：毛昱洁
责任编辑：司昌静
责任校对：孙国靖 龙 雪 扈 婕
责任印制：张 凯
出版发行：人民交通出版社股份有限公司
地 址：（100011）北京市朝阳区安定门外外馆斜街 3 号
网 址：http://www.ccpcl.com.cn
销售电话：（010）85285911
总 经 销：人民交通出版社股份有限公司发行部
经 销：各地新华书店
印 刷：北京市密东印刷有限公司
开 本：787×1092 1/16
印 张：17
字 数：424千
版 次：2015 年 9 月 第 1 版
2021 年 11 月 第 2 版
印 次：2025 年 1 月 第 2 版 第 4 次印刷
书 号：ISBN 978-7-114-17686-9
定 价：45.00 元

版权声明

第2版前言

编写背景

“城市轨道交通列车故障处理”是城市轨道车辆应用技术专业的核心课程。教材编写团队在第1版教材的基础上,结合当前城市轨道交通发展现状与趋势,组织多位行业专家、企业导师和专业骨干教师对城市轨道交通列车司机的典型职业活动、工作任务以及胜任职业活动所需的职业能力展开分析,确定了PGSD能力分析模型。该模型基于可持续发展的教育理念,详细列出了城市轨道交通列车司机的职业能力、通用能力、社会能力和发展能力,实现从职业人才需求到教育教学的过渡。在设计项目模块时,教材既参考PGSD能力分析模型,又充分对接教育部《高等职业学校城市轨道交通车辆技术专业教学标准》以及人力资源和社会保障部、交通运输部联合颁布的《城市轨道交通列车司机国家职业技能标准(2019年版)》,重新整合学习内容,增加全自动运行系统发展带来的新技术、新设备所产生的理论和技能变化,为夯实学生列车故障处理能力和提高可持续发展能力奠定基础。本教材既可作为高等职业教育城市轨道车辆应用技术专业的核心课程教材,也可作为城市轨道交通运营企业司机岗位的培训参考资料。

修订重点

与第1版教材相比,本版修订教材更加突出以下方面。

1. 工作任务引领

基于城市轨道交通列车司机的职业能力要求,对接教学标准和职业技能标准,遵循学生认知规律和职业成长规律,将学习内容整合为8个项目共计29个任务。每一个任务均从司机实际工作场景出发,设定故障发生时的工作情境和工作目标,组织学生完成故障分析、故障排查、故障处理和故障记录,并对处理结果进行评价,将时间观念、沟通能力、服务意识、大局意识、精益意识等综合素质纳入评价体系,实现了学习内容与职业岗位的有效衔接。

2. 校企双元开发

教材编写团队中既有专业院校的骨干教师,又有城市轨道交通运营企业的培训师和导师。教材以项目、任务等为载体,内容符合职业岗位工作过程,并适应城市轨道交通行业新技术、新材料、新工艺、新设备的发展现状,最大限度保证了内容的先进性、针对性和适用性。

3. 书证融通

全面考虑“1+X”证书制度试点工作需要,将城市轨道交通列车司机/乘务员职业技能等级证书融入教材内容，结合考证要求，系统化地设计工作任务、创设工作情境、评价工作效果，提高人才培养质量，贯彻落实书证融通。

此外，教材中多个情境任务与历届全国交通运输行业城市轨道交通列车司机（学生组）职业技能大赛考核要点相吻合，如全列牵引无流的处理、紧急制动不缓解的处理、常用制动不缓解的处理、停放制动不缓解的处理、空压机不启动的处理、全列车门打不开的处理、全列车门关不上的处理、单个车门关不上的处理、门灯显示故障的处理、车载 ATP 故障的处理、SIV 故障的处理、广播故障的处理、站台门与车门不联动的处理等。

4. 适应行业发展趋势

近几年，技术先进、性能稳定、效率优先的全自动运行系统已成为城市轨道交通列车运行控制系统的发展主流，相应地，专业人才培养应当与时俱进，培养业务扎实、适应多专业联动、一专多能的高素质技术技能人才。根据中国城市轨道交通协会 2021 年 3 月发布的《2019—2020 年度城市轨道交通人力资源状况统计分析报告》，城市轨道交通运营企业生产技能人员存在高技能人才比例过低、结构不合理的问题，而与城市轨道交通相关的高职院校是人才培养的主力。本教材立足行业前沿，遵循技能培养与知识传承并重的原则，在设计结构时注重学生的个性化学习和拓展学习，为学生可持续发展、技术职称晋升奠定良好基础。

5. 数字资源丰富

围绕"互联网＋职业教育"的发展需求，初步形成以课程建设、教材编写、数字资源开发、信息技术应用等综合一体的新型教材。教材图文并茂、层次清晰，数字化资源形式多样、内容丰富，有利于教师授课和学生自主学习。

编写团队

本教材由北京交通运输职业学院毛昱洁担任主编，中车长春轨道客车股份有限公司吴帆帆担任主审，参与编写的还有北京交通运输职业学院单晓涛，北京市轨道交通运营管理有限公司吴捷、陈宇。具体编写分工为：课程导论、项目一、项目五和项目七由毛昱洁编写；项目二由毛昱洁和单晓涛编写；项目三和项目六由吴捷编写；项目四和项目八由陈宇编写。

本教材在修订过程中参考、引用了相关行业专家和学者的著作与成果，并得到城市轨道交通运营企业许多一线司机朋友的帮助，在此向他们表示衷心的感谢。

本教材是编写团队精心设计和经验凝练的成果，但由于编者水平有限，书中难免存在不足和疏漏之处，敬请读者批评指正，以便进一步改进、充实和完善工作成果，更好地为城市轨道交通行业的人才培养发挥作用。

编　者

2021 年 5 月

目　录

注：标※的任务是城市轨道交通列车司机(学生组)职业技能大赛的故障处理模块考核要点。

数字资源索引

序号	资源名称	所在页码	二维码
1	列车各主要系统易产生的故障	2	
2	列车各系统旁路开关	4	
3	司机误断 ATO8 导致列车牵引无流	22	
4	司机忘记恢复门选开关导致列车牵引无流	24	
5	列车单车牵引无流	27	
6	列车制动单元制动不缓解	50	
7	全列车门无法正常开启	77	
8	全列车门无法正常关闭	80	
9	列车多个车门关不上	84	

续上表

序号	资源名称	所在页码	二维码
10	单个客室车门故障应急处理	88	
11	应答器基本原理和使用	100	
12	列车位置丢失	101	
13	ATP 系统故障应急应用	107	
14	信号设备故障时变更闭塞方式的操作	108	
15	列车辅助系统故障应急处理	148	
16	整列车空调操作无效故障应急处理	169	
17	人工开启站台门	178	

课程导论

城市轨道交通列车司机是城市轨道交通运营企业的传统工种。伴随城市轨道交通的发展,以及相关设备制造技术和系统研发水平的不断提升,司机从重复作业中解放出来。如上海地铁于2021年初开通的新线路实现了全自动驾驶,司机不再固守在司机室中,而是作为多职能列控员随车巡视,当列车出现故障时,他们在调度授权的情况下,进行应急处理。技术先进、性能稳定、效率优先的全自动运行系统已成为城市轨道交通列车运行控制系统的发展趋势,相应地,城市轨道交通列车司机在这一发展浪潮中首先受到影响。但技术革命不会降低对司机的要求,反而会提升司机工作的难度,改变岗位职责的重心,要求司机既要掌握传统列车操作技能,又要具备特殊工况下的应对与处理能力。如上海地铁在选拔多职能列控员时,首先要求取得列车驾驶上岗证,然后经过一年多的综合培训和客运服务培训,方能正式上岗。

全自动运行系统的发展使城市轨道交通列车司机的工作地点从司机室延伸到客室车厢,从单一地驾驶列车转变为监护列车与服务乘客并重,当列车出现故障且无法自诊断恢复正常时,司机必须在"黄金三分钟"内快速排除故障,必要时需将自动驾驶模式转为手动驾驶模式,保障运营秩序不受影响。

一、故障处理的典型职业活动

城市轨道交通列车是多专业综合性的交通工具,涉及机械、电气、控制、材料等多个领域,通过将各个相对独立的子系统有机结合在一起,来实现列车安全可靠的高品质运行。城市轨道交通列车司机作为列车的操纵者和监督者,以及线路运营的一线参与者,必须具备扎实的列车操纵能力、列车故障处理能力、非正常行车能力及突发事件应急处理能力和列车救援能力。

2019年,人力资源和社会保障部、交通运输部联合颁布了《城市轨道交通列车司机国家职业技能标准(2019年版)》,对从业人员的理论知识和操作技能的综合性水平作出规定,用以指导司机培养和开展职业技能等级考核评价,有助于提升司机职业技能水平和人才队伍建设。在此基础上,2020年多个城市已开展城市轨道交通列车司机职业技能鉴定工作。根据该标准,城市轨道交通列车司机设五个等级,分别为五级/初级工、四级/中级工、三级/高级工、二级/技师、一级/高级技师,技能要求层层递进,高级别涵盖低级别的要求。职业院校城市轨道车辆应用技术专业在培养人才时,可按照初级工或中级工的工作要求制定培养目标,职业能力均包括列车操纵、列车故障处理、非正常行车及突发事件应急处理和列车救援,区别在于各项能力对应的技能要求和知识要求有所不同。其中,列车故障处理的工作内容为:列车牵引故障处理、列车制动故障处理、列车车门故障处理、列车信号故障处理、列车受电弓和受流器故障处理、列车辅助电源系统故障处理、列车服务设备故障处理、站台门故障处理。

在2017年教育部公布的《高等职业学校城市轨道交通车辆技术专业教学标准》❶中,结合当时的行业状况,驾驶方向的专业核心课程有"列车操作及故障处理"和"列车运行突发事件处理",列车故障处理能力对应在"列车操作及故障处理"课程中。近几年列车控制技术和全自动运行技术的飞速发展与普及,对司机特殊工况下的应对与处理能力要求也越来越高。结合企业需求、岗位典型职业活动、专业教学标准和人才培养目标,可将城市轨道交通列车司机初级工/中级工的四项职业能力转化为三门专业核心课程:城市轨道交通列车驾驶、城市轨道交通列车故障处理、城市轨道交通列车突发事件处置。本教材对应课程"城市轨道交通列车故障处理",综合考虑列车组成、各子系统特点及故障处理工作内容,教材设立八个项目,参见表0-1。

教学项目与列车故障处理工作内容的对应关系 表0-1

序号	教 学 项 目	列车故障处理工作内容
1	牵引系统故障处理	列车牵引故障处理
2	制动及风源系统故障处理	列车制动故障处理
3	车门系统故障处理	列车车门故障处理
4	车载信号系统故障处理	列车信号故障处理
5	高压供电系统故障处理	列车受电弓和受流器故障处理
6	辅助电源系统故障处理	列车辅助电源系统故障处理
7	服务设备故障处理	列车服务设备故障处理
8	站台门故障处理	站台门故障处理

二、故障处理的注意事项

城市轨道交通列车从功能设计到零部件选材、组装,都以确保行车安全为基本出发点,但任何设备都会出现故障,列车正线运营过程中出现的故障由司机进行应急处理,以保证城市轨道交通正常运营。

1. 及时汇报

轨道列车司机在正线上驾驶或监护列车运行的过程中,应严格按照列车运行图规定的运行时刻操纵列车,当发生故障需要停车处理时,应及时查明情况并向行车调度员汇报。正线上运行的列车多时有几十辆,如有列车停车处理故障,则可能影响后续其他列车的运行。在这种情况下,必须由行车调度员根据司机汇报的情况,结合线路实际状况,统一实施行车组织,保证乘客运输任务的顺利完成。

列车各主要系统易产生的故障

❶ 按照教育部2021年新专业目录,专业名称更名为城市轨道车辆应用技术专业。

2. 时间控制

作为司机,遵守时间规定是最基本的职业道德。城市轨道交通系统的计时单位一般精确到“秒”,那么轨道列车司机的时间观念就非常重要。

运营期间,列车在正线上出现故障无法动车,将造成行车中断,对全线运营造成较大的影响。高峰时间,运行中的前后车相差不到两分钟,一辆车几分钟的延误可能造成后续几十辆车的十几分钟甚至几十分钟的延误。因此,司机在处理故障时,必须控制好时间,将故障影响控制在可控范围内。

3. 安全操作

轨道列车司机在处理故障时,必须按照操作规范,安全、合理地进行各项动作,在保证自身安全的同时,防止故障进一步扩大。例如:到车下作业必须穿戴防护用品,并携带相关工具;断、合相关保险或开关前必须确保列车其他设备或元件在正确位置;故障处理完毕后,应结合列车实际运行条件,采取合理的速度驾驶列车。

4.“应急”为主

列车运行过程中发生故障时,要求司机做到“应急”处理,即在有限的时间内根据实际情况,或消除故障对列车继续运行的影响,或因为对故障暂时没有很好的解决方法而通过处理使列车暂时维持运行,或请求救援。不论是哪种程度的故障,均要求司机对线路情况、列车维持运行的状态有正确的判断,充分考虑故障的综合影响,尽量降低故障对正线运营秩序的影响。列车上线技术标准参见附录一。

三、故障处理的基本技巧

为了减少列车故障的处理时间,提高故障处理效率,司机应快速分析和判断故障情况,合理使用列车各项功能,正确完成故障的应急处理。现场故障判断的常用方法有观察法、对比法、逐步排除法、经验判断法、共性问题叠加法、专用设备检测法等,在实际应用中要互为补充,并不断总结和积累经验,才能快速、准确判断故障发生的原因,并采取相应的处理措施。根据列车特点,一般在故障应急处理时常用的方法有以下几种。

1. 故障恢复法

列车状态显示屏、各仪表和指示灯是“司机—列车”交互的重要途径,司机要能根据以上设备的显示内容,确定故障发生的部位,检查相关设备有无异常。例如,驾驶台上按钮和开关位置不正确、控制柜内保险开关断开等,可以通过恢复其状态和功能达到排除故障的目的。

2. 故障切除法

有些故障会直接影响列车的驾驶性能和安全性能,遵循“故障安全”的原则,在任何一个环节、任何一个点上检测到问题,列车系统都会按照这一设计原则,采取自动导向安全的应对措施,如列车限速运行或停止运行。司机要能通过故障现象准确查找故障点,通过切除故障设备、禁止其工作的方法来维持列车运行,减小列车故障对运营的影响。例如,单个车门不能关闭而影响发车时,可以采取隔离该车门的方法以确保列车继续运行。

3. 旁路法

列车的牵引控制电路、车门控制电路中一般设有旁路开关,如果故障导致某项功能不能实现,可以采取闭合旁路开关的方法以实现必要的功能,维持列车运行。例如,门关好继电器故障但全列车门已经关好,可以使用门关好旁路。诸如此类的还有零速旁路、紧急制动短路开关、门使能旁路等。列车各旁路开关的作用和使用时机参见附录二。

列车各系统旁路开关

4. 重启法

当前的列车基本采用计算机控制、网络控制等技术,当控制信号或通信信号发生误差时会造成信息传输紊乱,影响列车某些设备的正常使用。在这种情况下,可以采用重新启动列车或重新启动相关设备的方法来恢复相关功能。例如,乘客信息系统卡死,可以通过重启电源保险开关来消除故障。

四、故障等级

列车出现故障后,司机要根据故障现象、故障点和故障严重情况采取不同措施,可以参考列车状态显示屏上的故障说明和帮助信息。

列车具备故障自诊断功能,将列车各系统的故障等级分为:

(1)轻微故障:不影响部件系统功能的故障;

(2)中等故障:限制部件系统功能的故障;

(3)严重故障:严重影响部件系统的故障,系统自动关闭。

相应地,在故障应急处理完毕后,司机要针对故障严重程度向行车调度员申请执行不同的列车上线标准:

(1)轻微故障:不影响当日运营的故障,列车维持运行,于日检时处理;

(2)中等故障:影响运营的故障,列车在终点站退出运营,返段检修;

(3)严重故障:影响运营的故障,列车立即在前方站清客,退出运营,某些情况下列车无法运行,需要申请救援。

五、故障处理的素质和能力

随着我国产业升级和经济结构调整不断加快,各行各业对技术技能人才的需求越来越大,在全面建设社会主义现代化国家新征程中,职业教育前途广阔、大有可为。职业教育担负着立德树人的根本育人任务,承担着培养更多高素质技术技能人才、能工巧匠、大国工匠的伟大使命,在传授科学文化和专业知识、培养技术技能的同时,应发扬劳模精神、劳动精神、工匠精神,全面提高受教育者的综合素质。下面列举司机在进行列车故障处理时所必备的10项职业素质和能力。

1. 安全意识

安全是轨道交通运输的第一标准,国内都把行车安全放在突出位置。行车安全的质量指标是衡量轨道交通运营管理的重要环节,是列车运行的永恒主题。司机在执勤过程中必须时刻牢记“安全第一、预防为主”的运营宗旨,树立安全行车和服务乘客的思想意识,尽量将故障消除在萌芽状态,减少和消除由各种因素造成的不良后果。

2. 责任意识

责任意识是指个人对自己和他人、对家庭和集体、对国家和社会负责任的认识、情感和信念，以及与之相应的遵守规范、承担责任和履行义务的自觉态度。司机作为城市轨道交通车辆的第一线操纵者，必须有高度的服务意识、安全意识、奉献意识，了解城市轨道交通运营企业的核心性质——服务，能从工作中找到自身的价值，兢兢业业、不计"小我"，这样才有可能确保城市轨道交通运营的正常进行。2003 年，在韩国大邱地铁火灾事故中，一名司机拔掉列车钥匙自己先行逃生，就是责任意识极其淡薄的表现，受到全社会的谴责。

3. 服务意识

服务意识是指以满足乘客需求为城市轨道交通运营企业的出发点，在运营过程中，要特别注意乘客的偏好，重视运营服务手段的创新，以动态地适应乘客的需求。而司机作为直接与乘客沟通交流的群体之一，必须以为乘客服务为工作的出发点，在故障发生后，尽可能地从服务乘客的角度出发，负起应有的责任。

4. 大局意识

大局意识要求能从整体、全局出发对事态进行综合考量和谋划，做到认清大局、看透大局、服务大局、贡献大局。司机和司机所驾驶的列车是城市轨道交通线网中的一个环节，行车中稍有不当，便可能影响整体效率。因此，在工作中，尤其是在列车突发故障等情况下，司机一定要有统筹兼顾、放眼整体的大局意识，既要专心于列车操作工作，又要确保能够配合协调整体运营秩序。

5. 精益意识

精益意识是指精益求精的精神，是司机对列车运行和操作的每项任务都凝神聚力、精益求精、追求极致的职业品质。对细节与精确度的把握，是长期作业实践和训练的结果，能反映司机所应具有的习惯性能力。无论是正常运行条件下的列车驾驶作业，还是突发故障情况下的应急处理任务，司机都要把精准操作抓在手上、落到实处，不断锤炼和提升技艺。

6. 心理素质

心理素质与行车安全有着密切的关系。司机的驾驶承载着上千名乘客的安全，司机一定会有不同程度的心理压力，在故障发生后，司机更有可能产生胆怯、急躁、焦虑等心理，这些不良情绪会给故障处理带来极大隐患，不仅不能在规定的时间内解决问题，还可能使问题进一步扩大。合格的司机必须能够及时、积极地消除和控制自己的不良情绪，保持良好的心理状态，为乘客提供安全、便捷、温馨的乘车服务。

7. 沟通能力

沟通能力是指一个人与他人有效地进行信息交流、沟通的能力。城市轨道交通列车驾驶虽然是司机的个人行为，但在工作过程中，司机应能高效、准确地与行车调度员、其他岗位工作人员进行沟通，积极主动地向车上乘客发布运营消息，正确表达行车必要信息，使同事间协同工作以提升效率，使乘客获得良好感受，提高工作质量。司机的沟通能力在故障发生时尤为重要。

8. 观察能力

观察能力是指大脑对事物的观察能力，如通过观察发现新奇的事物等，在观察过程中对声音、气味、形态、变化等有一个新的认识。观察具有目的性、条理性、理解性、敏锐性和准确性。司机在操纵列车的过程中,要随时注意列车内部状态的显示(通过观察列车监控显示屏、指示灯、仪表等获得)和外部环境的变化,确保列车安全、稳定运行。

9. 应变能力

应变能力是指人在外界事物发生改变时做出的反应,可能是本能的,也可能是经过思考后所做出的决策。应变能力强调能在变化中产生应对的策略,根据情况随机应变、辨明方向。司机要具备良好的应变能力,随时处于警觉状态,做好处理故障的准备,在受到干扰时迅速处理,保证行车安全。

10. 创新意识

创新意识是当代工匠精神的核心要素。随着城市轨道交通不断发展以及新工艺、新技术的不断产生,对于司机的要求已经不是从师傅那里学得技艺从而能够保持和发挥技能,而是将传承与创新结合起来,通过日常工作的积累、总结,从而有所突破,既适应技术革新带来的工作变化,又能对现有的作业内容进行大胆革新,提升故障处理成效。

项目一 牵引系统故障处理

项目说明

牵引系统是列车实现运行的重要系统，是列车动力的来源。不论采用何种编组形式，牵引系统最终控制所有牵引电动机工作，为列车提供所需的牵引力和电制动力。运行中，列车的牵引系统若发生故障，将直接影响列车的运营能力，降低城市轨道交通运营企业的运营水平。因此，能否快速、高效、准确地对各类牵引系统故障进行应急处理，保证列车完成当时、当次或当天运营，是检验司机业务能力和技能水平的重要考核项目。

通过本项目的学习和训练，学生应掌握牵引系统故障的判断和分析方法，能在规定时间内处理主要几类牵引系统故障，并根据处理结果采取维持运营、终点站掉线、立即清人掉线或请求救援的措施。

对应职业能力

轨道列车司机（五级/初级工）—列车故障处理—列车牵引故障处理。

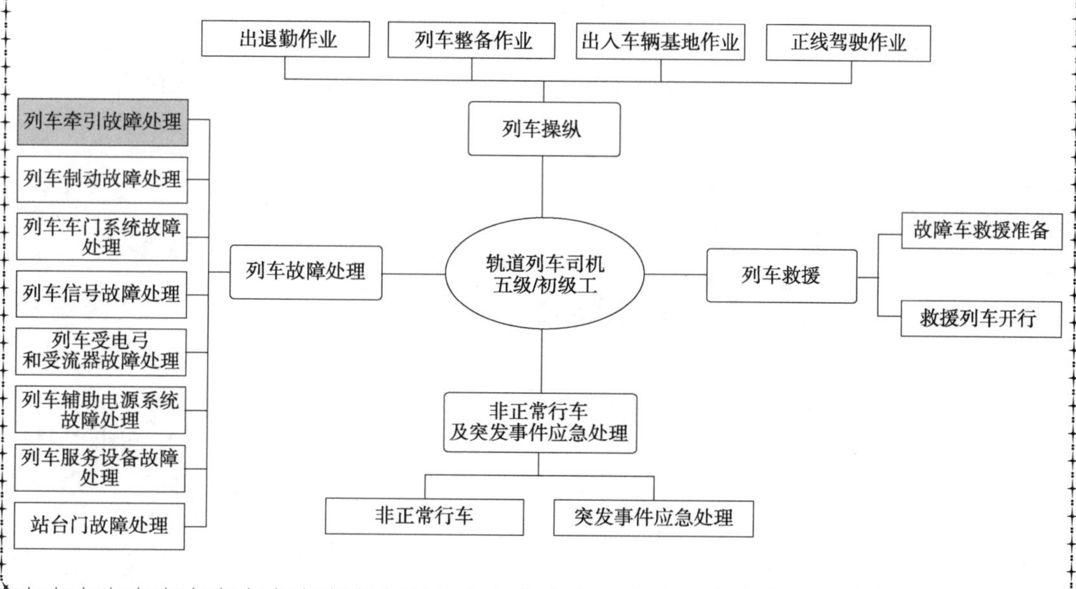

知识目标

1. 掌握牵引系统的组成、功能、主要部件的结构和控制关系。
2. 掌握牵引系统故障的应急处理原则及要求。
3. 掌握牵引系统主要故障的判断和应急处理方法。

能力目标

1. 能及时发现牵引系统异常,正确判断故障。
2. 能根据故障现象分析导致牵引系统故障的原因。
3. 能根据应急处理原则和要求,及时处置牵引系统故障。
4. 能在“列车状态记录单”上正确填写牵引系统故障情况。

素质目标

1. 培养良好的观察能力。
2. 培养时间观念。
3. 培养精准的操作能力,弘扬工匠精神。
4. 培养独立分析问题的能力。
5. 培养动手解决问题的能力。

建议学时

6 课时。

教学条件

1. 多媒体教室:能连接互联网,开展与课程有关的教学活动。
2. 列车模拟驾驶器:能模拟牵引系统主要故障,并能随机设置不同的故障点。
3. 教学软件:能模拟列车操纵环境,并具备实时交互反馈功能。

知识单元

牵引系统构成与特点

牵引系统是列车驱动系统的组成部分,其作用是将电网的电流传输至牵引电机,提供合适的能量。我国大部分城市轨道交通线路采用 DC1500V 或 DC750V 供电系统(北京大兴国际机场线采用 AC25kV 供电系统),列车牵引系统利用牵引逆变器将直流电逆变为电压与频率均可调的三相交流电,驱动位于动车转向架上的牵引电机,通过齿轮传动装置将牵引力传递到轮对上。

列车的牵引系统由牵引高压系统和牵引控制系统组成。牵引高压系统包括受流器、熔断器、主开关箱、母线开关箱、母线断路器、断路器箱、滤波电抗器、变频变压(Variable Voltage and

Variable Frequency,VVVF)牵引逆变器、主电动机、制动电阻和接地开关箱等。牵引控制系统包括司机控制器、脉冲宽度调制(Pulse Width Modulation,PWM)发生器和各种继电器等。

一、牵引高压系统

列车牵引高压系统由受流装置、主断路器、高压隔离开关、逆变器、制动电阻、牵引电机、接地装置等组成。图 1-1 所示为 DKZ53 型列车的牵引高压系统构成示意,该车采用 DC1500V 接触网供电方式,每列车分为两个动力单元,每个单元由两个动车和一个拖车组成,位于中间的动车 Mp 上设有一个受电弓和一个主熔断器,将电网提供的高压电源传输给列车高压设备。每个动力单元内设有高压母线,以保证单元内的牵引和辅助设备能通过一个受电弓进行受电。此外,为了提高列车的可靠性,全列车设置辅助高压母线,当一个受电弓故障时,另一个受电弓也能保证所有辅助系统的高压供电。列车上还设有浪涌吸收高压保护装置——避雷器,用以保证列车高压系统设备安全。

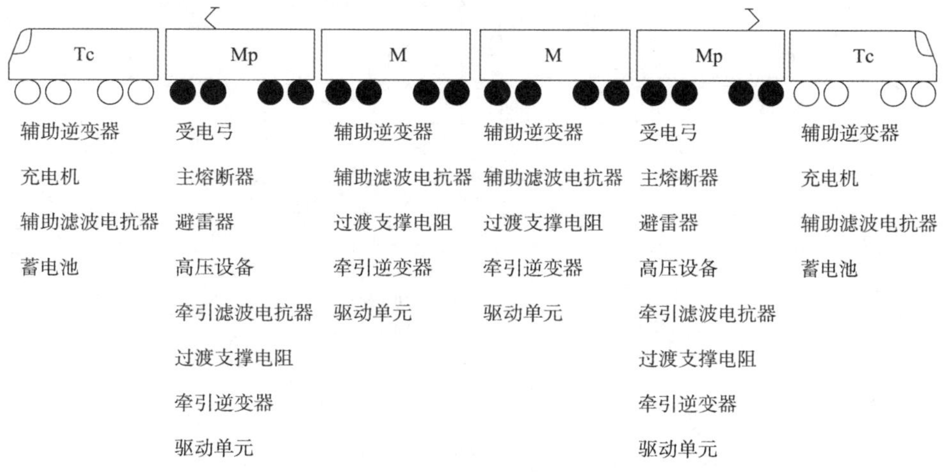

图 1-1 DKZ53 型列车的牵引高压系统构成示意

图 1-2 所示为牵引系统主电路图,当电网电压在额定范围内变化时,主电路能正常工作。牵引工况时,列车通过受电弓接受接触网电流,经主隔离开关(MQS)、主熔断器(MF)、高速断路器(HB)、充电接触器(KM1、KM2)、滤波电抗器(FL)进入 VVVF 牵引逆变器,即图中的 INVMK1 和 INVMK2 单元,再供给牵引电动机(1M01、1M02、1M03 和 1M04)驱动列车运行。使用受流器从接触轨接受电流的列车牵引原理与此相同。

当高速断路器 HB 闭合,司机控制器给出牵引指令,充电接触器 KM2 闭合,牵引主电路通过充电电阻 CHRe 对滤波电容器 FC 充电,当滤波电容器两端的电压达到电网电压的 80% 以上时,充电结束,充电接触器 KM1 闭合,短接充电电阻 CHRe,列车启动。VVVF 牵引逆变器通过改变输入牵引电动机的电压及频率,控制列车的运行速度。

常用制动工况时,牵引电动机变成发电机状态,将列车的动能变为电能,经列车设备整流成直流电反馈于接触网或接触轨,供列车所在供电区段上的其他列车牵引用和供给本车的其他系统(如辅助电源系统)。如果制动列车所在的供电区段内无其他列车吸收该制动电能,电网电压将迅速上升,当电网电压达到最大设定值时,过压吸收电阻(RB01 和 RB02)被打开,将制动电能转变为电阻的热能消耗掉。

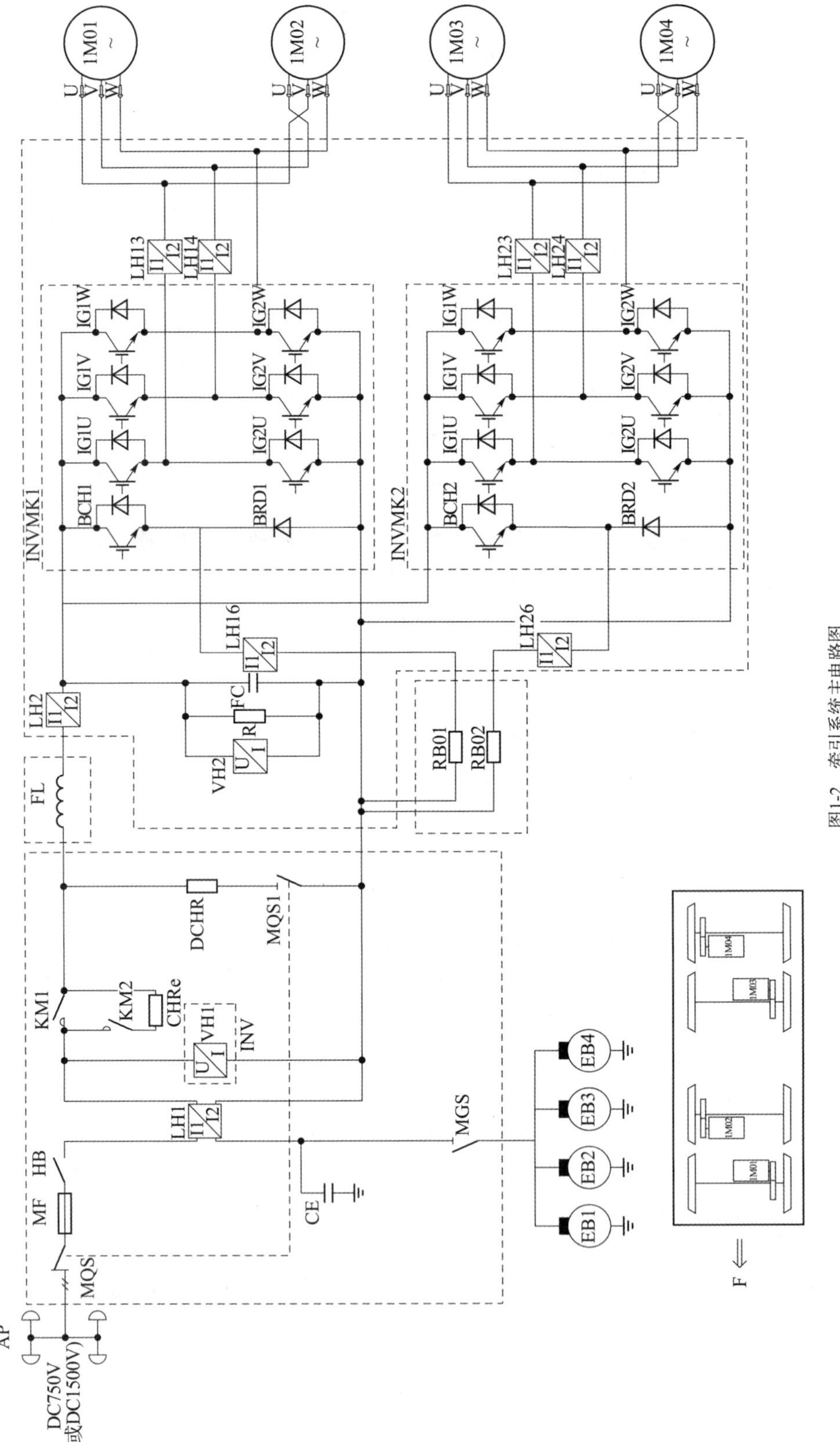

图1-2 牵引系统主电路图

知识链接

牵引系统主电路中的保护元件

隔离开关、高速断路器、熔断器、滤波电抗器等都是主电路中的重要元器件,起到保护高压电器及释放能量的作用,以保护主电路。

隔离开关用于主电路的隔离以及通过机械联锁开关将支撑电容器的放电回路接通,将支撑电容上的电荷快速释放,以保证维护人员的安全。

高速断路器是牵引系统的总开关,每个高压电器箱内都有一个高速断路器,给列车的牵引设备提供过流和短路保护。当主电路出现严重故障,如主电路电器部件故障、网压或直流电压过压、直流侧电流过流、主电路接地、IGBT 元件故障、网络通信故障、DC110V 控制电源失电等时,高速断路器断开,以实现主电路的故障保护,同时,高速断路器能对检测出的过电流进行快速响应,以实现主电路短路瞬时保护。正常工作状态下,高速断路器并不经常通断,而是由线路接触器的闭合和断开来为 VVVF 牵引逆变器提供或切除动力。

当熔断器电流超过规定值时,以本身产生的热量使熔体熔断,达到断开电路的目的。熔断器广泛应用于高低压配电系统和控制系统以及用电设备中,是用于过载和短路保护的电器。

滤波电抗器能使主电路直流侧电容电压保持稳定并将电压波动限制在允许范围内,同时,吸收直流输入端的谐波电压(使电网不流出高次谐波电流的电抗器),抑制逆变器对输入电源网的干扰,在逆变器发生短路时抑制短路电流并满足逆变器开关元件换相的要求。

二、牵引控制系统

列车牵引控制系统主要由司机控制器、各指令开关、有接点控制电路、列车控制与管理系统(Train Control and Management System, TCMS)和牵引控制单元(Drive Control Unit, DCU)等构成,主要完成列车有关牵引的控制指令及状态的给出、传输和诊断等,实现列车牵引及电制动控制、电传动系统故障保护等。牵引控制系统的自诊断功能使得系统在出现故障后,会将相应的故障码发送到列车状态显示屏,帮助司机或检修人员读取信息。

1. 控制功能信号路径

图 1-3 为牵引控制系统的控制功能信号传输路径。驾驶台上的司机控制器和司机室其他各指令开关的信号状态首先通过硬连线进入模拟量输入输出模块(Analog Input and Output Module, AXM)或数字量输入输出模块(Digital Input and Output Module, DXM),然后通过多功能车辆总线(Multifunction Vehicle Bus, MVB)进入车辆控制模块(Vehicle Control Module, VCM),再通过 MVB 到达 DCU,相关信息显示在驾驶台的列车状态显示屏上。

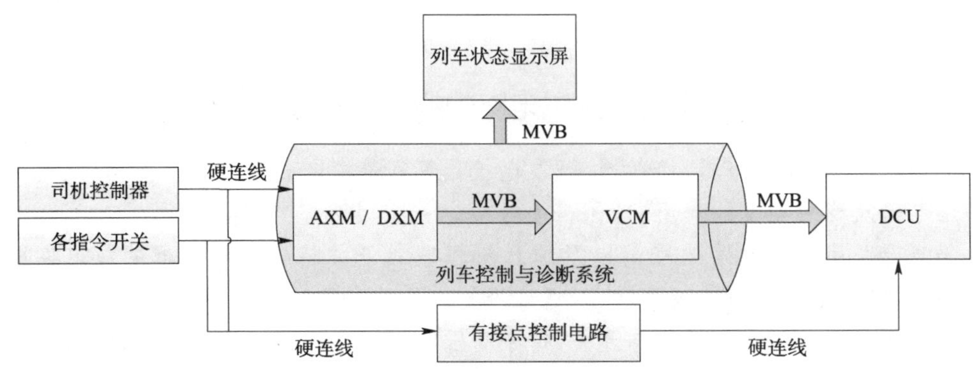

图 1-3　牵引控制系统的控制功能信号传输路径

或者司机控制器和各指令开关的信号状态通过有接点控制电路由硬连线直接传递给 DCU。

两个牵引逆变单元配备一个牵引控制单元,共用一个预充电回路和线路输入滤波器,每个牵引逆变单元对应一组过压吸收电阻。当其中一个牵引逆变单元出现故障时,可通过接触器切除故障车辆。

知识链接

列车控制与管理系统(TCMS)

TCMS 是控制列车牵引、制动、受供电装置、空调装置和乘客信息系统的重要系统,能监控各种车载设备的状态、显示故障发生时的引导、记录累计行驶里程等信息。TCMS 主要包含四类功能:控制功能、监视功能、故障检测和诊断功能。TCMS 的信息通过驾驶台上的列车状态显示屏呈现出来,如图 1-4 所示。

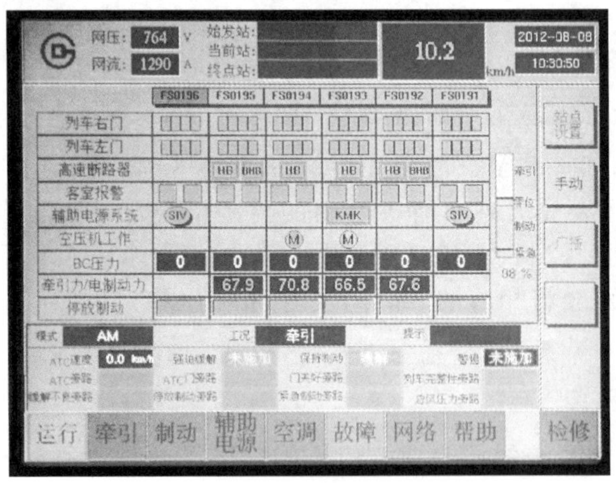

图 1-4　列车状态显示屏

2. 诊断功能信号路径

图 1-5 为牵引控制系统的诊断功能信号传输路径,它也同样有两条路径。

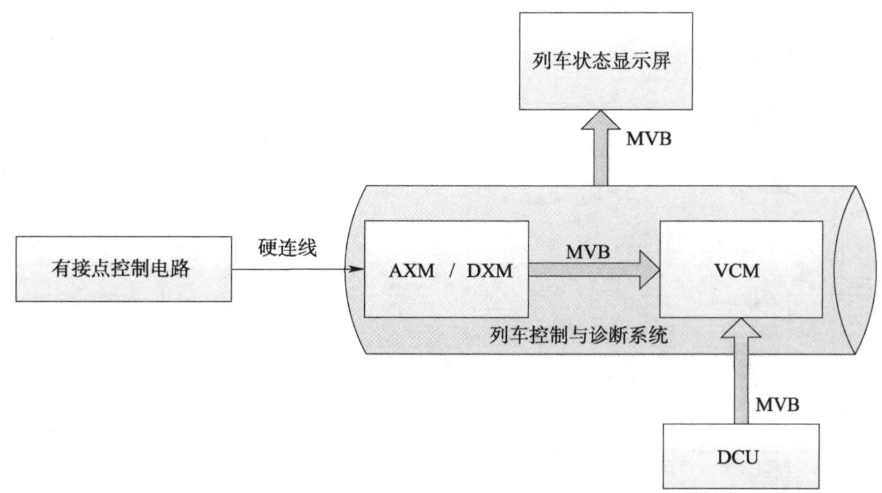

图 1-5　牵引控制系统的诊断功能信号传输路径

(1)有接点控制电路的状态及故障信息通过硬连线传递给 AXM 或 DXM,再通过 MVB 传入 VCM,VCM 对各种状态及故障信息进行综合评估后,将重要的信息显示在驾驶台的列车状态显示屏上,司机可以根据显示的信息对牵引系统进行操作控制或故障处理。

(2)DCU 的状态及故障信息通过 MVB 直接传递给 VCM,VCM 对各种状态及故障信息进行综合评估后,将重要的信息显示在驾驶台的列车状态显示屏上,司机根据显示的信息对牵引系统进行操作控制或故障处理。

三、工作原理分析

图 1-6 为某型列车 Tc 车的牵引控制电路图,图 1-7 为某型列车 M 车的牵引控制电路图。列车牵引、制动指令有两种传输方式:

(1)正常情况下,由 TCMS 的 AXM 采集司机控制器发出的电位器模拟信号指令,通过 MVB 传给 DCU 和 EBCU(Electronic Brake Control Unit,电子制动控制单元);若列车处于自动驾驶模式(Automatic Train Operation,ATO),则牵引力及牵引指令通过 RS485 传给 TCMS,TCMS 再传给 DCU。

(2)备用模式(如紧急牵引模式)下,DCU 采集司机控制器输出的牵引级位编码线(图 1-6 和图 1-7 中的 2、3 号线)信号、制动级位编码线(图 1-6 和图 1-7 中的 281、282、283 号线)信号。

在 TCMS 正常工作的情况下,列车牵引、制动控制是通过列车网络传递指令信息的。给列车监控系统供电用的断路器保险有 QF3、QF4、QF13、QF15 和 QF16。表 1-1 的保险开关中,除回送开关 DES 外,其余在列车运行时都必须闭合。

在列车运行时,为什么不应闭合 DES?

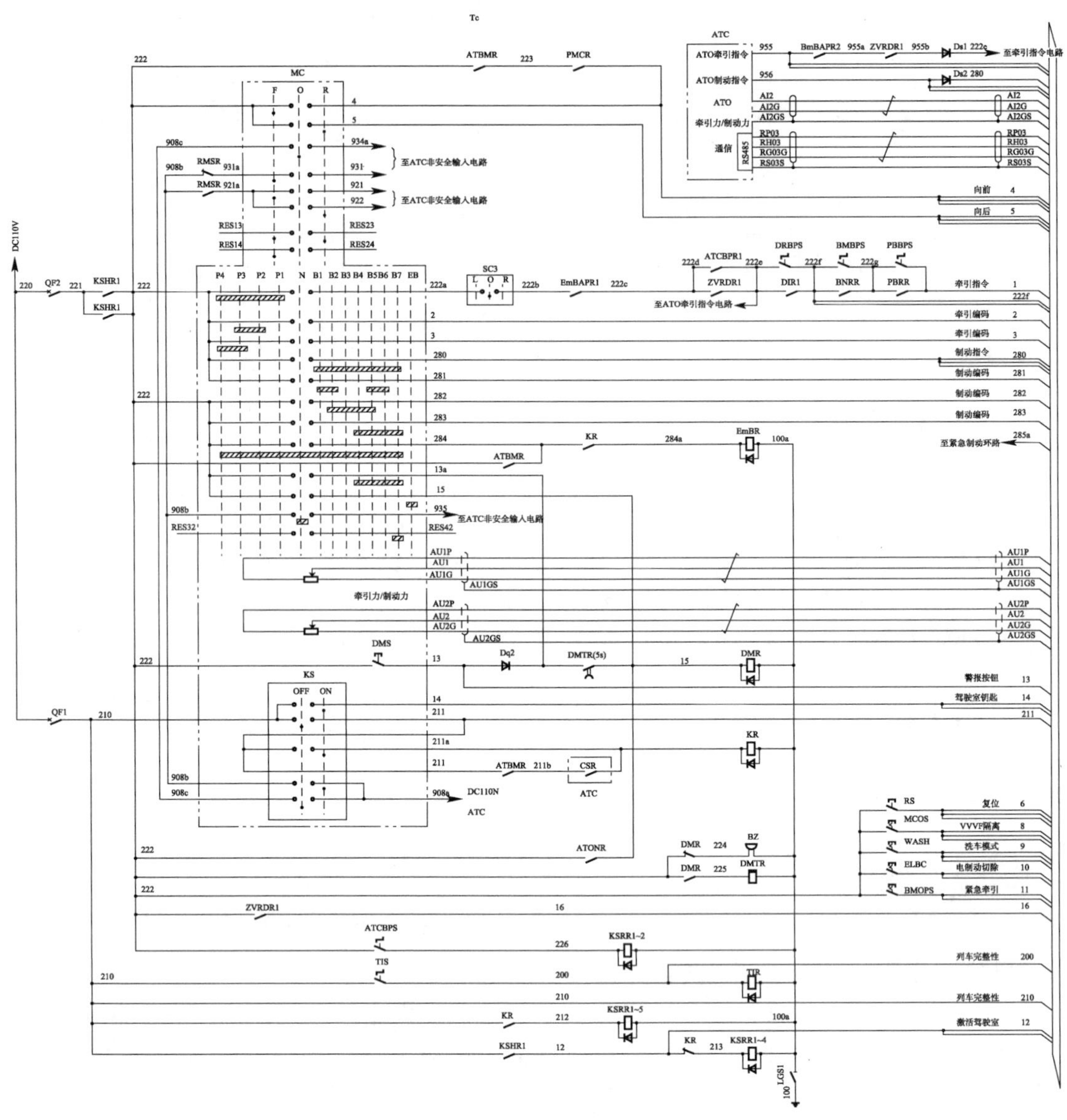

图 1-6　某型列车 Tc 车的牵引控制电路图

知识链接

列车回送

列车回送是指列车制造完成后由制造工厂所在地送到实际运营城市的运输过程。目前列车的交付方式有海运(解编运输,适合海外项目)、陆运(解编运输,适合近距离运输)和铁路运输(适合国内所有列车运输)。而城市轨道交通列车经铁路运输回送时,本身不具备动力,即无火回送,因此,需要给其制动控制系统提供 DC110V 控制电源,这样制动控制单元就可以进行正常的空气制动控制和防滑控制。制动控制指令通过列车硬线传输,以实现与铁路上的客车或货车的同步动作。

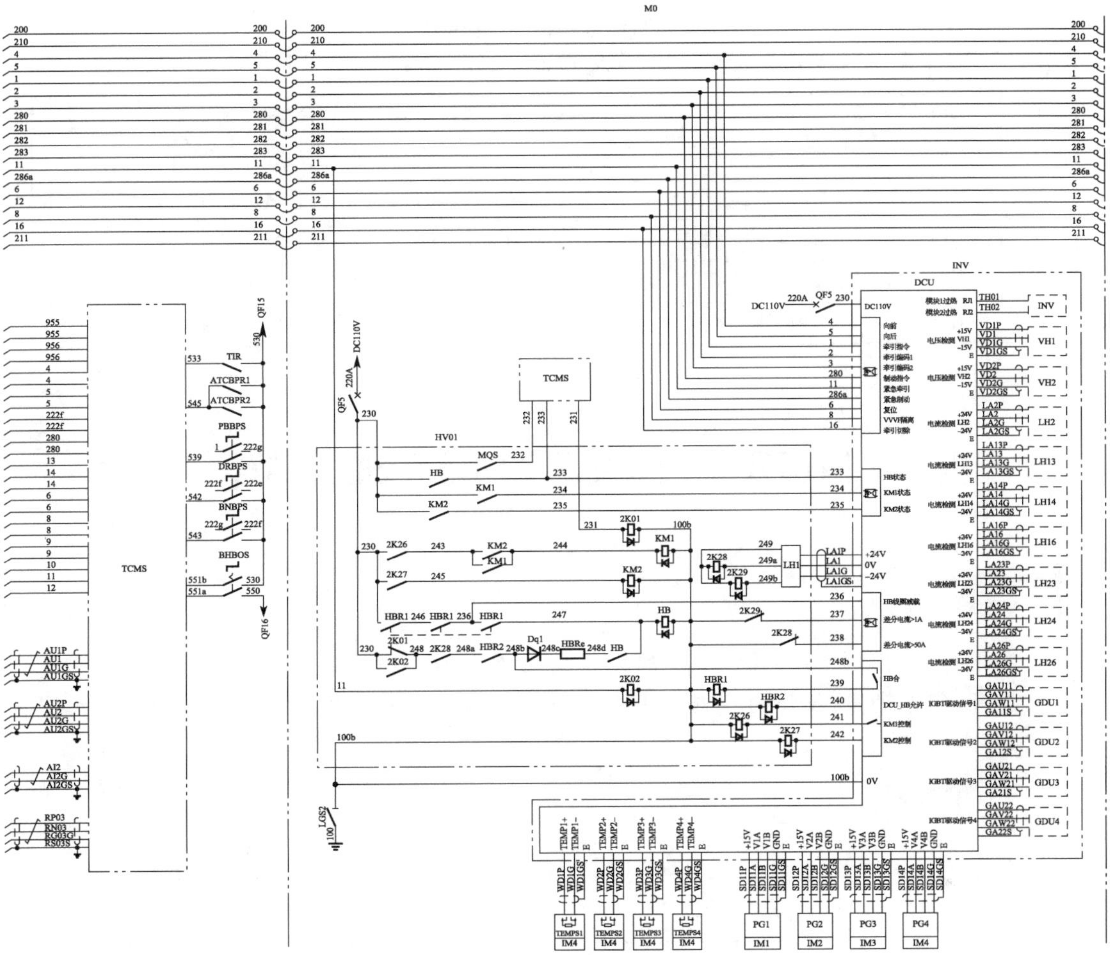

图 1-7　某型列车 M 车的牵引控制电路图

知识链接

你了解 RS485 吗?

RS485 是典型的通信协议,具有更宽的共模范围(-7~12V)和更高的接收器输入阻抗,允许多个驱动器和接收器挂接在总线上,其中每个驱动器都能够脱离总线。RS485 已经成为工业以及电信应用中的最佳选择。更宽的共模范围可实现长电缆、嘈杂环境(如工厂车间)下的数据传输,更高的接收器输入阻抗还允许总线上挂接更多器件。

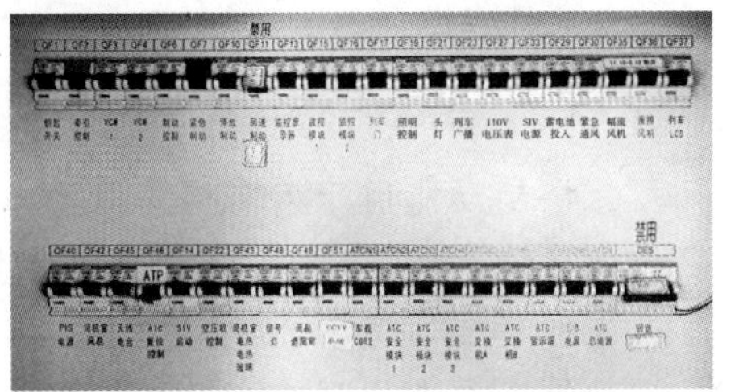

图 1-8　列车电气柜内的断路器保险

列车牵引、制动控制系统供电用的断路器保险有 QF1、QF2、QF6、QF7、QF10、QF11 和 DES。这些保险开关都在司机室的电气柜中(图 1-8),具体对应名称见表 1-1。

电气控制柜设备对照表　　表 1-1

序号	代号	名　称	数量	序号	代号	名　称	数量
1	QF1	钥匙开关断路器	1	7	QF10	停放制动断路器	1
2	QF2	牵引控制断路器	1	8	QF11	回送制动断路器	1
3	QF3	GWM1 电源断路器	1	9	QF13	监控显示器断路器	1
4	QF4	GWM2 电源断路器	1	10	QF15	监控模块 1 断路器	1
5	QF6	制动控制断路器	1	11	QF16	监控模块 2 断路器	1
6	QF7	紧急制动断路器	1	12	DES	回送开关断路器	1

情境任务一　全列牵引无流的处理

工作情境

在非高峰时间段,1 号线 1125 次列车运行至 A 站下行站台进行开关门作业完毕后,司机回到司机室,发现司控器主手柄无论置于哪一级牵引位,列车均不启动,全列车显示牵引无流现象。

工作目标

在规定时间内找出故障点、判断故障严重程度,根据情况做出相应处理,尽量恢复列车运行。

一、故障现象与分析

1. 故障现象

司控器主手柄置于牵引位保持 3s,全列保持制动不缓解,双针压力表显示保持制动压力值,列车状态显示屏显示各动车牵引电流为“0”。

知识链接

保持制动与列车牵引的关系

保持制动能用于列车停车时防溜并可使列车在 3% 的斜坡上开车和停车时不溜车。只要列车处于静止状态,保持制动就会自动施加。

当列车停站完毕,需要走车时:

如果牵引力达到 10%(该力的启动牵引力克服保持制动的制动力后),保持制动缓解,可以防止列车启动时产生倒溜。

如果此时不缓解,牵引系统将被保护,不再施加牵引力。为实现走车,司机可按压

"保持制动切除"按钮(图 1-9),强制缓解保持制动。

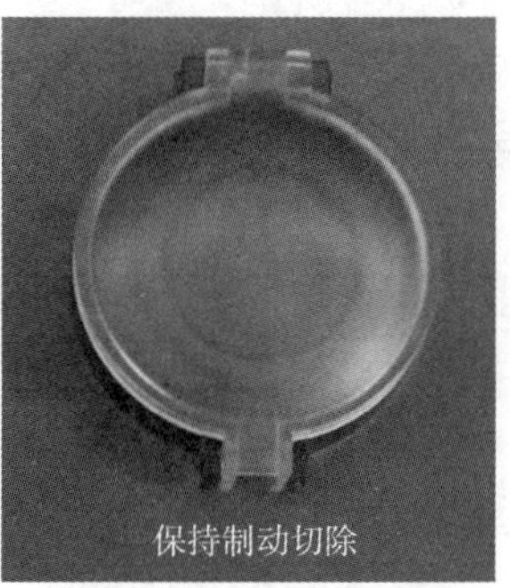

图 1-9 "保持制动切除"按钮

2. 故障分析

1)牵引系统工作原理分析

根据牵引控制电路,先来分析列车牵引系统的工作原理,在此基础上得到影响列车牵引的因素就不难了。

第一步,司机室激活。

对列车的激活从对司机室的激活开始。当钥匙没有插入司控器的钥匙开关,或者钥匙没有旋转至"开"位时,TCMS 将处于"待机"状态,拒绝接收和执行牵引、缓解制动等各种涉及安全的控制指令,但可以对全列车的状态信息进行监控和故障诊断。

当钥匙旋转至"开"位后,TCMS 进入"激活"状态,将有"钥匙激活"信号的司机室设置为主控司机室。从控制电路来看,即钥匙开关激活了头尾继电器,当前司机室的头继电器吸合、另一端司机室的尾继电器吸合。如果两个司机室的钥匙开关均位于"开"位,均给出"钥匙激活"信号,TCMS 会诊断出"司机室联锁故障",并在列车状态显示屏上给出故障提示,继续处于"待机"状态,拒绝执行各种控制指令。

TCMS 成功激活后,只允许接收来自主控司机室的各种控制指令,忽略非主控司机室的各种指令,只有"紧急制动"指令除外。当任何一个司机室的"紧急制动"按钮被按下,TCMS 均执行"紧急制动"指令,同时封锁牵引信号的输出。

钥匙开关与对应的电路图示参见图 1-10。

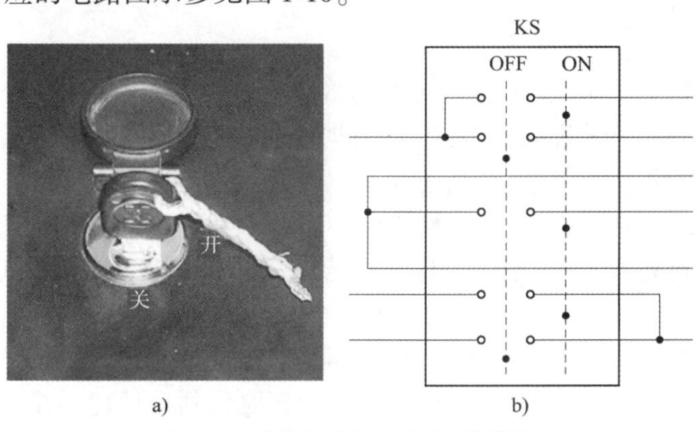

图 1-10 钥匙开关与对应的电路图示

第二步,选择运行方向。

列车的运行方向有“向前”和“向后”,所谓的“前”与“后”是以操作者的视角来定义的,而对牵引系统来说,运行方向是没有前后之分的,牵引逆变器通过正相序或反相序输出交流电来控制牵引电机和轮对的正转或反转,来实现操作者所期望的列车“向前”或“向后”运行。因此,对列车的方向控制即是对每个牵引逆变器的“正向”或“反向”控制。

列车的换向操作只允许在静止状态下进行。一旦列车开始运行,TCMS 将锁定当前的方向信号,直到列车停止运行后才解锁。

知识链接

司机控制器组件

从图 1-6 所示的 Tc 车的牵引控制电路看到,司机控制器(Master Controller,MC)由三部分组成:钥匙开关、主手柄和方向选择开关,如图 1-11 所示。这三者之间设有机械联锁。只有在钥匙开关 KS 打至“ON”位,主手柄位于“EB(Emergency Brake,紧急制动)”位时,方向选择开关才能操作;而当方向选择开关位于非零位即 F(前)或 R(后)时,主手柄才能操作。同时钥匙开关起着控制联锁开关的作用:只有当主手柄在“EB”位、方向选择开关在“0”位且将钥匙开关 KS 转到“OFF”位时,钥匙才能取出;钥匙取出后方向选择开关和主手柄不能动作。

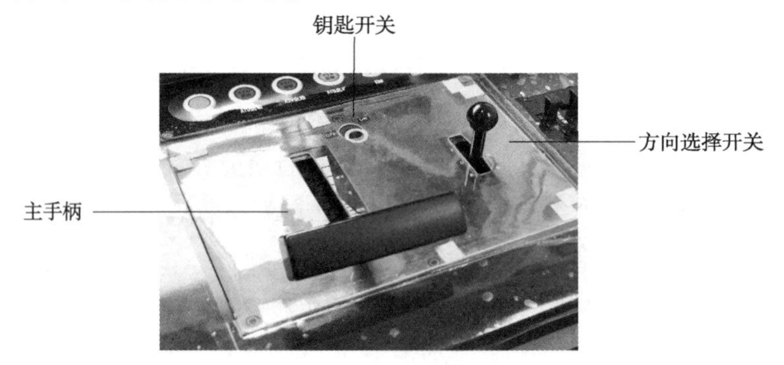

图 1-11　司机控制器组成

第三步,牵引实施。

司机操作司控器主手柄至“牵引”位,列车将以给定级位牵引运行。

随着牵引力或制动力大小的给出,DCU 根据牵引力或制动力大小、检测到的网压值、本车和本单元拖车车辆载荷等信息(该信息由 EBCU 通过 TCMS 传递给 DCU)发出触发脉冲,控制牵引逆变器,根据牵引或电制动特性输出一定频率和电压的三相交流电给牵引电机,从而产生牵引力或电制动力。列车运行中若司控器主手柄回“0”位,DCU 封锁脉冲,列车将处于惰行状态。

列车牵引控制电路联锁了一些条件,只有当这些条件都满足时,TCMS 才会给 DCU 发出牵引指令(图 1-6 和图 1-7 中的 1 号线);只要 TCMS 检测到有任何一个条件不成立,都将封锁牵引指令的输出。这些条件是:

(1)门选向开关 SC3,如图 1-12 所示;

(2)紧急制动环路继电器(EmBAPR);

(3)ATC 系统请求切除牵引指令继电器(ZVRDR1);

(4)列车门关好继电器(DIR1);

(5)列车制动缓解不良继电器(BNRR);

(6)停放制动继电器(PBRR)。

这些条件在图 1-6 中都可以找到,当门选向开关 SC3 位于“0”位,其余各继电器均闭合时,牵引指令就能经列车线送至所有动车的 VVVF 牵引逆变器。

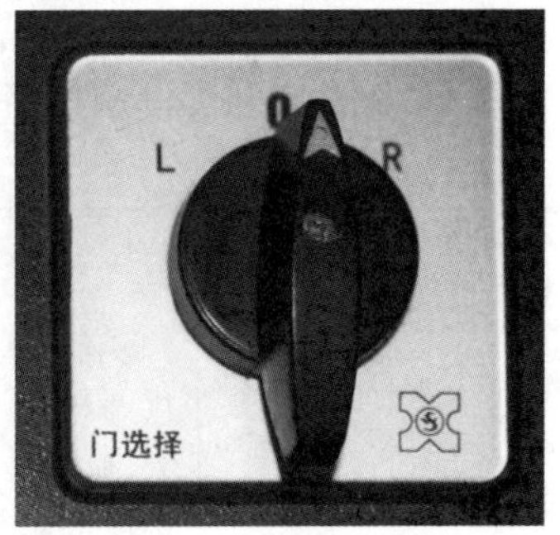

图 1-12　门选向开关

练一练

图 1-13 是 BD24 型车牵引控制电路(Tc 车)中的重点线路,你能否看图说出牵引联锁控制的具体电路?

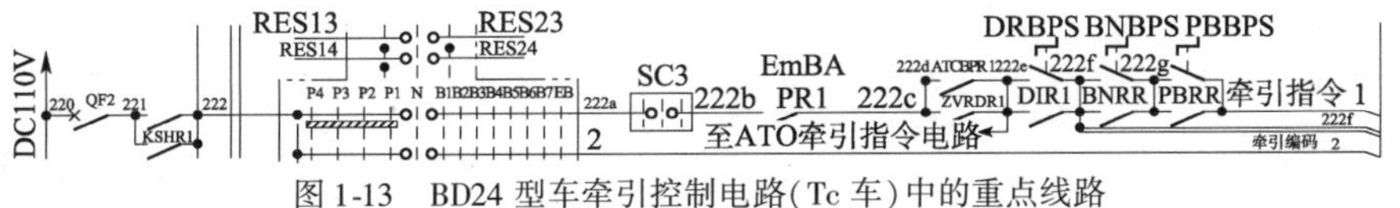

图 1-13　BD24 型车牵引控制电路(Tc 车)中的重点线路

2)影响列车牵引的原因

影响列车牵引的原因主要有以下几点:

(1)列车控制电源失电;

(2)牵引控制断路器 QF2 跳开;

(3)列车的头尾关系不正确;

(4)司控器主手柄的位置不在牵引位;

(5)门选向开关 SC3 的位置不在“0”位;

(6)“紧急制动环路”断开,列车无紧急制动(即 EmBAPR 继电器触点断开);

(7)ATC 请求切除牵引(即 ZVRDR1 继电器触点断开);

(8)列车门没有关好(即 DIR1 继电器触点断开);

(9)列车制动缓解不良(即 BNRR 继电器触点断开);

(10)停放制动没有缓解(即 PBRR 继电器触点断开);

(11)方向选择开关在“0”位。

此外,接触网或接触轨的供电电流不正常也是影响牵引系统工作的重要因素。

因此,司机在解决全列牵引无流的故障时,首先应该重点观察以上各项原因所对应的元件、系统是否正常,对于不符合要求的,应一一采取相应措施,想办法使牵引控制电路接通,令“牵引指令 1 号线”将牵引指令传送出去。

二、故障处理

全列牵引无流处理流程图

根据故障的严重程度不同,全列牵引无流可能导致列车晚点、就近入库或申请救援,具体的处理措施要依据司机在故障应急处理中所做出的判断确定。若查明故障不是由操作不当导致,而是列车本身故障,则应在当天列车返回段场后由车辆检修人员对故障做出详细诊断。

针对影响列车牵引的各项原因,司机应逐一排查,故障应急处理操作流程见表1-2。

故障应急处理操作流程 表1-2

序号	操作流程	
1	[检查内容]通过网压表和列车状态显示屏检查接触轨或接触网电流是否正常	[操作]若网压显示不正常,应与行车调度员联系,并说明情况 
2	[检查内容]检查钥匙开关、方向选择开关、司控器主手柄状态是否正常	[操作]将主手柄扳至牵引位试验,警惕开关的状态 
3	[检查内容]检查门选向开关是否在“0”位	[操作]若不正确,应扳至正确位置 
4	[检查内容]检查门全关闭指示灯是否点亮	[操作]若未点亮,确认车门是否全部关闭;若关闭,则将门关好旁路扳至“旁路”位;若有车门未关好,则处理车门故障  
5	[检查内容]检查列车是否制动缓解不良	[操作]尝试切除保持制动。若还带闸,则按制动不缓解处理;若无车带闸,则将缓解不良旁路开关扳至“旁路”位 
5	[检查内容]检查列车是否制动缓解不良	[操作]尝试切除保持制动。若还带闸,则按制动不缓解处理;若无车带闸,则将缓解不良旁路开关扳至“旁路”位 
6	[检查内容]检查停放制动是否施加	[操作]若是,则按“停放制动缓解”按钮;若无作用,则将停放制动旁路开关扳至“旁路”位  
7	[检查内容]检查牵引控制断路器QF2是否跳开	[操作]如跳开,应将其闭合 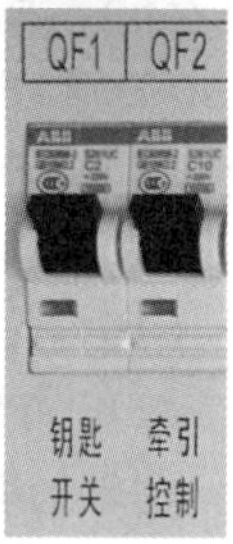
8	[检查内容]检查列车状态显示屏的牵引系统画面有无异常提示	[操作]司控器主手柄置于“0”位或制动各级位后,按“复位”按钮,尝试使牵引系统自动解锁故障 

续上表

序号	操作流程			序号	操作流程		
9	[检查内容]检查列车牵引是否恢复正常	[操作]仍不能牵引时，尝试切除信号系统进行试验		11	[检查内容]检查牵引是否正常	[操作]若仍不正常，双司机作业条件下，可更换头尾车重复进行上述试验，在单司机作业条件下，报告行车调度员，申请救援	
10	[检查内容]断开蓄电池，重新启动列车进行试验	[操作]注意将列车各开关、手柄置于出库前的初始状态		12	[检查内容]双司机换端后检查牵引是否正常	[操作]若牵引有流，报告行车调度员，申请推进运行；若牵引无流，报告行车调度员，申请救援	

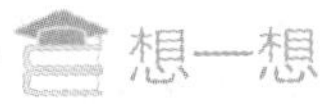

想一想

关门旁路、停放制动旁路和缓解不良旁路分别对应图1-13中的哪些开关？

知识链接

北京地铁行调干预救援规定

在确认车辆故障情况下，如果在车站达3min处理不好，行调发布清客命令；如果在区间达6min处理不好，行调发布救援命令。

三、注意事项及要点总结

以上的故障原因分析与应急处理是以图1-6和图1-7对应的车型为例介绍的，在解决实际问题时，应当结合所面对的特定列车进行思考。只要深入掌握了牵引系统工作原理和牵引控制逻辑，就一定能高效、安全应对牵引系统故障。

练一练

针对某一车型，绘制全列牵引无流的故障应急处理流程图。

一般情况下，在遇到全列牵引无流的故障时，首先要检查门选向开关、门全关闭指示灯、制动缓解状态、信号系统情况，然后检查相关保险位置和接触轨或接触网的供电情况。

(1)要认真观察列车状态显示屏,检查是全部动车均牵引无流,还是部分动车牵引无流。

(2)检查是否保持制动不缓解,是否是因停放制动误施加,造成列车“牵引有流不动车”的现象。

(3)在故障处理的过程中,除非必要操作,否则须将司控器主手柄放置于“EB”位,防止在排查故障时列车突然启动。

司机误断ATO8导致列车牵引无流

(4)使用旁路开关或切除信号系统前,必须报告行车调度员并得到其指示。操作后若恢复列车牵引,则应根据列车上线技术标准申请终点站退出运营或立即退出运营。

(5)在短接门关好旁路时,必须确认全列车的客室车门均已关好,防止开门走车。如果出现车门状态指示灯显示不正确的情况,应该立刻予以确认,避免发生人员伤亡。

(6)闭合门关好旁路开关后仍然全列牵引无流时,应及时将此旁路开关恢复到“正常”位。

(7)注意回忆故障的产生时机,根据之前的作业内容预判故障原因,缩短处理故障的时间。例如,在开关门作业后产生全列牵引无流故障,应优先判断是由车门还是由门选故障造成的,在处理时重点进行确认。

(8)处理故障的过程中,应向乘客做好解释工作。

(9)双司机作业条件下,在列车推进运行前,应首先与行车调度员联系,在车站清客完毕再掉线至行车调度员指定地点,避免影响正线上其他列车运行。推进运行时应注意限速要求。

在逐步排查故障的过程中,每完成一项操作都应注意查看全部动车是否恢复牵引,这样才能判断出产生故障的可能原因:是车门没有关好,还是门电路故障;是停放制动施加,还是牵引控制保险断开;或其他原因。最后,将故障现象及处理过程和结果如实记录在“列车状态记录单”上,如图1-14所示。

列车状态记录单

车号: 年 月 日

姓名(签字)	项目	项目												备注
		开关	牵引系统	制动系统	门系统	空压机	SIV	ATP系统	广播、客室显示屏	报警装置反恐监控	照明	空调风扇	其他服务设施	
	出库前试车情况													
	具体故障现象:													
运行中故障记录														

姓名	时间	车次	区间	具体故障现象	备注

填表说明:试验项目良好画“√”,作用不良画“×”,将详细故障写在正文栏目内

图1-14 列车状态记录单

技能考核

根据故障处理的操作过程和处理结果，对司机进行工作评价。评价时，既要考虑故障点分析是否得当，还要考虑故障处理方法是否正确，更应考虑对线路运营的影响和乘客服务质量。学习者可根据本书配套的“技能考核与评价手册”，充分利用现有实训条件开展自评与互评。

技能拓展

全自动运行列车牵引无流故障应急处理

在全自动驾驶模式（FAM）下，遇到全列无牵引的故障时，司机应当查看列车状态显示屏（图 1-15）上的牵引逆变器、高速断路器、辅助逆变器等图标是否正常，是否有现存故障提示信息，将故障情况及时报告给行车调度员，申请远程处理。若远程处理无效，则申请转为人工驾驶模式处理。

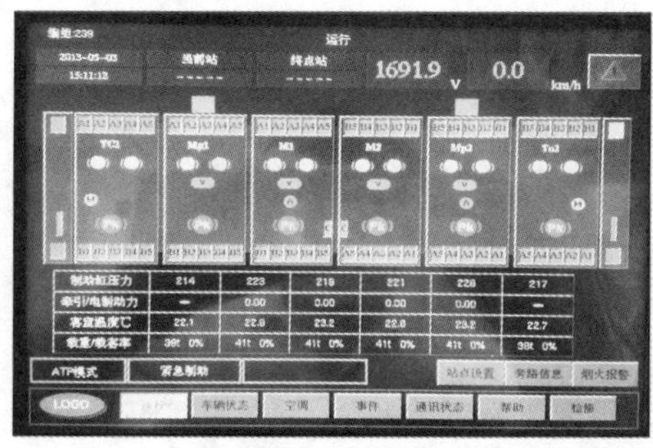

图 1-15　列车状态显示屏

处理时，重点关注以下几点，针对具体情况采取相应措施。

（1）是否操作不当。

查看驾驶台上各开关、按钮，确认故障是否由操作不当导致，如“高速断路器分”按钮（图 1-16）被按下、司控器主手柄在牵引级位的时间太短。

（2）是否列车进路未办理。

查看信号系统显示屏（图 1-17），确认速度仪表上是否有推荐速度和紧急制动触发速度，若无则报告行车调度员，按其指示办理。

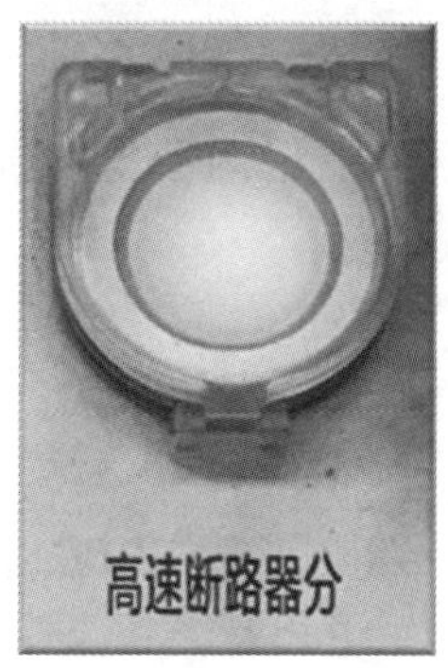

图 1-16　“高速断路器分”按钮

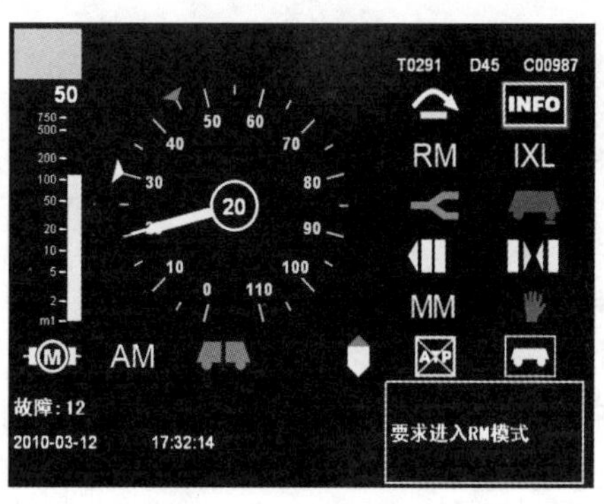

图 1-17　信号系统显示屏

(3)制动是否未缓解。

查看列车状态显示屏、信号系统显示屏上的制动状态和驾驶台上的制动不缓解灯。若是常用制动不缓解,则按常用制动不缓解故障处理;若是紧急制动不缓解,则按紧急制动不缓解故障处理;若是停放制动施加引起列车无牵引,则按停放制动不缓解故障处理。

(4)是否“二门”未关。

查看门全关闭指示灯、列车状态显示屏上的车门状态、信号系统显示屏上车门和站台门的状态。若有车门未关好,按车门故障处理;若车门无法完全关闭,向行车调度员申请闭合门关好旁路;若有站台门未关闭,及时报告行车调度员,申请操作就地控制盘 PSL(图 1-18)上的“互锁解除警报”发车。

司机忘记恢复门选开关导致列车牵引无流

(5)是否电网电压异常。

查看网压表,若网压表显示网压过低或无网压,则通知行车调度员,按相关应急处置办法采取措施。

(6)是否牵引主电路断开。

查看“高速断路器合”指示灯(图 1-19,绿色)的状态,以及列车状态显示屏上牵引逆变器、高速断路器图标是否正常、是否报故障。若不正常,则按牵引主电路故障处理。

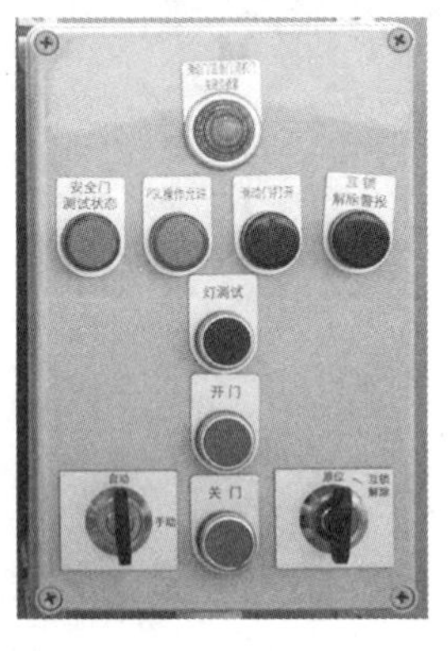

图 1-18 就地控制盘 PSL

图 1-19 “高速断路器合”指示灯

(7)是否辅助系统故障。

查看列车状态显示屏上的辅助逆变器图标是否正常;若不正常,则按辅助电源故障处理。

(8)是否有断路器跳开。

查看列车状态显示屏是否有断路器跳开提示,查看继电器柜内各电源控制开关是否跳开。若跳开,将其闭合;若闭合不上或再次跳开,则申请救援。

(9)是否网络异常。

网络故障时列车将无法通过 TCMS 传输牵引、制动指令,需要使用紧急牵引(图 1-20)。按照 TCMS 网络故障处理。

若以上操作仍无法牵引列车,司机向行车调度员申请切除车载 VOBC(图 1-21,功能同 ATC 切除开关)。切除后尝试牵引列车,若能动车,则按列车退出运营服务采取措施;若故障仍无法排除,则申请救援。

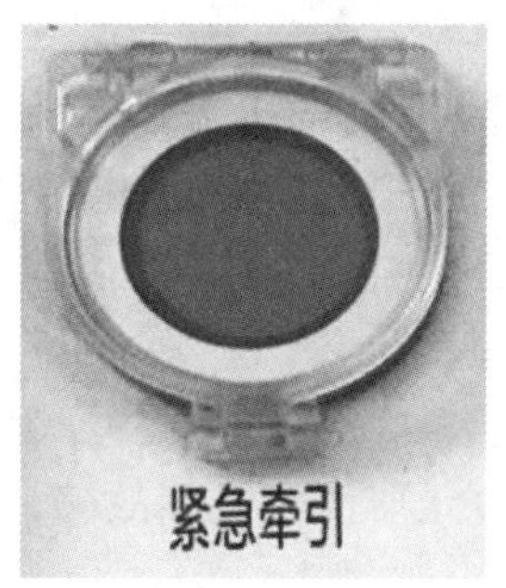

图1-20　紧急牵引

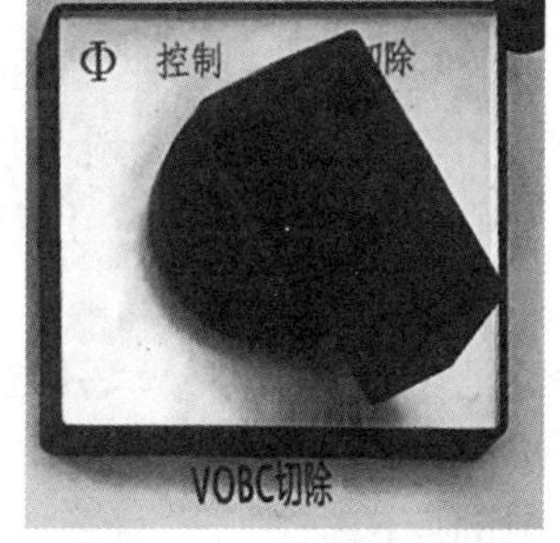

图1-21　VOBC切除开关

情境任务二　单车牵引无流的处理

工作情境

2020年6月2日20:34,7号线2219次列车运行至K站—J站区间时,司机发现列车状态显示屏弹出单车VVVF故障的提示框,在牵引工况下,该节车牵引电流为0。

工作目标

在规定时间内找出故障点、判断故障严重程度,根据情况做出相应处理,尽量恢复列车运行。

一、故障现象与分析

1. 故障现象

将司控器主手柄置于牵引任何级位,全列车中有一辆动车牵引逆变器显示故障或牵引电流为0,如图1-22所示,0112号车VVVF图标显示红色,其余三辆动车VVVF图标为绿色。

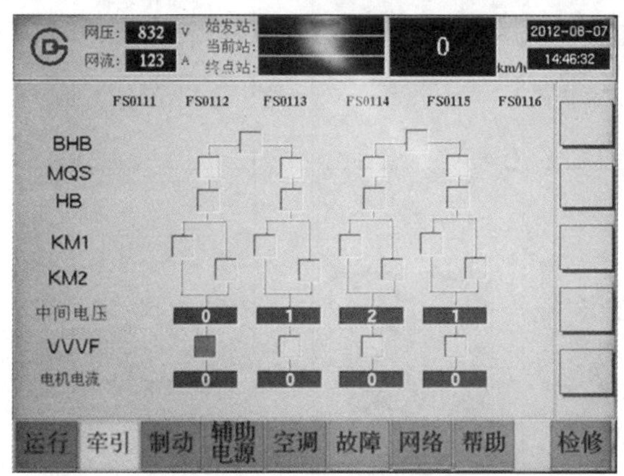

图1-22　单车VVVF故障显示

2. 故障分析

手动驾驶情况下,司机操作司控器主手柄至牵引位,输出无级牵引控制指令 PWM,控制各动车上的牵引逆变器工作,输出电压、频率可调的三相交流电,供给牵引电机驱动列车运行。一节动车没有牵引而其他动车正常,可以确认牵引指令已发出,排除牵引控制电路的问题,转而考虑是否由单车牵引系统设备故障所引起。

造成单车牵引无流的可能原因:①牵引逆变器故障,致使牵引控制单元不能正常工作;②该动车牵引电动机故障;③该动车的牵引电路中元器件或线路故障。此外,单车停放制动异常施加也是无法牵引的原因。

在上述情境中,通过故障现象可以确定,单车牵引无流是由故障车牵引逆变器异常导致。

一般情况下,当牵引逆变器的任一部分发生故障时,司机室的故障灯和列车状态显示屏会有相应显示。当牵引逆变器出现故障保护后,对于非严重故障,逆变器具有几次故障自动恢复功能。如果是严重故障和永久性不可恢复的故障,则会进行故障隔离,并记录下是何种故障、故障发生的时间和发生故障时刻的环境参数,为车辆检修提供快速、正确的查找和处理故障的帮助。

二、故障处理

根据故障严重程度的不同,单车牵引无流可能导致列车动力不足,造成晚点或终点站掉线。有一辆动车失去动力而不能恢复,须将乘客运送到终点站方能掉线,故障应急处理操作流程见表 1-3。

故障应急处理操作流程 表 1-3

序号	操作流程			序号	操作流程		
1	[检查内容]通过列车状态显示屏确认牵引逆变器是否正常	[操作]停车后,将司控器主手柄回至"0"位,按列车状态显示屏上弹出的操作提示处理;查看VVVF 能否自动复位,若不能,按"复位"按钮进行试验	复位 复位	3	[检查内容]到故障车的电器柜处,检查本车控制电源保险开关、牵引制动状态保险开关是否跳开	[操作]若跳开,将其闭合;若未跳开,可将其断开后再闭合进行试验	
2	[检查内容]通过列车状态显示屏检查故障车的停放制动是否施加	[操作]若该动车施加停放制动,则按下"停放制动缓解"按钮	PBRS 停放制动缓解按钮	4	[检查内容]检查故障车是否恢复正常	[操作]若该动车连续发生故障,切除故障车的 VVVF 控制保险开关,向行车调度员申请维持运行到终点站掉线	

若有一半以上动车失去牵引力，司机应当采取哪些措施？

三、注意事项及要点总结

列车发生单车牵引无流时，启动速度较慢，司机应合理使用司控器主手柄进行操作。当列车发生多节动车牵引无流且不能恢复时，应及时将情况报告给行车调度员，并请求立即清人掉线或就近入库，避免故障扩大，影响运营。

列车单车牵引无流

司机在动车时，应通过列车状态显示屏和双针压力表确认制动压力值回0，避免因制动不缓解导致列车牵引无流。

在列车运行过程中，若由于轻度故障导致牵引逆变器不能工作，司机可通过按压操纵台上的“复位”按钮，使牵引逆变器投入运行。对于牵引逆变器的严重故障，可以在车上断开牵引逆变器的DC110V电源，3s后再闭合，实现牵引逆变器的严重故障复位。

TCMS对列车进行实时监控，并完成列车各部件故障数据的采集、分析、存储和显示，其诊断功能可以协助司机进行适当的操作，呈现在列车状态显示屏上。因此，发生单节牵引无流时，司机可以从列车状态显示屏上获取故障处理操作的指导说明。

部分动车牵引故障会同时导致无电制动，这时列车只能使用空气制动，司机在运行中应密切注意制动力的变化。

牵引控制系统具有一些保护功能，如对牵引电动机过电流、滤波电容器过电压、电动机电流相不平衡、滤波电容器电压过低、控制电源电压过低的保护。VVVF牵引逆变器控制器检查各组件（如高速断路器HB和接触器）的状态并通过电压检测器和电流传感器监测牵引控制系统中的电压和电流，以确保系统和组件正常工作。如果控制器检测到一些异常，则应启用相应的保护功能以保护系统不受损坏。另外，如果发生重大故障或在规定时段内反复发生某些故障，系统将自动切断，以免造成更大损失。当启用保护功能时，相应信息将被发送至TCMS，为司机和列车维护人员提供一些有关校正措施方面的帮助和指导。

牵引电动机造成的牵引无流现象需交由车辆检修人员进行处理。在日常维护中，要定期对牵引电动机的轴承进行润滑，否则会因缺少润滑而导致磨损、异响以及过热等现象，影响电动机的使用寿命。

技能考核

根据故障处理的操作过程和处理结果，对司机的工作进行评价。评价时，既要考虑故障点分析是否得当，还要考虑处理方法是否正确，更应考虑对线路运营的影响和乘客服务质量。学习者可根据本书配套的“技能考核与评价手册”，充分利用现有实训条件开展自评与互评。

技能拓展

全自动运行列车的牵引主电路故障应急处理

牵引主电路故障有两种现象:牵引逆变器故障但高速断路器闭合,高速断路器异常断开。

1. 牵引逆变器故障

(1)故障现象。

列车状态显示屏上指示 VVVF 故障,但“高速断路器合”指示灯点亮。

图 1-23 “牵引辅助复位”按钮

(2)应急处理。

若列车当前采用 FAM 模式,司机按压“牵引辅助复位”按钮(图 1-23),并将情况报告行车调度员。如果故障未排除,按行车调度员的指示办理。

若列车当前采用非 FAM 模式,司机按压“牵引辅助复位”按钮,并将情况报告行车调度员。如果故障未排除但列车能够牵引运行,则按列车退出运营服务采取措施;若列车无法牵引,向行车调度员申请使用紧急牵引运行;若使用紧急牵引后运行仍无法动车,则申请救援。

2. 高速断路器故障

(1)故障现象。

“高速断路器合”指示灯不亮,列车状态显示屏上显示 HB 断开。

(2)应急处理。

若列车当前采用 FAM 模式,则司机将情况报告行车调度员,申请远程处理。若行车调度员要求转为人工驾驶模式,则按照非 FAM 模式的处理流程来操作。

若列车当前采用非 FAM 模式,则司机将司控器主手柄回至“0”位,并按压“高速断路器分”按钮,10s 后闭合高速断路器,然后按压“牵引辅助复位”按钮进行复位操作。如果故障仍未排除,则查看列车状态显示屏上是否有断路器跳开的提示。若有“高压箱控制断路器跳开”提示且列车无法维持运行,则向行车调度员申请复位该断路器。

项目二 制动及风源系统故障处理

项目说明

制动及风源系统是列车实现安全运行的重要保障。制动技术和性能在一定程度上决定列车的运行性能,是提高列车整体运输性能的关键前提条件,同时也影响乘客的乘坐舒适度。列车制动及风源系统故障会不同程度地影响运营,快速甄别和处理制动及风源系统故障,是司机必备的业务能力。

通过本项目的学习和训练,学生应掌握制动及风源系统故障的判断和分析方法,能在规定时间内处理主要几类制动及风源系统故障。

对应职业能力

轨道列车司机(五级/初级工)—列车故障处理—列车制动故障处理。

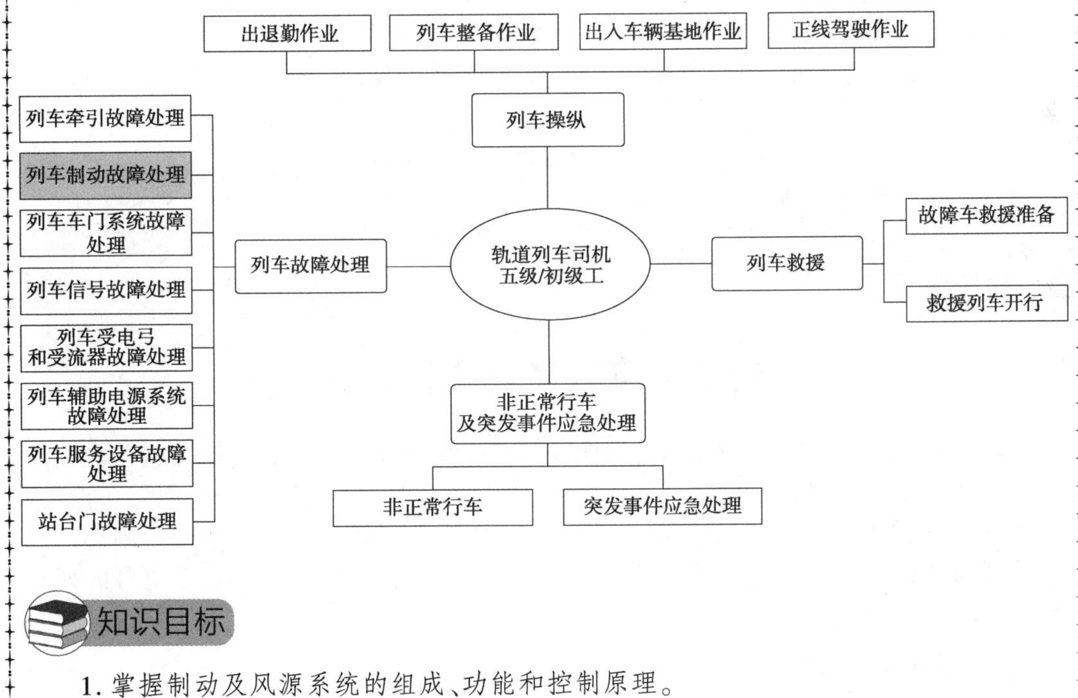

知识目标

1. 掌握制动及风源系统的组成、功能和控制原理。

2. 掌握制动及风源系统故障的应急处理原则及要求。

3. 掌握制动及风源系统主要故障的判断和应急处理方法。

能力目标

1. 能及时发现制动及风源系统的异常,正确判断故障。

2. 能根据故障现象分析导致制动及风源系统故障的原因。

3. 能根据应急处理原则和要求,及时处置制动及风源系统故障。

4. 能在"列车状态记录单"上正确填写故障情况。

素质目标

1. 培养良好的心理抗压能力。

2. 培养精准的操作能力,弘扬工匠精神。

3. 培养敏锐的观察能力和快速反应能力。

4. 培养独立分析和解决问题的能力。

5. 培养自主学习能力和创新思维。

建议学时

12 课时。

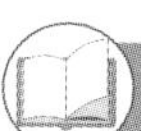

教学条件

1. 多媒体教室:能连接互联网,开展与课程有关的教学活动。

2. 列车模拟驾驶器:能模拟制动及风源系统主要故障,并能随机设置不同的故障点。

3. 教学软件:能模拟列车操纵环境,并具备实时交互反馈功能。

4. 其他工具:手持电台、专用钥匙。

知识单元

制动及风源系统控制原理

制动及风源系统能在司机控制器、ATO 或 ATP 的控制下对列车进行阶段或一次性的制动与缓解,具有常用制动、紧急制动、保持制动、电空混合制动、空重车调整、空气防滑控制、不缓解检测、强迫缓解、制动力不足检测、停放制动控制等功能。主要设备包括制动控制系统、风源系统、基础制动、空气制动防滑控制装置、空气悬挂控制装置等,有受电弓的列车还包括辅助升弓设备,具体组成见图 2-1。

一、制动控制系统

制动控制系统承担着常用空气制动控制、常用电空混合制动控制、紧急制动控制、空气制动防滑控制、停放制动控制、车辆制动载荷补偿等任务。司机控制器产生制动控制指令，通过 MVB 传送到每一辆车的制动控制单元（Brake Control Unit，BCU），当网络控制系统正常时，优先使用网络传送的模拟制动指令，当网络系统出现故障时，BCU 使用由硬线列车线传送的指令。BCU 由电子制动控制单元（Electronic Brake Control Unit，EBCU）和气制动控制单元（Pneumatic Brake Control Unit，PBCU）两部分组成。图 2-2 为 BCU 的原理图。

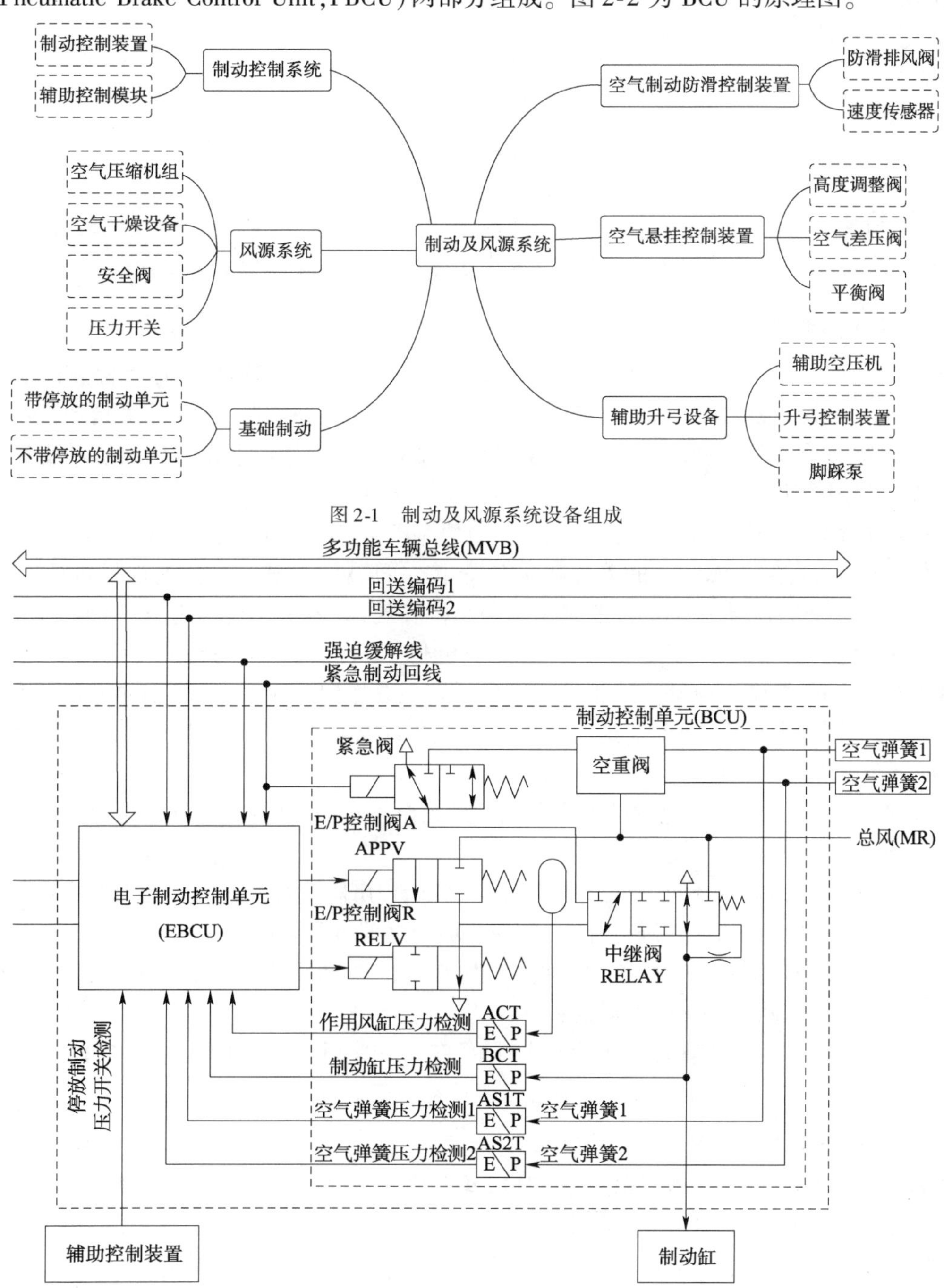

图 2-1　制动及风源系统设备组成

图 2-2　制动控制单元（BCU）原理图

BCU 根据制动指令产生制动缸预控压力,再通过中继阀输出制动缸压力。常用制动力和紧急制动力均可根据车辆载荷进行调节,以保证车辆减速度从空车到超员基本不变。车辆载荷信息取自空气弹簧的压力,BCU 根据空气弹簧的压力信号实现不同载重的压力控制,并根据纵向冲击率的限制来控制制动缸预控压力的上升速率。BCU 具有自诊断功能,可以对制动系统的关键部件和性能进行监测,并通过 MVB 及时将故障信息传递给 TCMS,方便司机和检修人员读取、下载、分析。

知识链接

纵向冲击率

纵向冲击率是加速度的导数,即加速度变化率,单位为 m/s^3,描述由于工况改变引起的列车中各车辆所受到的纵向冲击,其大小直接反映了乘客的舒适度。

1. 常用制动控制

常用制动是指经常使用的、用以调节列车运行速度或使列车在预定地点停止的制动方式,可通过司机控制器、ATP 系统、自动速度控制系统等施加,其制动力随输入指令大小无级控制,并可随载重变化自动调整,采用电空混合制动并优先使用电制动。常用制动受最大允许纵向冲击率限制。

电空混合制动采用电制动与空气制动实时协调配合,电制动优先。当电制动力不足时,在全列车平均分配空气制动力的混合制动方式,按“等磨耗”方式进行全列车制动混合控制。在项目一中已经介绍,电制动的控制是由牵引系统实现,具体工作过程为:在列车制动时,其惯性力带动牵引电动机,牵引电动机转变为“发电机”运行,将列车的动能转化为电能,在输出制动电流的同时,牵引电动机的轴上会产生反转矩并作用于轮对,形成制动力。随着列车速度降低,电制动力也逐渐衰减,这时就需要空气制动替代电制动承担全部制动力,使低速运行的列车继续减速或停车。

(1)当所有动车的实际电制动力之和能够满足全列车所需的制动力时,全部制动力由电制动承担,动车和拖车都不施加空气制动;

(2)当实际电制动力不能满足全列车所需的制动力时,需要补充的制动力将平均分配到各辆车上,以空气制动的形式进行补充,各辆车均受黏着极限限制;

(3)在有电制动时,即使不需要施加空气制动,制动缸也要保留一定压力,目的是补偿在电制动衰减时空气制动补充的滞后性;

(4)当电制动即将衰减时会由牵引控制系统发出一个电制动退出(衰减)预告信号,BCU 收到电制动退出预告信号后,按预定速率预补空气制动。

2. 紧急制动控制

紧急制动是在列车行驶过程中或在遇到紧急情况时,能在最短距离内将车停下的制动方式。紧急制动不受纵向冲击率限制。

紧急制动采用纯空气制动,由紧急制动环路直接控制,作用原理如图 2-3 所示。当紧急制动环路断开时,紧急电磁阀失电(正常情况下得电),接通空重阀输出口与中继阀的紧急制动预控压力口的通路,使中继阀输出紧急制动的制动缸压力,列车中的所有车辆同时实施紧急制动。紧急制动一旦实施,将一直保持施加状态直到列车完全停止。为了在应急情况下缓解紧急制动,紧急制动环路中设有紧急制动旁路开关。紧急制动环路如图 2-4 所示。

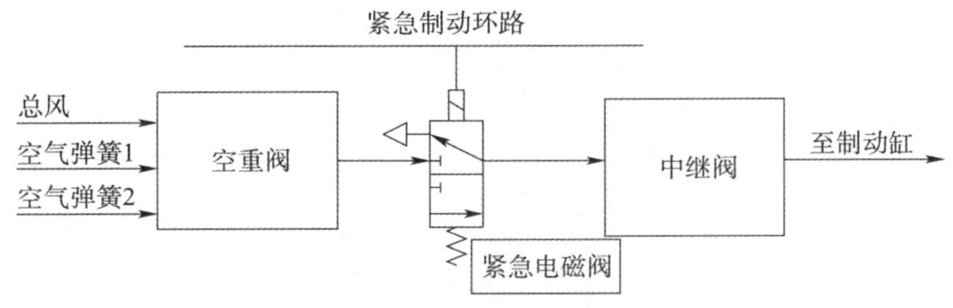

图 2-3　紧急制动作用原理

紧急电磁阀是一个两位三通常开电磁阀,正常情况下处于得电的状态,切断了空重阀输出口与中继阀的紧急制动预控压力口的通路,同时将中继阀的紧急制动预控压力排向大气。

紧急制动不仅在 ATP 指令、司机控制器指令(手动指令)、紧急制动按钮控制下作用,在车辆分离或总风压力低于安全设定值时,列车也会产生紧急制动。

3. 保持制动控制

保持制动是一种使停止的列车保持静止的制动控制方式。正常状态下,只要列车处于静止,保持制动就会自动施加,可以防止列车停车时受到外力作用溜车,或防止在坡道上停车时列车意外移动,同时也能防止列车在坡道上启动时倒溜。

保持制动是制动系统的一种控制功能,其控制和作用原理与常用制动相同,但施加条件和制动力大小与常用制动有所不同。保持制动仅在列车接近停稳时才施加,其制动率(制动力与重量之比)一般为一个固定值,制动力通常为最大常用制动力的 70% ~80% 。一旦列车启动,保持制动就开始缓解。

在 TCMS 正常工作的情况下,当列车制动减速到低于施加保持制动的车速(零速信号)时,TCMS 或 ATO 装置通过车辆功能总线 MVB 向 BCU 发出保持制动施加指令,BCU 会施加足以使列车在坡道上保持静止的空气制动;在列车牵引启动过程中,当牵引力大于在坡道上启动所需的牵引力时,TCMS 通过 MVB 向 BCU 发出保持制动缓解指令,BCU 使制动力缓解,列车正常启动。

为了便于制动系统的制动缓解检查和试验,司机室内有保持制动切除按钮,如图 1-9 所示。此外,列车在回送和救援时不具有保持制动功能。

4. 停放制动控制

当车辆长时间停放在线路上时,往往因受风力或其他某种外力的作用而发生溜车现象,为此,轨道交通车辆都必须安装具有防止溜车功能的停放制动装置。停放制动是纯机械控制的制动,由弹簧的压缩力施加。在列车停车后,一旦总风压力下降到某一设定值,停放制动便能够自动施加;当总风压力恢复后,停放制动能自动缓解。此外,停放制动也可以通过驾驶操纵台上的停放按钮实现停放制动的施加与缓解,停放制动控制按钮如图 2-5 所示。

DC110V
紧急制动控制开关 QF7
头车继电器触点 KSAR1
列车自动控制
ATC
紧制继电器 EBRD
ATP旁路继电器 ATPBR2
OFF模式继电器 ATPFR2
6号车(Tc车)
警惕按钮继电器2(延时5s) DMTR2(5s)
紧急制动继电器 EBR
尾车继电器 KSBR1
紧急环路继电器 EMBAPR
紧急按钮继电器 EBSR
总风欠压继电器 MRPSR
智能阀
网关阀
紧急环路短接 ESS
中间各车
LGS
KSAR1
ATPBR2
DMTR2(5s)
EBR
EBSR
MRPSR
KSBR1
1号车(Tc车)
头车继电器触点 KSAR2
KSAR2
ATPFR2

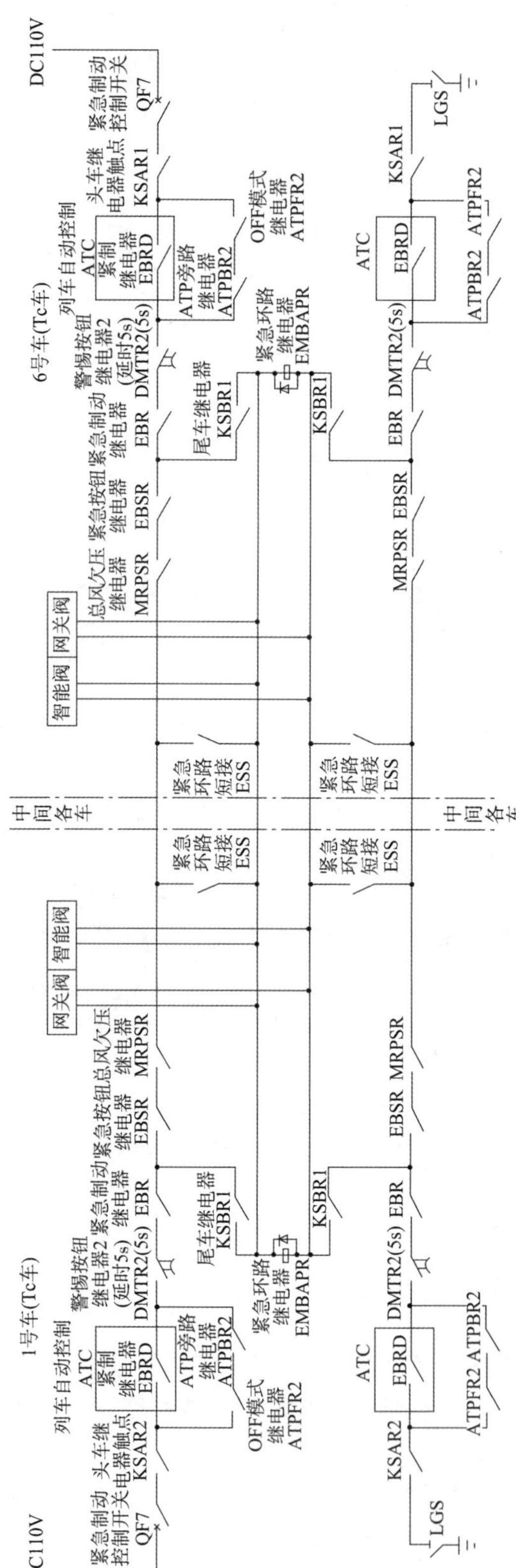

图2-4　紧急制动环路

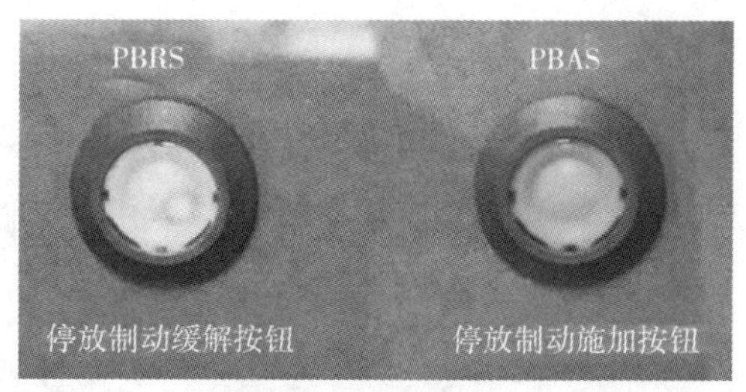

图 2-5　停放制动控制按钮

5. 机械缓解装置

在车辆制动系统出现故障时，司机或检修人员可以通过操作机械缓解装置，强迫关断单车制动缓解塞门，隔断和缓解本车的空气制动。机械缓解装置控制手柄安装在客室座椅下，并加装防护装置。图 2-6 所示为机械缓解装置。

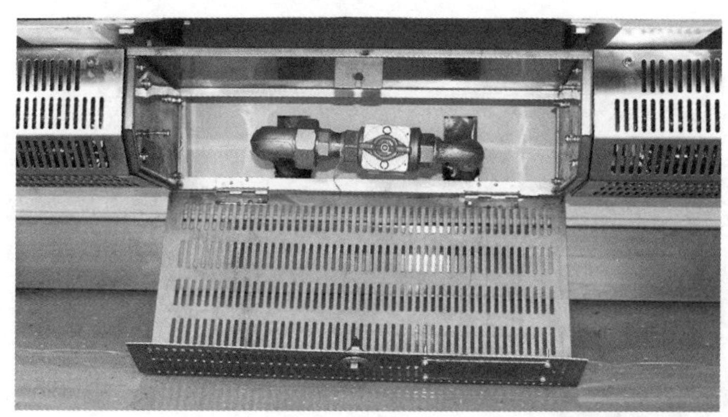

图 2-6　机械缓解装置

二、风源系统

电动列车的风源系统向整个列车提供压缩空气的气源，它主要是为制动系统和辅助部件提供足够的、干燥的、洁净的压缩空气，主要设备有空压机、空气干燥设备、空压机启动装置、安全阀、压力开关及连接管路等。

风源系统中最重要的设备是由三相 380V 交流电驱动的活塞式空压机或螺杆式空压机。空压机组是整个风源系统的核心部件，没有空压机就没有风源。一般一列车有两套空压机组，每套装置都可以单独满足列车的用风需求，两套装置在功能上互为冗余，增加了风源系统的可靠性。图 2-7 为空压机组外形示意图。

列车的两台空压机有一台为主空压机，主空压机的选择可由 TCMS 根据单双日信息来控制。当总风压力低于 680kPa 时，两台空压机同时启动打风，直至总风压力达到 900kPa 停机。若空压机启动时总风压力大于 680kPa 且小于 750kPa，则主空压机启动开始打风直至总风压力达到 900kPa 停机。若空压机启动装置初次通电时总风压力高于 750kPa，则两台空压机都不工作。空压机启动装置使用压力开关监测总风压力信号。

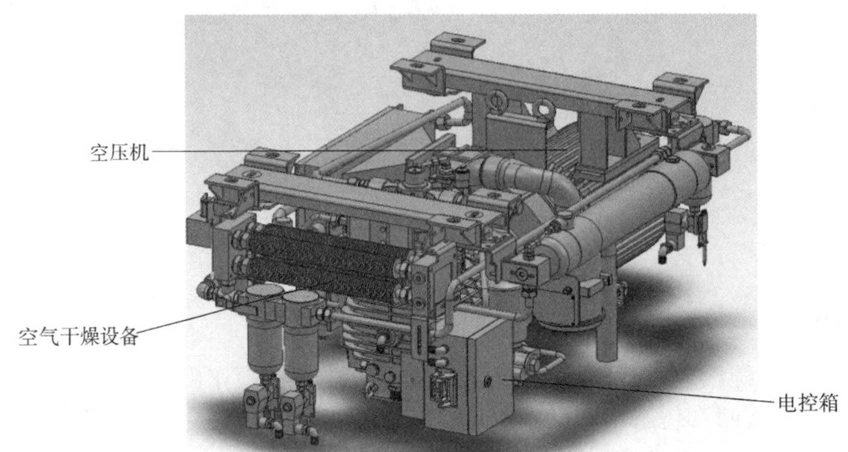

图 2-7 空压机组外形示意图

在司机室的驾驶台上有一个“强制泵风”按钮,如图 2-8 所示,按下它后,两个空压机同时启动打风。

图 2-8 “强制泵风”按钮

空压机组工作原理如图 2-9 所示。外界的空气通过入口进入空气滤清器,通过进气阀防止进入的空气回流,压力开关能防止空压机的带载启动;经过空压机的压缩,达到压力维持阀的压力后,排出压缩空气,再通过冷却器冷却,排出空压机组;温度开关保证系统温度不超过 105℃,安全阀保证空气压力不超过 1250kPa。排出的压缩空气经过软管进入干燥设备,首先进入二次冷却器,进一步降低压缩空气中的水蒸气量,然后通过三通球阀:当系统正常时,压缩空气直接流入干燥器;当系统异常时,可切换至带有单向阀的旁通管路,保证系统供风。汽水分离器能将压缩空气中 97% 以上的液态油及水进行旋风分离,所分离出的液态物通过下部的排污阀直接排出;精密过滤器能将粒子直径大于 1μm 的固体颗粒进行拦截,同时保证此级过滤后的压缩空气含油量不大于 $1mg/m^3$;超精过滤器的作用是将粒子直径大于 0.01μm 的固体颗粒进行拦截,同时保证此级过滤后的压缩空气含油量不大于 $0.01mg/m^3$。经过层层过滤后的压缩空气进入膜式干燥器进行水蒸气的去除,为了保证干燥效果,在干燥器出口处设置最小压力阀来降低初始状态下系统内压缩空气的流速。

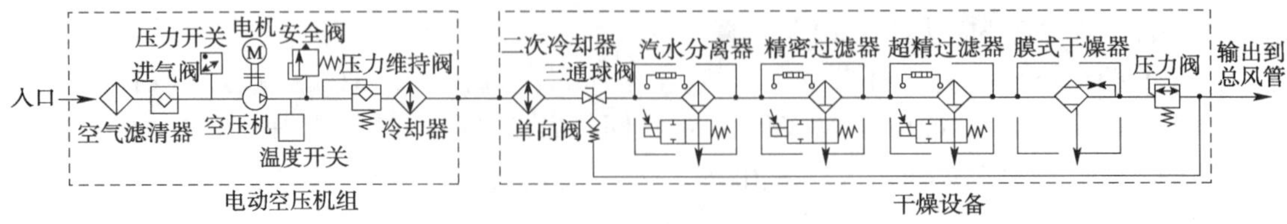

图 2-9 空压机组工作原理

知识链接

活塞式空压机与螺杆式空压机

活塞式空压机:这种压缩机具有体积小、质量轻、维护方便、噪声低、飞溅润滑等特点,在1500r/min时压缩空气的排量为920L/min,一般采用三缸二级压缩,风扇冷却;电机与压缩机采用耐久性连接,不需要维护;采用弹性方式安装在车体上,可消除空压机组振动对车体的影响。

螺杆式空压机:这种压缩机与活塞式空压机相同,属于容积式压缩机,具有可靠性高、零部件少、易损件少、运转可靠、寿命长、操作维护方便等特点。螺杆式空压机可实现无基础运转,特别适合做移动式压缩机,适应性强,另外,它的容积流量几乎不受排气压力的影响,在很宽的范围内能保持较高效率,适用于多种工况。

三、基础制动

基础制动是空气制动系统的执行单元,一般采用踏面制动或盘形制动,均包括单元制动缸和制动摩擦副。每台转向架装有四套制动单元,其中两套加装弹簧停放制动器,并配有手动缓解装置,以满足列车停放制动的要求。

四、空气制动防滑控制装置

空气制动防滑功能在紧急制动和常用制动时都可以起作用,采用速度差和减速度判据进行滑行检测。

(1)速度差判据:当某一轴速度低于参考速度(基准速度)达到判定滑行数值。

(2)减速度判据:当某一轴的减速度达到判定滑行数值。

当出现以上任何一种情况时,就判定该轴发生制动滑行,空气制动防滑控制系统首先会通过防滑排风阀切断中继阀到该轴制动缸的通路,对制动缸进行保压,如果滑行较大或保压后滑行持续增大,防滑排风阀还可排出一部分制动缸的压力空气,减小该轴上的制动力,以降低该轴上的滑动程度,使该轴恢复到黏着状态。在黏着恢复再制动充风时,空气制动防滑控制系统首先会采用阶段充风方式,一方面可以限制黏着恢复时再制动的纵向冲击率,另一方面还可以降低黏着恢复过程中再滑行的概率。

当4个轴同时出现滑行时或4个轴的减速度都远高于正常的制动减速度时,空气制动防滑控制系统会定期短时缓解某一基准轴的空气制动,以便对基准速度进行周期性的修正,减小基准速度的累加偏差,以准确地控制滑动程度,从而确保在低黏着状态下最大限度地提高制动力,同时不会出现车轮擦伤。在发生严重滑行时,将切除电制动,以利于黏着恢复。

当空气制动防滑控制系统失效时,空气制动将维持运用而无滑行保护。当一个速度传感器出现故障时,受到影响的防滑排风阀会利用本转向架的另一个速度传感器进行防滑控制。

五、空气悬挂控制装置

空气悬挂控制装置包括高度调整阀、空气差压阀和平衡阀等,作用是使车体在不同静载荷下都与轨面保持一定的高度。其中,高度调整阀的用途是维持车体在不同载荷下都能与钢轨轨面保持一定高度;空气差压阀能保证一个转向架两侧空气弹簧的内部空气压力之差不超过行车安全规定的某一限定值;平衡阀用于提高空气弹簧压力信号的精准度。

空气弹簧压力信号传递给空重阀后,通过杠杆作用输出与载重压力成比例的制动控制压力,从而使制动缸控制压力能随列车载重的变化而调整。

六、辅助制动控制功能

辅助制动控制功能包括制动不缓解检测功能、强迫缓解功能和制动力不足检测功能。

1. 制动不缓解检测

每辆车的 BCU 都具有制动不缓解检测功能。当列车处于缓解状态时,电子控制装置根据网络指令和贯穿全列车的制动状态输入信号,通过检测制动缸压力进行空气制动不缓解检测。当缓解状态超过 3.5s,且压力超过设定值时,则判定为制动缓解失效。通过 MVB 传给 TCMS,并将不缓解信息显示在列车状态显示屏上,司机读取后,可手动进行相应的缓解操作。

2. 强迫缓解

在发生制动不缓解的情况下,司机通过操作"强迫缓解"按钮,使强迫缓解指令线得电。这项操作仅能使发生制动不缓解的车辆的压力控制阀得电,从而强迫缓解制动缸压力。

3. 制动力不足检测

每辆车的 BCU 都具有制动力不足检测功能,能根据列车的状态,通过一个压力传感器检测制动缸压力。当常用制动指令大于最大常用制动指令的 70% 以上且电制动无效时,如果 3.5s 后制动缸压力仍不能达到设定值,则判定发生制动力不足的情况。然后该车的紧急制动电磁阀失电产生紧急制动,并传送制动力不足信号至 TCMS。

七、制动系统空气管路

制动系统空气管路用来输送压缩空气。风源系统产生的压缩空气输入总风管,在每辆车的总风管两端安装截断排风塞门(W1),通过连接软管(W2)与车钩的软管连接,使全列车总风管贯通,向全列车提供充足的压缩空气。

Tc 车和 M1/M4 车空气管路原理如图 2-10 所示(编组方式:Tc1-M1-M2-M3-M4-Tc2)。总风管通过截断塞门(B1)单向阀给各车制动缸充气。制动缸为本车的制动控制装置提供快速、稳定、安全的压缩空气。截断塞门(B1)下游的压缩空气还通过截断塞门(B5)为停放制动控制装置供风。空气弹簧系统用风通过截断塞门(L9)取自总风管,其短时用风不会影响制动缸和制动控制装置的风源压力,当空气弹簧系统出现故障时,可通过关闭截断塞门(L9)来切除。由制动控制装置产生的制动缸压力空气,分别经由两个带电接点的截断塞门(B19)送往两个转向架的制动缸,每个转向架的空气制动可以用截断塞门(B19)单独切除。

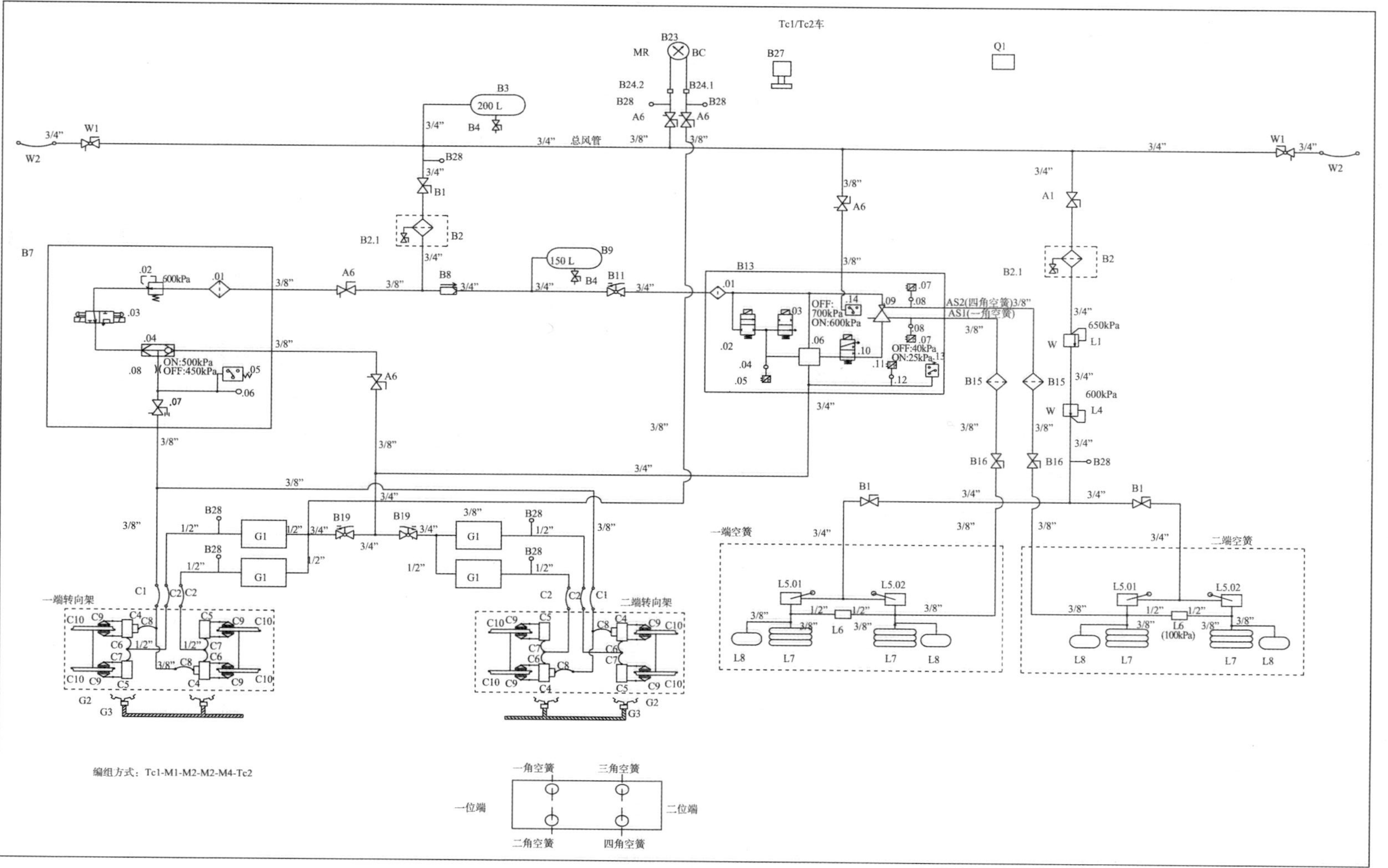

a)Tc1/Tc2车空气管路原理图

图　2-10

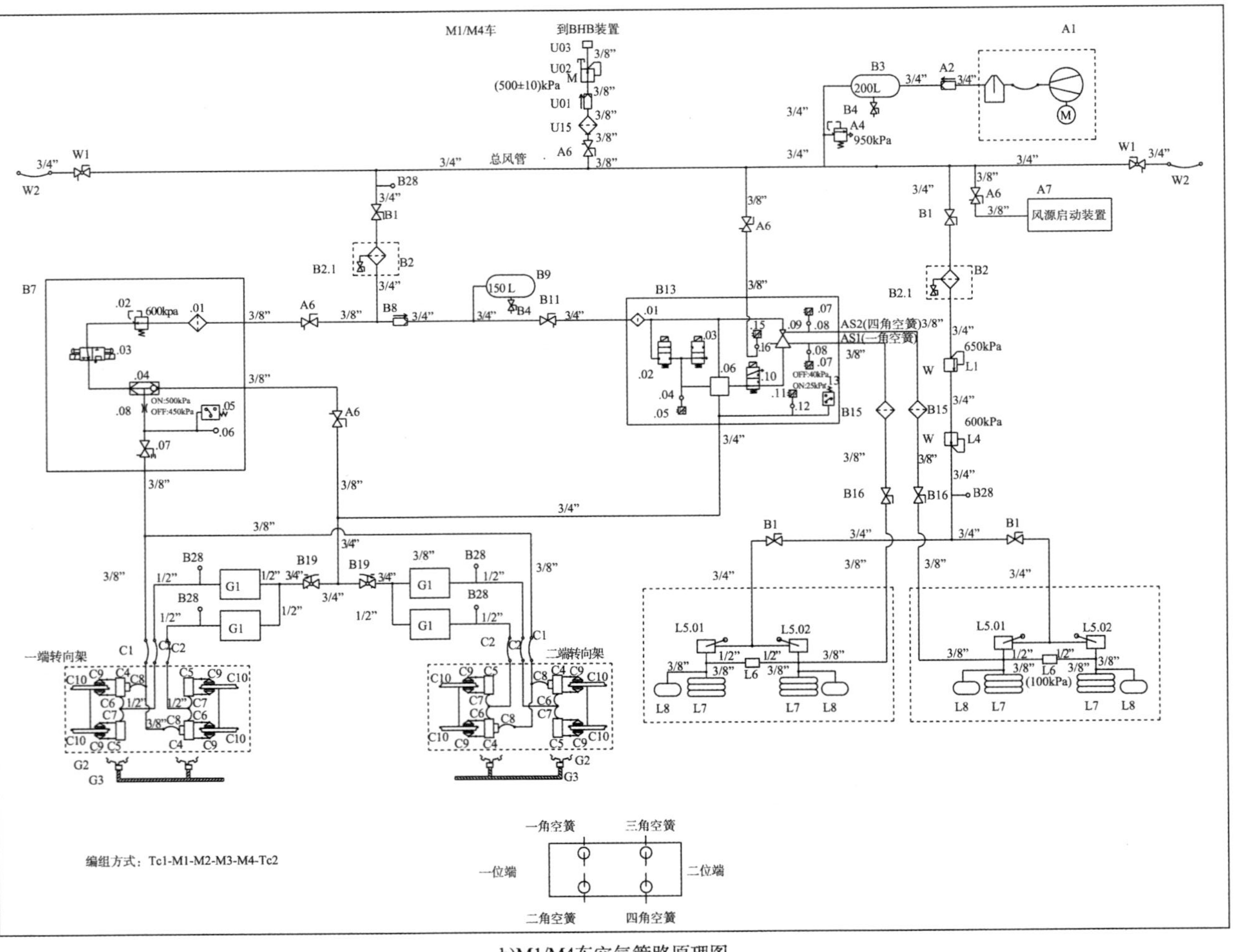

b)M1/M4车空气管路原理图

图2-10　空气管路原理图

图例说明：A-供气设备；B-制动控制设备；C-转向架设备；G-防滑设备；L-空气悬挂设备；P-气动信号设备；U-升弓控制设备；T-回送设备；W-联挂设备；Z-辅助设备。虚线框表示一个功能单元，实线框为控制箱。

情境任务一　紧急制动不缓解的处理

工作情境

3 号线 2049 次列车运行至 C 站台进行开关门作业完毕后，司机将司控器主手柄置于“惰行”位时，列车状态显示屏显示列车施加紧急制动，双针压力表的制动压力指针指示紧急制动压力。

工作目标

在规定时间内找出故障点、判断故障严重程度，根据情况作出相应处理，使列车制动缓解。

一、故障现象与分析

1. 故障现象

当司控器主手柄置于“惰行”位时，列车状态显示屏上显示列车施加紧急制动(图 2-11)，双针压力表的制动压力指针指示紧急制动压力(图 2-12)。

车辆状态　13年10月02日 5:27:53

压 59V　网流 0A　牵引·制动级位：紧急制动　速度：0

100611　100612　100613　100614　100615　100616

车号	1	2	3	4	5	6
牵引·电制动		0		0	0	
BC压力	312.5	327.5	262.5	335.0	327.5	310.0
右侧门	B11 B12 B13 B14	B21 B22 B23 B24	B31 B32 B33 B34	B41 B42 B43 B44	B51 B52 B53 B54	B61 B62 B63 B64
左侧门	A11 A12 A13 A14	A21 A22 A23 A24	A31 A32 A33 A34	A41 A42 A43 A44	A51 A52 A53 A54	A61 A62 A63 A64
空压机运转						
SIV	378.3V 50.0Hz					376.0V 50.0Hz

图 2-11　列车状态显示屏显示施加紧急制动

图 2-12　双针压力表指示紧急制动压力

2. 故障分析

1)紧急制动环路分析

紧急制动环路通过其中的紧急环路继电器得电或失电,向各车辆的网关阀、智能阀提供缓解或施加的电信号,从而使列车的紧急制动得以控制。图 2-4 所示的紧急制动环路重点表达了两辆 Tc 车的电路情况,由于中间车都是连接导线和插头,故将其省略。环路的控制电源为 DC110V,司机室内电器柜里的紧急制动控制开关 QF7 起到电路过载保护作用。

假设使用 1 号车作为激活端司机室,紧急制动环路的通电过程如下:

司机激活驾驶台后,1 号车的头车继电器触点 KSAR2 得电闭合,尾车继电器 KSBR1 仍处于断开位,而 6 号车的头车继电器触点 KSAR1 保持断开位,尾车继电器 KSBR1 得电闭合;电源经由 1 号车的由 ATC 控制的紧急制动继电器 EBRD、警惕按钮继电器 2 DMTR2(5s)、紧急制动继电器 EBR、紧急按钮继电器 EBSR 和总风欠压继电器 MRPSR,到达中间车,再经过 6 号车的总风欠压继电器 MRPSR、紧急按钮继电器 EBSR 和尾车继电器 KSBR1 后,以相反的顺序绕回 1 号车,通过 1 号车的接地开关 LGS 接地,形成环路。各车辆的网关阀和智能阀通过检测紧急环路继电器 EMBAPR 两端的压降,来判断紧急制动环路是否通电或断路。

在此环路中,各继电器的得电或失电由对应系统或设备的状态决定:

(1)ATC 紧急制动继电器 EBRD 由车载 ATP 控制,当列车出现超速、闯入禁行区段、丢失速度码等情况时,车载 ATP 会向列车施加紧急制动;

(2)警惕按钮继电器 2 DMTR2(5s)由司控器主手柄上的警惕开关控制,当主手柄位于牵引级位、惰行位和制动 1~3 级时,松开警惕开关超过 5s,该触点断开,紧急制动施加;

(3)紧急制动继电器 EBR 由司控器主手柄控制,当主手柄位于紧急位时,该继电器线圈得电,触点将环路断开,紧急制动施加;

(4)紧急按钮继电器 EBSR 由设置在驾驶台上的紧急制动按钮控制,当按下该按钮时,该继电器线圈得电,触点将环路断开,紧急制动施加;

(5)总风欠压继电器 MRPSR 由设置在两辆 Tc 车的总风管压力传感器控制,当总风压力低于 600kPa 时,该继电器线圈得电,触点将环路断开,紧急制动施加。

任何情况下紧急制动环路的建立(即紧急制动缓解)必须在停车状态下,将司控器主手柄打至紧急位,确认列车紧急制动施加后,才能进行缓解。

若使用 6 号车作为激活端司机室,紧急制动环路的得电过程是怎样的?

2)产生紧急制动的原因

由以上紧急制动环路的分析不难看出,只要出现下列情况之一,列车紧急制动环路就会断开,紧急制动施加:

(1)头、尾车司机室均被激活,无法判断列车头尾关系;

(2)车载 ATP 请求紧急制动;

(3)释放司控器主手柄上的警惕开关时间超过 5s;

(4)司控器主手柄在紧急位;

(5)紧急制动按钮被按下；

(6)总风压力不足 600kPa；

(7)紧急制动控制开关 QF7 跳开，紧急制动环路控制电源失电。

此外，从制动系统的完整性来看，列车分离也是引起紧急制动的原因之一。

因此，司机在解决紧急制动不缓解的故障时，首先应该查看是否有以上现象，若有则采取相应措施，使紧急制动环路得电、紧急制动缓解。

二、故障处理

根据故障的严重程度不同，紧急制动不缓解可能导致列车晚点、清人掉线或申请救援。司机应对照产生紧急制动的各项原因，结合故障发生的时机，逐一排查，故障应急处理操作流程见表 2-1。

紧急制动不缓解处理流程图

故障应急处理操作流程

表 2-1

序号	检查内容	操　作	图　示
1	停车后重新建立安全环路，若不能缓解紧急制动，则查看信号系统显示屏和列车状态显示屏	判断是信号系统还是车辆原因导致的紧急制动不缓解	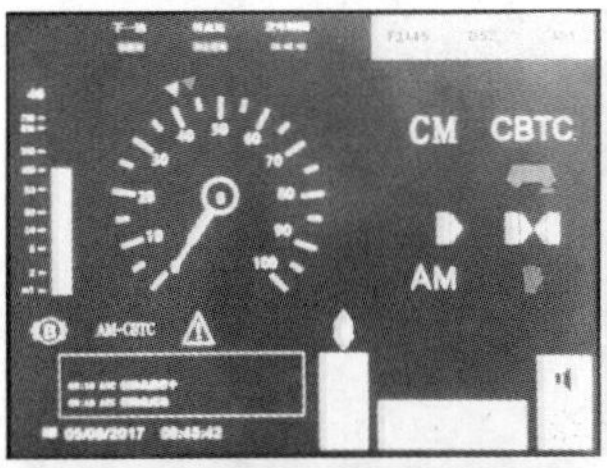 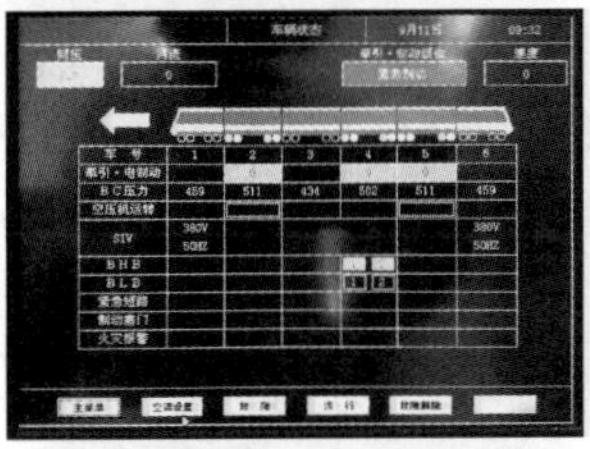
2	若判断是信号系统触发的紧急制动，则检查车载信号系统是否正常	重启信号系统，若重启后仍不能缓解紧急制动，则切除 ATP 进行试验，重新建立安全回路并查看能否缓解；若不缓解，则申请清客和救援。 注意：重启和切除车载 ATP 必须获得行车调度员的授权	
3	若判断是车辆原因导致的紧急制动 检查司机室内各相关开关和按钮位置是否正确	若不正确，应进行恢复，包括各开关和按钮、司控器主手柄、警惕开关、方向选择开关、钥匙开关、紧急制动按钮等。恢复后，将司控器主手柄置于紧急位再回到常用制动级位，重新建立安全环路，观察是否缓解	

续上表

序号	检查内容		操　作	图　示
3	若判断是车辆原因导致的紧急制动	检查双针压力表指示的总风压力是否正常	若总风压力过低,按“强制泵风”按钮试验,观察空压机工作情况,待总风压力上升至规定值后,重新建立安全环路查看能否缓解。 若空压机工作但总风压力无法上升,按“总风泄漏”故障处理	
		检查制动控制保险和紧急制动控制保险是否跳开	若跳开,应将其闭合,再重新建立安全环路查看能否缓解	
		以上检查完毕后仍不能缓解紧急制动,短接紧急制动短路开关进行试验	若缓解,列车应清人掉线、退出运营,并根据行车调度员指示限速30km/h运行至指定地点;若不能缓解,双司机作业条件下可由一名司机到尾端司机室进行检查,单司机作业条件下报告行车调度员,申请清客和救援	
		到尾端司机室进行检查和试验(相关项目同上)	若短接尾车紧急制动短路开关后紧急制动缓解,向行车调度员申请推进运行和清客;若不缓解,应申请清客和救援	
4	检查救援列车连挂是否妥当		将列车各台车的强缓塞门全部切除,列车紧急制动缓解	

三、注意事项及要点总结

为尽快处理故障,列车在发生紧急制动不缓解后,司机要利用排除法,优先排除有表象的故障项,并且能根据当时列车运行状态决定检查顺序:若在列车运行中发生故障,应先检查总风压力、车载信号等项目;若在更换司机室后发生故障,应先检查各开关位置、司控器主手柄、钥匙开关等项目。

在正常操作列车运行的过程中,司机应认真观察双针压力表显示,发现异常后及早采取措施。当总风压力降低时,可以使用强制泵风(或空压机强迫启动,图 2-13)按钮使空压机打风进行试验;当总风压力依旧持续下降或无法恢复到正常值时,应检查列车是否有风压泄漏的故障,并及时处理。

图 2-13　“空压机强迫启动”按钮

若按压强制泵风按钮,待总风压力达到规定值后故障解除,说明是由总风压力不足造成的列车紧急制动不缓解。

若将车载 ATP 切除,紧急制动可以缓解,则可以判断是由车载 ATP 故障导致的。

若短接紧急制动短路开关后列车紧急制动全部缓解,说明是列车电路上的故障引起的紧急制动不缓解。

在逐步排查故障的过程中,每完成一项操作都应注意查看紧急制动是否缓解,这样才能判断产生故障的可能原因:是总风压力不足,还是紧急制动按钮位置不正确;是车载信号系统故障,还是紧急制动控制保险断开;或其他原因。最后,将故障现象及处理过程和结果如实记录在“列车状态记录单”中(图 1-14)。

技能考核

根据故障处理的操作过程和处理结果,对司机的工作进行评价。评价时,既要考虑故障点分析是否得当,还要考虑处理方法是否正确,更应考虑对线路运营的影响和乘客服务质量。学习者可根据本书配套的“技能考核与评价手册”,充分利用现有实训条件开展自评与互评。

情境任务二　常用制动不缓解的处理

工作情境

2 号线 1123 次列车运行至 D 站—C 站下行区间弯道前,司机按规范施加常用制动减速,再次进入直线地段施加牵引操作时出现全列常用制动不缓解的故障。司机利用列车当前速度维持进站,停车后进行处理。

工作目标

在规定时间内找出故障点、判断故障严重程度,根据情况作出相应处理,使列车制动缓解。

一、故障现象与分析

1. 故障现象

司机无法进行牵引操作,列车状态显示屏显示列车制动缸压力不缓解,双针压力表的制动压力指针指示有常用制动压力(图 2-14)。

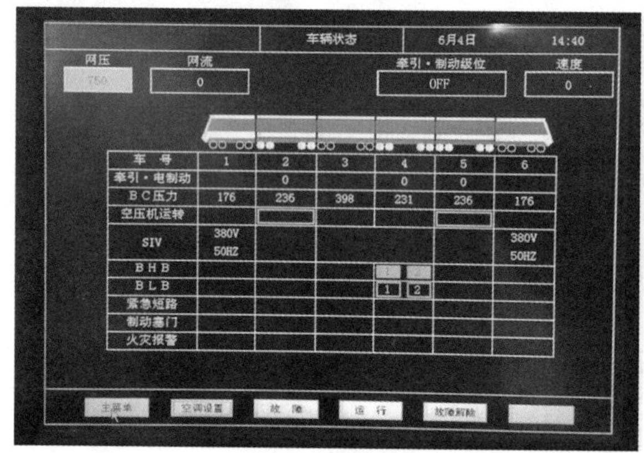

a)列车状态显示屏

b)双针压力表

图 2-14　常用制动不缓解的制动缸压力

2. 故障分析

1)常用制动缓解控制

每辆车的 BCU 都具有制动不缓解检测功能。在没有制动施加指令的情况下,若制动缸压力不能在规定的时间内下降到一定的值,则判定为制动缓解失效。

正常情况下,常用制动的缓解过程为:列车不实行制动时,紧急电磁阀将被激活,切断制动缸和空重阀入口及压力控制室的通道。制动缸的压力传送到两个常用制动电磁阀,这两个电磁阀因为没有被激活而关闭,这样压缩空气就不能进一步前进,两个常用制动电磁阀未被激活,制动缸中的压缩空气通过阀体集成上的排气通道排向大气,达到车辆缓解的状态。

2)先期故障预判断

分析图 2-15 所示的制动控制电路可以看出,常用制动与牵引控制电路具有联锁关系,在 ATC 系统施加常用制动或司机人工控制列车常用制动时,BCU 要检测制动缸压力,压力足够时制动缸压力检测继电器得电,常闭触点 BNRR 断开,牵引指令线(线号为 1a)被切断,列车无法牵引。而制动指令(线号为 280a),制动已施加指令(线号为 290b)的发出要经过

DC110V
TCMS
向前
向后
牵引指令
牵引编码1
牵引编码2
制动指令
制动编码1
制动编码2
制动编码3
警惕按钮
紧急牵引
强迫缓解
保持制动切除
制动已施加
总风压力检测
5km/h
30km/h
缓解不良检测
停放制动检测
停放制动施加
停放制动缓解
紧急制动环线
紧急制动正线
紧急制动负线
紧急制动环线
ATO牵引指令电路
ATC非安全输入电路
ATC安全输入电路
ATC非安全输入电路
紧急制动环路

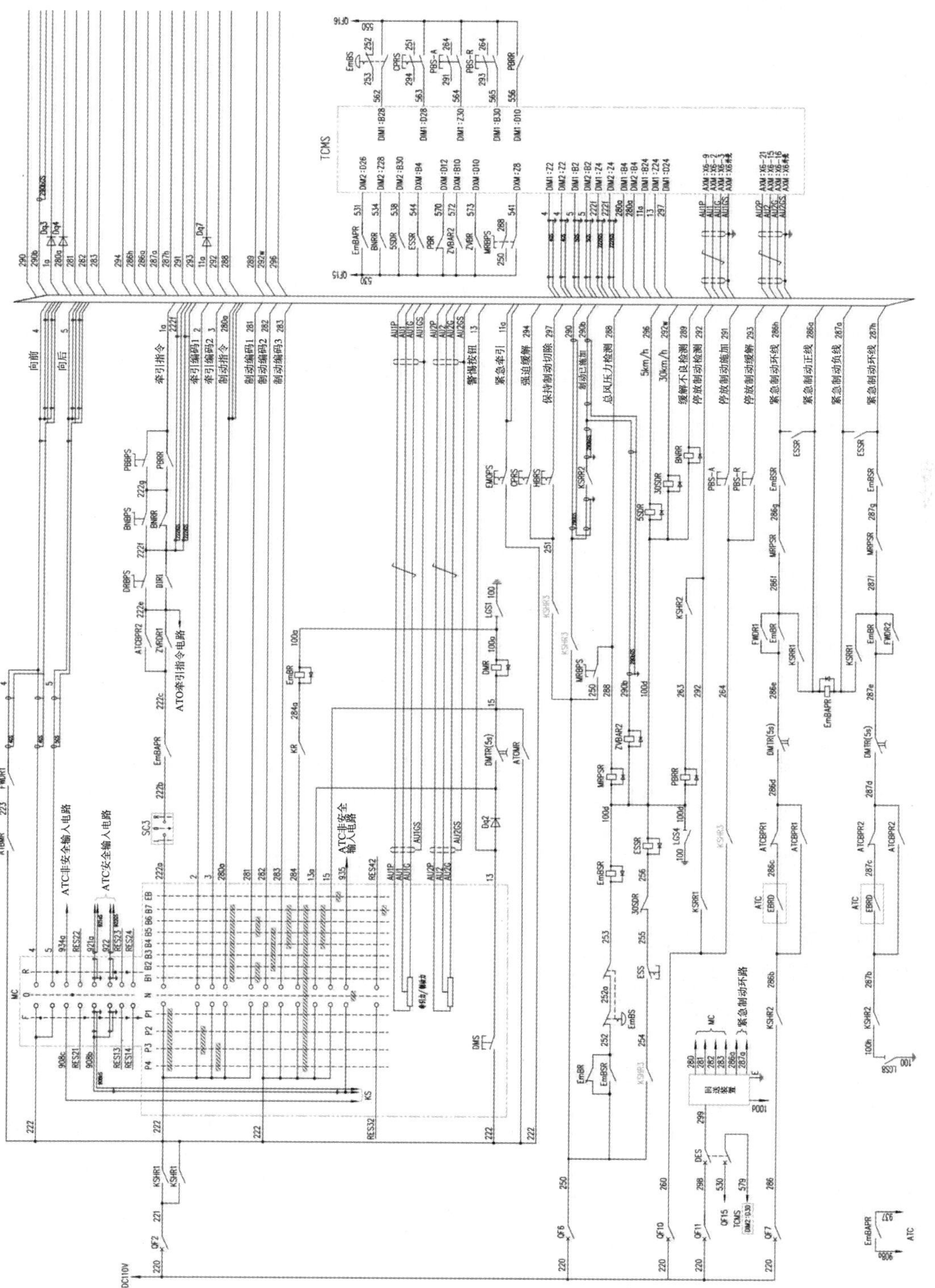

图2-15　制动控制电路

QF2(牵引控制开关),QF6(制动控制开关),KSHR1、2、3(头继电器),司控器主手柄常用制动级位,最后传送到280a线和290b线。

列车制动缓解不良信号由289线向BCU发送。当司控器主手柄位于牵引任一级位或惰行位时,在一定时间的延迟后,制动缸压力仍超过限定值时,BCU就判断列车发生缓解不良状况,并将该信息显示在列车状态显示屏上。

练一练

试分析强迫缓解信号(线号为294)的指令发出过程。

知识链接

不同常用制动级位指令的发出

在图2-15所示的列车制动控制电路图中,281线、282线和283线分别对应三个制动编码,根据它们的不同组合,可以使BCU获取司控器主手柄的制动位置,从而施加不同大小的制动力。

(1)司控器主手柄B1位合→281线得电,形成列车常用制动1级指令;

(2)司控器主手柄B2位合→281线、282线得电,形成列车常用制动2级指令;

(3)司控器主手柄B3位合→282线得电,形成列车常用制动3级指令;

(4)司控器主手柄B4位合→282线、283线得电,形成列车常用制动4级指令;

(5)司控器主手柄B5位合→281线、282线、283线得电,形成列车常用制动5级指令;

(6)司控器主手柄B6位合→281线、283线得电,形成列车常用制动6级指令;

(7)司控器主手柄B7位合→283线得电,形成列车常用制动7级指令。

根据制动控制系统工作原理,导致常用制动不缓解的可能原因如下:

(1)牵引指令未输出;

(2)司控器主手柄故障;

(3)制动控制开关跳开;

(4)制动控制电路故障。

二、故障处理

常用制动不缓解处理流程图

根据故障点不同,常用制动不缓解可能导致列车晚点或清人掉线(列车在无常用制动的情况下,若还有紧急制动功能,则不需申请救援)。司机应对故障做出预判,逐一排查可能导致故障的原因。若查明是列车本身故障,则应在掉线后由车辆检修人员详细诊断。故障应急处理操作流程见表2-2。

故障应急处理操作流程　　表 2-2

序号	检查内容	操　　作	图　　示
1	检查司机室内各相关开关和按钮、保险开关位置是否正确	若不正确，应进行恢复，包括：各开关和按钮、司控器主手柄、方向选择开关、制动控制开关等（注意回送制动保险应断开）	
2	通过信号系统显示屏检查是否是由车载信号设备引起的常用制动	切除 ATP 进行试验。 注意：切除车载 ATP 必须获得行车调度员的授权	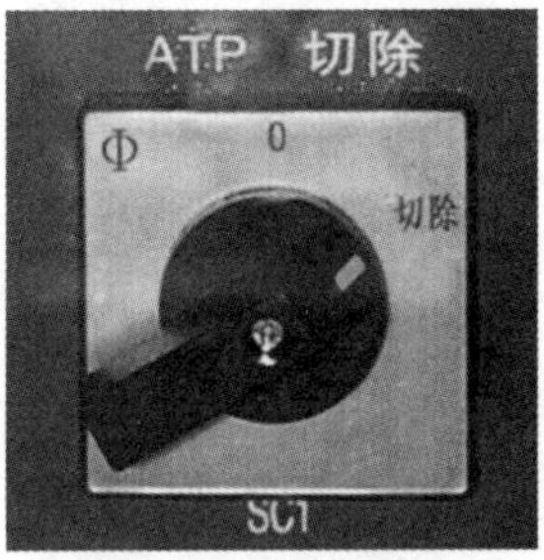 ATP 切除 Φ 0 切除 SC1
3	检查制动是否缓解	若不缓解，应按下“强迫缓解”按钮进行试验，若能使列车强迫缓解，则向行车调度员申请清人掉线	 强迫缓解
4	检查制动是否缓解	若不缓解，断开再闭合制动控制开关 QF6 进行试验	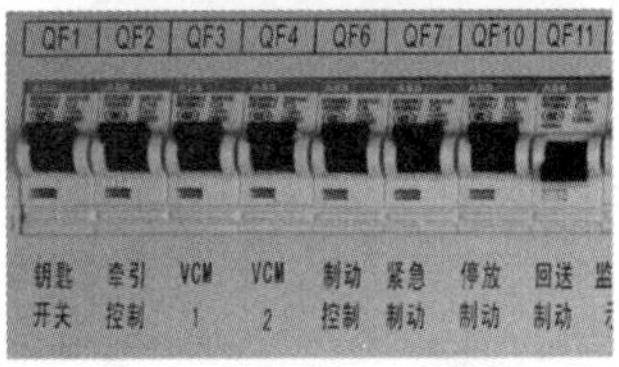 QF1 QF2 QF3 QF4 QF6 QF7 QF10 QF11 钥匙开关 牵引控制 VCM 1 VCM 2 制动控制 紧急制动 停放制动 回送制动
5	根据缓解情况向行车调度员报告	若能缓解，申请清人掉线，用紧急制动维持列车运行；若不能缓解，申请清客和救援，并利用强缓塞门对各车辆进行制动的缓解	

若列车停于站内,乘客乘降完毕后,司机启动列车时发现保持制动不缓解,应当如何处理?

三、注意事项及要点总结

强迫缓解按钮只对故障车起作用,能解决因电路故障引起的常用制动不缓解。具体使用方法为:当列车因制动电路系统故障,司机将司控器主手柄拉回“惰行”位5s后,列车常用制动仍不缓解时,按下强迫缓解按钮,故障车可实施缓解。此时列车无常用制动、无防滑,只有紧急制动,运行时应注意列车的制动距离,降低车速,绝不可超速运行,同时防止擦轮。而列车紧急环线一旦失电将不能重新建立,运行时要谨慎使用紧急制动按钮。

列车制动单元制动不缓解

单车常用制动不缓解的故障也可以用“强迫缓解”按钮、断开故障车制动控制开关或操作故障车强缓塞门等方法来解决。

知识链接

车辆踏面擦伤的危害

列车制动滑行会产生普遍的轮轨发热、轮轨擦伤现象,严重时还会使线路失稳。踏面擦伤的危害随列车运行速度的提高而增加。踏面擦伤造成的车轮踏面不圆或凹坑会产生对轨面的垂向冲击,而车轮垂向冲击加速度也会随着运行速度的提高而提高。它降低了乘坐舒适度,使轴承发热、轨道受损,严重危及行车安全。

断开故障车制动电源保险后,司机控制器主手柄必须置于常用制动位(B1 ~ B7),通过观察故障车风压表的显示确认制动是否缓解(断开制动电源保险只能缓解常用制动)。

若断开制动电源保险后常用制动仍不能缓解,可到故障车下断开强缓塞门,但不能通过关断两个防滑阀塞门进行缓解,因为由此可能引发牵引无流的故障。

此外,在常用制动不缓解的处理过程中,也可以尝试按下“停放制动缓解”按钮进行试验。

如何区分紧急制动不缓解、常用制动不缓解和保持制动不缓解?

技能考核

根据故障处理的操作过程和处理结果,对司机的工作进行评价。评价时,既要考虑故障点分析是否得当,还要考虑处理方法是否正确,更应考虑对线路运营的影响和乘客服务质量。学习者可根据本书配套的“技能考核与评价手册”,充分利用现有实训条件开展自评与互评。

情境任务三　停放制动不缓解的处理

某日清晨,在Z车辆段停车列检库内,司机正在对002号列车进行检查和出库前的准备,在激活头端驾驶台、准备缓解停放制动时发现,列车状态显示屏显示出现停放制动不缓解故障。

在规定时间内找出故障点、判断故障严重程度,根据情况做出相应处理。

一、故障现象与分析

1. 故障现象

司机按“停放制动缓解”按钮无法缓解停放制动,列车状态显示屏显示“停放制动”仍在“施加”状态,如图2-16所示;其他开关和按钮位置均无异常。

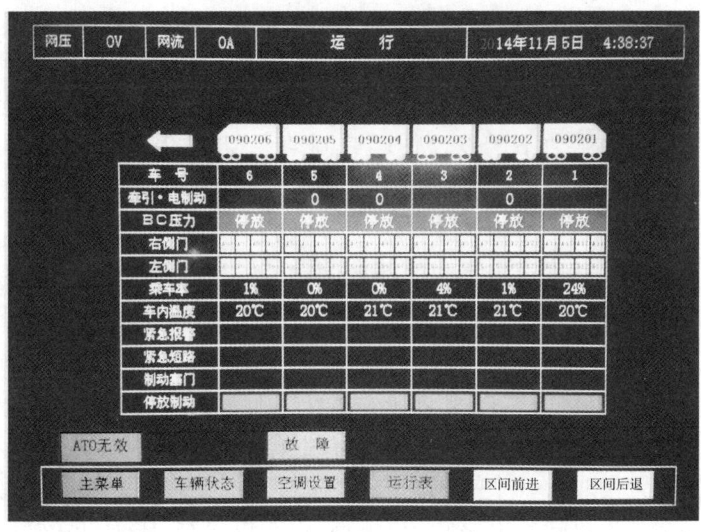

图2-16　列车状态显示屏“BC压力”显示“停放制动”

2. 故障分析

1)停放制动的施加与缓解

停放制动是采用弹簧储能施加制动力的一种制动方式,施加单元位于转向架上,每根轴安装两套单元制动夹钳,其中一套具有停放制动功能,为对角布置,如图2-17所示,满足列车在最大超员情况下,停放在最大坡道上不溜车的要求。在列车停车时,当总风压力下降到停放制动开始施加的压力时,停放制动能够自动施加;当总风压力恢复上升时,停放制动应能自动缓解。停放制动夹钳还具有手动缓解的功能。

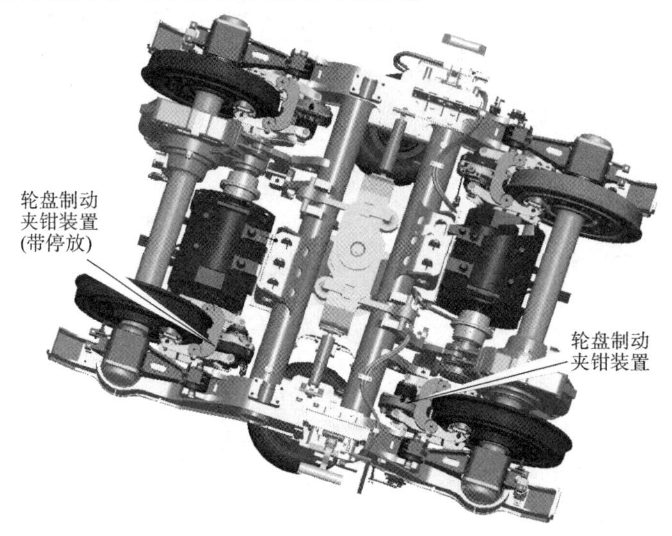

图 2-17　动车转向架仰视图

以 PC7YF 型踏面单元制动器为例,带有停放弹簧的制动器,能利用释放弹簧存储的弹性势能来推动弹簧制动缸活塞,带动两极杠杆使闸瓦制动。而它的缓解需要向弹簧制动缸充气,通过活塞移动使弹簧压缩,从而使制动缓解。

图 2-18 所示为 PC7YF 型单元制动器(带停放),由制动缸、活塞、弹簧、缓解拉环等组成。当停放制动缸排气时,活塞在弹簧的弹力作用下向左运动,螺套及螺杆也向左移动,带动杠杆逆时针转动,使常用制动的活塞杆向右推,单元制动器处于制动状态。因此,一旦总风压力不足及压缩空气的压力不足以顶住停放制动弹簧时,停放制动就会自动施加。一般地,列车总风压力降到 450kPa 后就逐渐开始施加停放制动,而只要向停放制动缸充气,就可以完成停放制动的缓解。

停放制动的缓解可以通过司机室内的停放制动缓解按钮操作,也可以在车下人工操作。车下人工操作的方法是将插在弹簧盘矩形齿轮内的定位销用专门工具拔出,使弹簧组件可自由转动并伸长,带动螺杆旋转并将螺套向右移动。螺套的右移使杠杆顺时针转动,推动常用制动缸活塞杆向左移动,这时常用制动的活塞复位弹簧及吊杆扭簧共同发挥作用,使两杠杆都对主制动杆产生向右移动的力,停放制动得到释放。

停放制动控制装置集成在一个控制箱内。停放制动控制装置气动原理如图 2-19 所示,停放制动控制装置主要由双脉冲电磁阀、减压阀、双向止回阀、压力开关、压力测点、滤清器、带电节点排风塞门、气路集成板、箱体等组成。双脉冲电磁阀可以用脉冲电压控制转换,在外部控制电压作用下转换后,能够保持转换后的位置而不需要连续地施加控制电压。此外,双脉冲电磁阀两端还有手动按钮,可以通过手动按钮进行控制转换,手动按钮为自复位式,手控转换后不会影响双脉冲电磁阀的电压控制。因此在电信号出现故障或者需要人工干预的情况下,可人工施加和缓解停放。

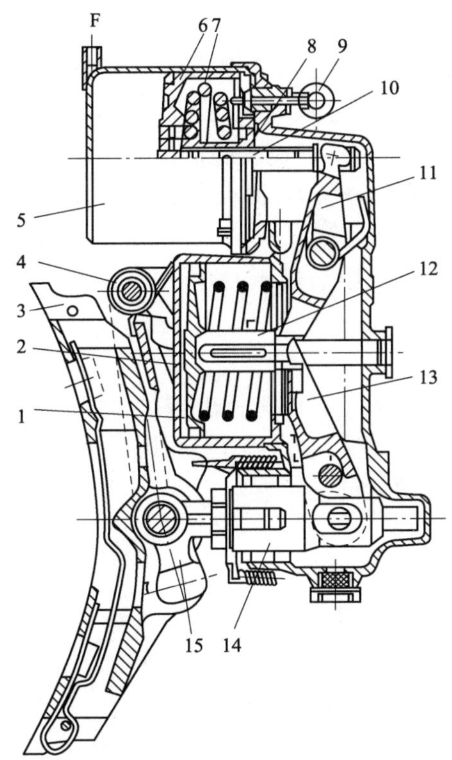

图 2-18　PC7YF 型单元制动器(带停放)

1-制动缸;2-制动活塞;3-闸瓦托;4-缓解活塞;5-缓解风缸;6-活塞;7-弹簧;8-螺纹套筒;9-缓解拉环;10,12-活塞杆;11,13-制动杠杆;14-闸瓦间隙调整器;15-闸瓦托吊

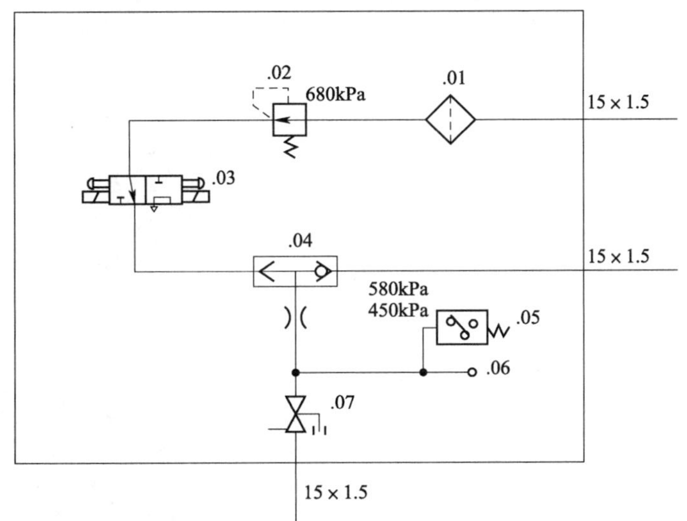

图 2-19　停放制动控制装置气动原理图

停放制动的施加和缓解采用独立的控制线,可以满足坡道停放的需要。停放制动控制装置由列车控制线来控制其制动或缓解。当接收到施加停放制动信号时,双脉冲电磁阀的制动施加电磁阀得电,缓解电磁阀失电,双脉冲电磁阀封锁来自总风缸的压力空气,打开停放制动缸的排风通道,使停放制动缸内压力空气通过双脉冲电磁阀排出,从而单元制动缸产

生停放制动作用。当停放制动控制装置接收到缓解停车制动的信号时,双脉冲电磁阀的制动施加电磁阀失电,缓解电磁阀得电,双脉冲电磁阀封锁停放制动缸的排风通道,打开来自总风缸的压力空气,将压力空气引入停放制动缸,停放制动缸中的停放弹簧在压力空气的作用下被压缩,从而使停放制动缓解。停放制动控制装置中设置有双向止回阀,其一端输入的是总风压力,另一端输入的是制动缸压力,其作用是防止由于弹簧制动和空气制动同时施加,导致发生车轮制动力过大的情况。

停放制动的施加和缓解状态可以通过压力开关进行检测。该信号可以用于停放制动的监控和与牵引系统的联锁。

2)故障原因预判

根据停放制动的施加与缓解原理可以分析出:首先,总风压力不足是导致停放制动不缓解的主要原因;其次,停放制动控制装置作用不良也是产生此故障的原因之一;再次,停放制动施加单元机械故障也会导致停放制动不缓解。

二、故障处理

根据会产生停放制动不缓解的可能原因,对以下各项逐一排查,故障处理操作流程见表2-3。

故障应急处理操作流程 表2-3

序号	检查内容	操作	图示
1	检查总风压力是否低于450kPa	若是,则待总风压力上升至550~600kPa后观察列车制动是否缓解	压力表
2	检查停放制动施加按钮和停放制动缓解按钮作用是否良好,位置是否正常	可先按"停放制动施加"按钮后,再按"停放制动缓解"按钮	停放制动施加　停放制动缓解
3	检查停放制动是否缓解	若仍不能缓解或总风压力无法达到规定值,则到车下手动切除停放制动塞门,利用停放制动手动缓解装置缓解全列车停放制动,同时切除强缓塞门、拉开停放制动手动拉环	

三、注意事项及要点总结

在停放制动不缓解的故障处理中,总风压力无法达到规定值的情况有可能是由总风管路泄漏引起的。若在正线上由于总风泄漏严重导致发生停放制动不缓解，则在处理操纵单元车总风管路泄漏时，要求判断准确、处理方法得当。如列车停在车站需要救援，司机应先申请救援，再迅速做好待援准备，这样能节省救援时间，减少对正线运营的影响。停放制动不缓解的故障在申请救援后应手动切除停放制动塞门和强缓塞门，并拉开停放制动手动拉环。注意：切除停放制动塞门的同时必须切除强缓塞门，否则停放制动仍起作用。若列车停在区间，处理前应通过广播向乘客播报信息。下车查找故障点或处理故障前及时报告行车调度员，携带手电、手持电台、司机室钥匙等工具，必要时申请接触轨断电，注意自身安全。做好防溜措施，打上止轮器（图 2-20）。

图 2-20　打止轮器

有些列车具有“停放制动旁路”功能，在正线的故障处理中可以尝试使用该旁路开关，若使用后进行牵引试验发现列车启动无冲撞、提速正常，可以向行车调度员申请终点站掉线。

单车停放制动不缓解的处理同样可以参照本任务介绍的方法。“先按‘停放制动施加’按钮、再按‘停放制动缓解’按钮”这一操作能恢复列车电路引起的停放制动；“拉开停放制动手动拉环”能恢复由风管路引起的停放制动。

技能考核

根据故障处理的操作过程和处理结果，对司机的工作进行评价。评价时，既要考虑故障点分析是否得当，还要考虑处理方法是否正确，更应考虑对线路运营的影响和乘客服务质量。学习者可根据本书配套的“技能考核与评价手册”，充分利用现有实训条件开展自评与互评。

情境任务四　空压机不启动的处理

工作情境

3 号线 1105 次列车在区间正常运行过程中，突然产生紧急制动，司机观察后发现，总风压力过低，检查空压机启动开关位置正常，空压机不工作，按“强制泵风”无效。

在规定时间内找出故障点、判断故障严重程度,根据情况做出相应处理,尽量恢复列车运营,减小对正线运营秩序的影响。

一、故障现象与分析

1. 故障现象

双针压力表显示列车总风压力过低(图2-21),检查空压机启动/切除开关(图2-22)位置正常,空压机不工作。

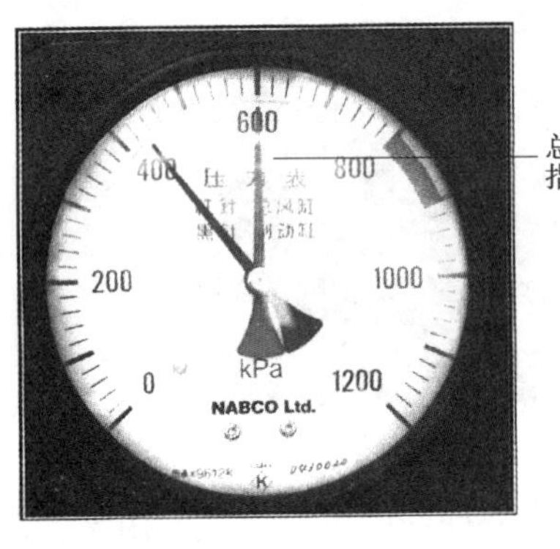

图2-21　总风压力过低

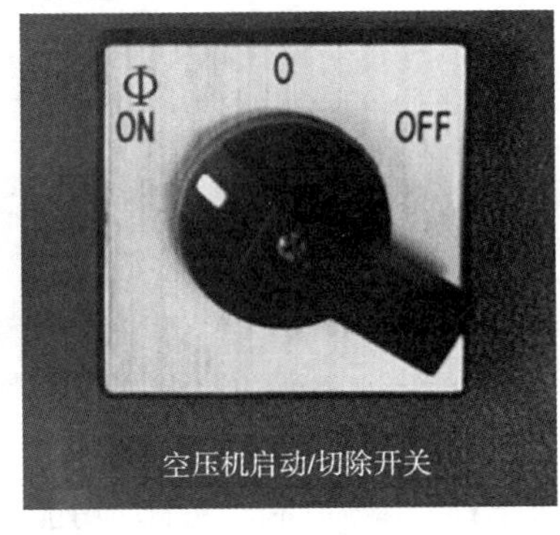

图2-22　空压机启动/切除开关

在工作情境中,造成列车紧急制动的原因有无司机的工作失误?

2. 故障分析

1)空压机工作原理

在列车运行过程中,压缩空气产生系统工作采用常用模式或辅助模式。

当一台空压机的制动控制电子单元接收到来自列车磁通信号程序的空压机的信号时,该空压机运作采用常用模式;当它没有收到主空压机的信号时,则该空压机采用辅助模式;当司机室没有被激活时,则采用最近作为常用模式的空压机作为常用模式。

在正常运行中,如果压力低于启动极限,则空压机启动,当压力下降到辅助极限时,第二台空压机启动。如果有一台空压机出现故障,则第二台空压机在常用模式运行下能完全供应整个列车压缩空气。

空压机用中等电压作为它的驱动电压,其控制和监测的电压采用低压电。为了使空压机的可靠性达到最佳,每一台空压机采用不同的三相交流电线路,由列车的辅助电源系统将接触网或接触轨的直流电逆变为交流电后提供。

图2-23为六节编组(+Tc－M0－M1－M2－M3－Tc+)列车的空压机控制电路。两台

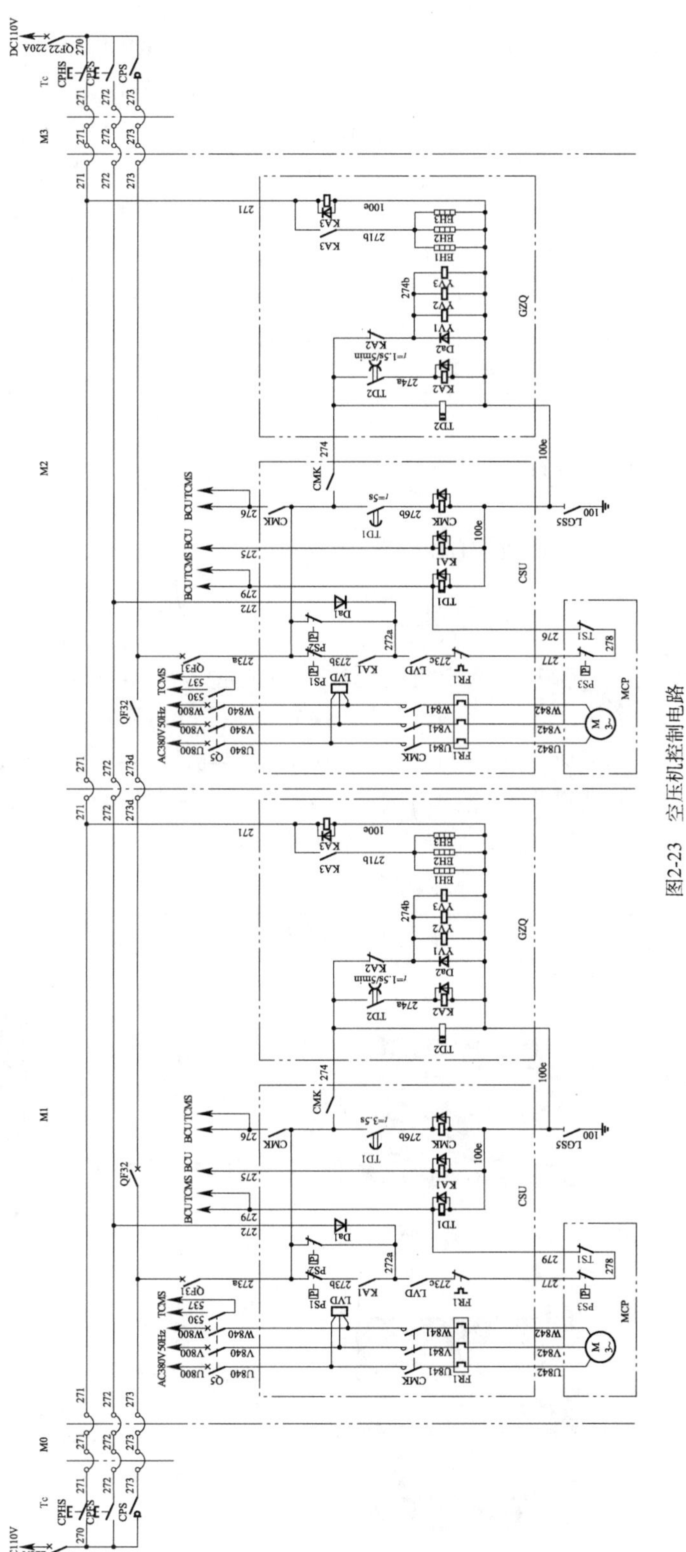

图2-23　空压机控制电路

空压机 MCP 的工作条件是电压 AC380V、频率 50Hz 的三相电源。两个 Tc 车上各有一台空压机启动开关 CPS 和强制空压机泵风的强制泵风按钮 CPFS(CPHS 为电加热开关),由空压机控制断路器 QF22 接入 DC110V 的控制电源。M1 车和 M2 车各连接一个 QF32 本车空压机断路器和 QF31 他车空压机断路器。PS1 和 PS2 为压力开关,PS1 的接通条件是风压在 750～900kPa 之间,PS2 的接通条件是风压在 680～900kPa 之间,这样就能保证在风压未低于 750kPa 时一台空压机启动,而风压低于 680kPa 时两台空压机同时启动。PS3 为压力保护开关,在风压大于 400kPa 时断开,在风压低于 300kPa 时接通。

2)故障原因预判

由以上分析可以总结出导致空压机不启动的可能原因:

(1)空压机启动开关位置不正确;

(2)相关保险跳开;

(3)空压机控制电路故障;

(4)空压机故障;

(5)辅助电源系统故障,导致空压机工作电压不正常。

二、故障处理

空压机不启动处理流程图

若一台空压机组因故不能正常运行,但能保证列车正常使用所需的风压,应将乘客运送到终点站后退出运营;若风源系统故障导致列车总风压力一直低于 700kPa,则司机需要报告行车调度员,申请在前方站清人掉线。司机应针对可能导致空压机不启动的各项原因逐一排查,故障处理操作流程见表 2-4。

故障应急处理操作流程　　表 2-4

序号	检查内容及操作	图　示	序号	检查内容及操作	图　示
1	通过列车状态显示屏检查列车辅助电源系统是否工作正常		3	若以上操作无效,检查空压机启动/切除开关位置是否正确,若不正确应扳至正确位置	空压机启动/切除开关
2	按下强制泵风按钮试验,若空压机开始工作,应先维持列车运行至车站,并联系行车调度员,按其指示办理	强制泵风	4	若两台空压机仍未启动运行,检查空压机控制保险开关是否正常,若跳开使其闭合	

续上表

序号	检查内容及操作	图　示	序号	检查内容及操作	图　示
5	用耳听的方法检查列车有无明显的漏风声音。若有,按“总风泄漏”故障处理;若无,但总风压力一直不上升,将主空压机所在车辆的空压机开关断开,并向行车调度员申请清客和退出运营		6	在总风压力低于600kPa且无法上升的情况下,列车自动施加紧急制动,此时司机应向行车调度员申请救援	

三、注意事项及要点总结

在列车运行过程中,司机应随时查看总风压力数值,发现异常及早采取措施,避免因总风压力过低导致列车紧急制动。若无法避免紧急制动施加,要及时进行客室广播,提醒乘客站稳扶好,防止摔伤。总风压力过低触发紧急制动后,进行强制泵风,在总风压力大于700kPa后,紧急制动复位才有效。

判断空压机是否启动要通过列车状态显示屏的显示和双针压力表的指示,并结合空压机工作声音综合判断。当按下强制泵风按钮后,看到双针压力表总风压力上升,在司机室内应能听到空压机工作的声音,判断空压机启动。

在图2-24所示的列车状态显示屏的“运行”界面,可以看到两台空压机的工作状态,2号车的空压机处于停止工作状态,图标为空心绿色框;5号车的空压机处于启动运行状态,图标为实心绿色框。

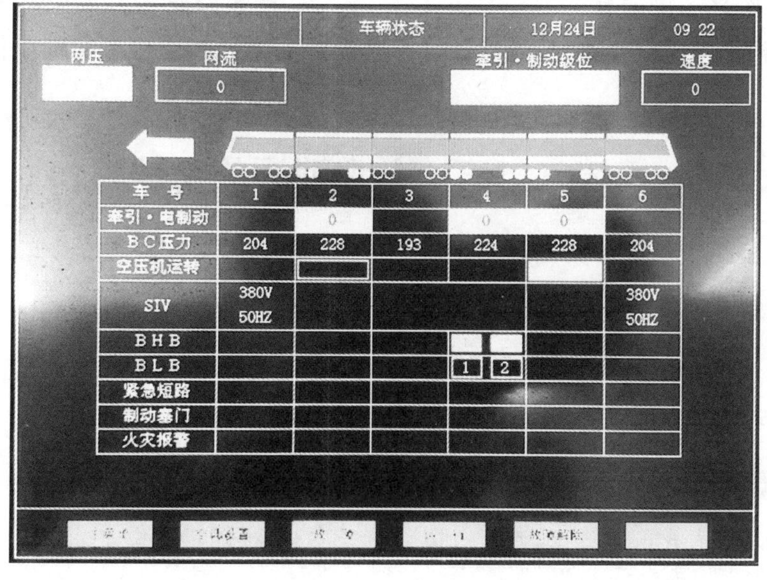

图2-24　列车状态显示屏显示“空压机运转”

司机在处理故障的过程中应密切注意观察空压机的工作状态,通过列车状态显示屏不能确认空压机的工作状态时,应注意观察总风压力是否上升,防止因为列车控制网路故障造成对列车故障的误判断和误处理。

当总风压力低于450kPa时,列车将逐渐产生停放制动,这时必须向行车调度员申请救援,严禁强行牵引列车运行,造成故障的扩大。

知识链接

(1)总风压力一般维持在750～900kPa,如低于750kPa,单台空压机启动,低于680kPa,两台空压机启动,空压机启动后风压会渐渐上升至900kPa,上述均为正常情况。

(2)总风压力低于600kPa时,列车牵引封锁,列车紧急制动。

(3)正常情况下,只要一台空压机能正常工作,都能满足列车的用风需求。

(4)当列车总风压力大于1000kPa时,安全阀会自动排风。

图2-23中的压力开关PS1和PS2是空压机能否正常工作的关键,一般需要定期进行压力核对检查。

与空压机不打风的故障相对的是“空压机打风不止”,即在总风压力达到规定值时,空压机仍不停止打风。

空压机打风不止会造成安全阀连续排风,遇到此类故障,司机可以先断开空压机启动开关进行试验。若无效,到中间车断开相关空压机控制开关尝试解决故障。断开中间车的空压机控制开关时,应先到一处关断某一台空压机,若此时仍打风不止,则能够判断出故障点位于具体哪一节车上,进而断开故障车的空压机控制开关,使另一台空压机维持工作。

技能考核

根据故障处理的操作过程和处理结果,对司机的工作进行评价。评价时,既要考虑故障点分析是否得当,还要考虑处理方法是否正确,更应考虑对线路运营的影响和乘客服务质量。学习者可根据本书配套的“技能考核与评价手册”,充分利用现有实训条件开展自评与互评。

情境任务五　总风泄漏的处理

工作情境

16号线2309次列车在区间正常运行过程中,司机通过双针压力表发现总风压力低,在前方站停车处理时发现空压机正常工作,但总风压力不能上升。

工作目标

在规定时间内找出故障点、判断故障严重程度,应根据情况做出相应处理。

一、故障现象与分析

1. 故障现象

两台空压机处于正常工作状态，但总风压力低于750kPa，列车总风泄漏速度大于空压机打风速度。

2. 故障分析

确认列车空压机工作，双针压力表显示列车总风压力不能上升或下降，通过耳听的方式发现列车有总风泄漏现象。列车下的空气管路及风缸如图2-25所示。

图2-25　空气管路及风缸

二、故障处理

总风泄漏严重可能导致列车启动紧急制动，当严重不足且无法补上足够的压缩空气时，列车还会自动施加停放制动，对正线运行将产生极大影响。司机必须能及时发现总风泄漏的情况，根据严重程度采取相应措施。

(1)司机判断两台空压机当前的工作状况能维持列车运行时，报告行车调度员，在车站清客后，驾驶列车尽快退出运营，就近驶入库线。

(2)司机判断两台空压机当前的工作状况不能维持列车运行时，到车下通过耳听的方式查找泄漏点，关断泄漏点相邻车辆的总风管塞门。若总风泄漏导致列车产生紧急制动，应闭合紧急制动短路开关，限速30km/h运行，清客后就近驶入库线。若总风泄漏导致列车产生停放制动，在将泄漏点相邻车辆的总风管塞门关闭后，还应拉开故障车辆的停放手动拉环，并切除强缓塞门，再退出运营。

知识链接

列车主要塞门作用及使用时机见表2-5。

列车主要塞门作用及使用时机　　表2-5

序号	塞　门	作　用	使用时机
1	总风管塞门	切断本车与相邻车的总风通路并将相邻车的总风排向大气	当单车总风管路泄漏严重时，关断相邻两车的总风管塞门

续上表

序号	塞　门	作　用	使用时机
2	防滑阀塞门	切断单台车的制动缸风源,并将制动缸内的压缩空气排向大气	当单台车制动不缓解时,关断防滑阀塞门(同时拉停放手动拉环)
3	空气弹簧塞门	切断总风到空气弹簧供风	当单个空气弹簧泄漏严重时,关断空气弹簧塞门
4	总风缸塞门	切断总风管至总风缸的管路	当总风缸泄漏严重时,关断总风缸塞门
5	空气弹簧总塞门	切断总风管路向空气弹簧系统供风	当空气弹簧系统漏风严重时,关断空气弹簧总塞门

三、注意事项及要点总结

司机处理故障后,在操作列车运行前,务必确认故障车的停放制动已经缓解,运行中要适当降低速度,随时注意双针压力表和列车状态显示屏的显示。

列车载客数量的突然变化会导致总风压力突然下降,这属于正常现象。

总风泄漏是常见、多发的问题。有些泄漏在安静的环境下可以听到,但微小的泄漏需要用工具来检测。一般是调配一些稀释的肥皂水,用毛刷蘸少许涂在各管路的螺纹连接处,逐个排查找漏。找到漏点后,紧固泄漏处管路螺纹连接处的螺母,再用肥皂水检查泄漏。如果仍出现漏风现象,排完相近风缸和管路中的压缩空气,松开螺纹连接,在螺纹前 3 ~5 个螺距部分涂上管螺纹密封胶,再行紧固。如果泄漏现象消失,应恢复各塞门。需要注意的是,在用肥皂水排查各管路连接处的同时,凡擦拭肥皂水处,检查完毕后,务必用干抹布擦净肥皂水的残留液。

技能考核

根据故障处理的操作过程和处理结果,对司机的工作进行评价。评价时,既要考虑故障点分析是否得当,还要考虑处理方法是否正确,更应考虑对线路运营的影响和乘客服务质量。学习者可根据本书配套的“技能考核与评价手册”,充分利用现有实训条件开展自评与互评。

项目三 车门系统故障处理

项目说明

车门系统是列车安全运营的重要组成部分,起到供乘客乘降列车、保障乘客安全的作用。在列车运营的过程中,车门故障会给乘客带来不便,同时也会引发次生的安全事故。因此,城市轨道交通运营单位非常重视车门的工作质量,在发生车门故障时,要求司机及时、准确、妥善地进行应急处理,以保证列车安全、准时地完成当时、当次或当天运营任务。

通过本项目的学习和训练,学生应掌握车门系统故障的判断和分析方法,能在规定时间内处理主要几类车门系统故障。

对应职业能力

轨道列车司机(五级/初级工)—列车故障处理—列车车门系统故障处理。

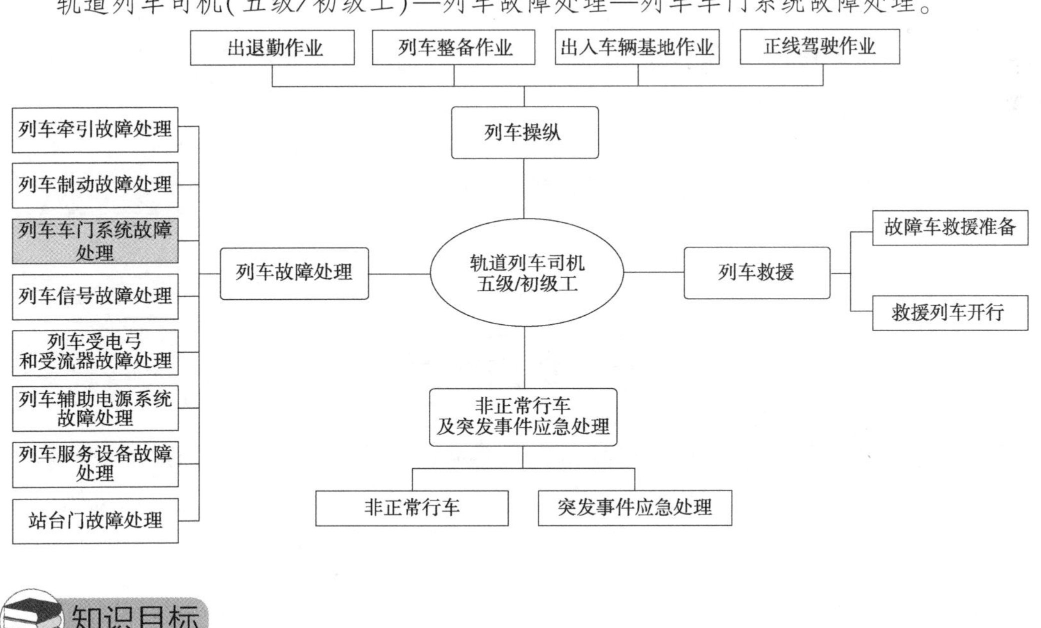

知识目标

1. 掌握车门系统的结构、功能和控制原理。

2. 掌握车门系统故障的应急处理原则及要求。

3. 掌握车门系统主要故障的判断和应急处理方法。

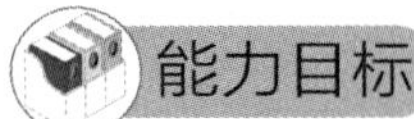

能力目标

1. 能及时发现车门系统异常,正确判断故障。

2. 能根据故障现象分析导致车门系统故障的原因。

3. 能根据应急处理原则和要求,独立或与相关人员合作完成车门系统故障处理。

4. 能在“列车状态记录单”上正确填写车门系统故障情况。

素质目标

1. 提升为乘客服务的意识。

2. 培养良好的沟通能力,提高与乘客、同事的沟通效率。

3. 培养独立分析问题和动手解决问题的能力。

4. 培养集体意识和团队合作精神。

5. 具备爱岗敬业、顾全大局的职业精神。

建议学时

12 课时。

教学条件

1. 多媒体教室:能连接互联网,开展与课程有关的教学活动。

2. 列车模拟驾驶器:能模拟车门系统主要故障,能随机设置不同的故障点,并能与至少一组实物客室车门联动。

3. 教学软件:能模拟列车操纵环境,并具备实时交互反馈功能。

4. 其他工具:手持电台、手电、专用钥匙、门故障帘。

知识单元

客室车门系统

客室车门一般由左右门板、电子门控单元(Electric Door Control Unit,EDCU)、驱动电机、传动丝杠、锁闭装置、紧急解锁装置等组成,如图 3-1 所示。车门控制系统包括机械控制及电气控制两部分。

一、机械控制部分

车门控制系统机械控制部分由传动导向装置、内外紧急解锁装置、故障隔离锁等设备共同组成。

传动导向装置应用较多的为齿形皮带和丝杠螺母,其作用是将门体驱动电机的扭矩转化为直线运动,使左右门板沿设定导轨滑动。

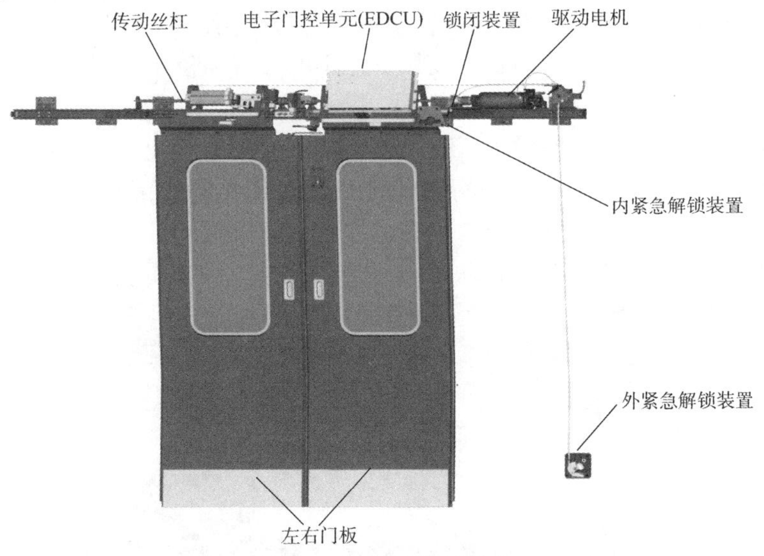

图 3-1 客室车门结构组成

车门内外紧急解锁装置如图 3-2 所示,可实现机械手动开门操作,在发生突发事件时能迅速疏散乘客。紧急解锁装置与机构锁通过钢丝绳连接。机构锁为图 3-3 中虚线框出的部分。当操纵紧急解锁装置,会使锁钩旋转从而将锁闭撞轴释放出来实现解锁,同时触发相应的行程开关(图 3-3 中,行程开关在机构锁上方),提供门被紧急解锁信号。在紧急解锁装置被拉下来后,如果列车速度大于零时,车门电机将产生一定的车门关紧力;当列车速度为零时,车门关紧力消失,此时乘客才能打开车门。

a)内解锁

b)外解锁

图 3-2 车门内外紧急解锁装置

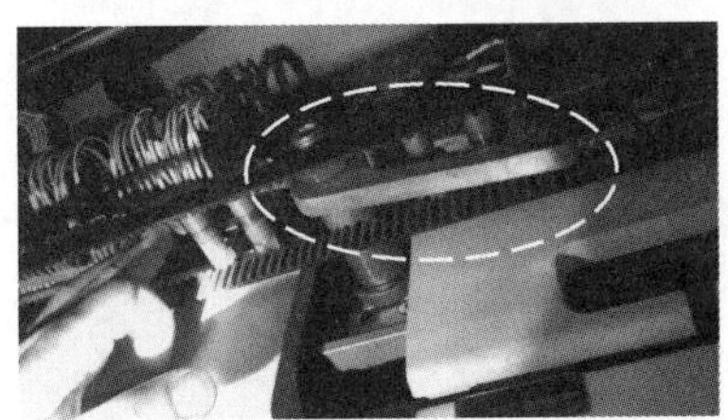

图 3-3 机构锁

外紧急解锁装置安装于车体外侧,只有司机、站务员等相关工作人员操作了专用钥匙将拉手解锁后,才能实现紧急解锁,进行紧急状况下的手动开门。

当单个车门由于门机构或电气故障不能投入运行或车门出现故障不能及时修理时,应使其单独停止工作,以免影响其他车门正常使用。使用的装置为位于门机构装置内的隔离锁闭装置,即车门隔离锁,如图3-4所示。在操作时,用专用钥匙将车门隔离锁从“复位”转动到“隔离”位,使驱动机构机械锁闭,同时触发行程开关,将隔离信号传至电子门控单元(EDCU),提供门被隔离锁闭信号;同时,EDCU自动切断该车门的控制回路,点亮隔离指示灯,并向列车计算机报告该车门退出服务,保证车辆的正常运行。注意:当车门被专用钥匙锁闭时,紧急解锁装置不能将其打开,即只有隔离锁未锁上时,操作紧急解锁装置方可实现机械手动开门。

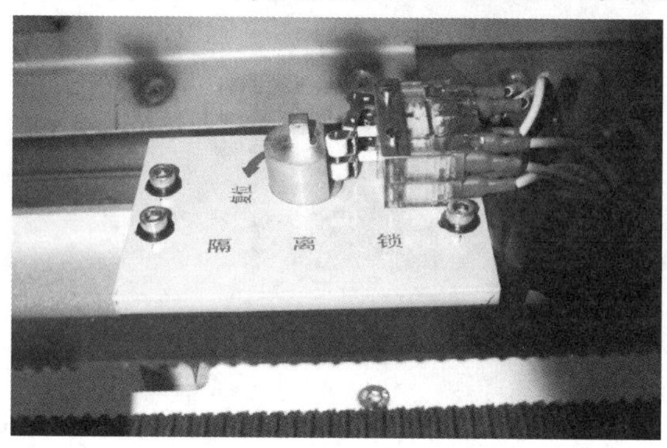

图3-4 车门隔离锁

二、电气控制部分

车门控制系统电气控制部分包括电子门控单元(EDCU)、行程开关、控制电路等。

1)电子门控单元

电子门控单元也称门控器,每扇车门均配备一套独立的门控器,实现对每一扇车门的单独控制。门控器是车门的“大脑”,除了负责根据司机的开门与关门指令来控制门扇的开启与关闭动作外,它还能实现车门状态及故障的监控和显示、控制开关门速度、进行障碍物探测等。电动列车的所有门控器通过可靠的硬线及现场总线与该车厢的中央控制系统和监控系统连接,实现整列车门的集中控制。门控器主要有以下功能:

(1)开/关门功能,包括车门的开、关状态显示;

(2)未关好车门的再开闭功能;

(3)开关车门的二次缓冲功能;

(4)集控开、关门操作控制信号的过滤性能:单次有效的开、关门操作等信号需保持500ms确认时限;

(5)防夹人、夹物功能,即障碍物探测重开门功能;

(6)车门故障切除功能(即门隔离);

(7)车门内、外紧急解锁功能;

(8)车门旁路功能;

(9)故障指示和诊断记录功能,并能被读出;

(10)零速保护功能;

(11)自诊断防护功能。

北京地铁燕房线全自动运行列车的车门还具有单门或多门与站台门对位切除及提示功能。

知识链接

零速保护功能

当列车速度低于5km/h时,视为处于静止状态,在此状态下,零速输入信号为高电位信号;而当列车速度大于5km/h时,视为处于运行状态,在此状态下,零速输入信号为低电位信号,此时,没有完全关闭的车门将自动关闭,关好的车门保持关闭状态,门控器不再响应开关门操作。

为了保证电控开门操作的安全性,正常电控开门的执行必须处于零速信号有效状态,即车速小于5km/h。

2)行程开关

行程开关能利用机械运动部件的碰撞使其通过触头动作来实现接通或分断控制电路,达到一定的控制目的。

车门上行程开关的作用是为门控器或TCMS提供车门开启到位、车门锁闭到位、紧急解锁、隔离等电信号,如图3-5所示。

行程开关一般有门锁闭开关、门板到位开关、紧急解锁开关和隔离锁开关等元件。

(1)门锁闭开关。此开关是检测锁钩是否锁到位的开关,设有常开和常闭一组触点,分别提供给门控器和车门锁闭硬线环路。图3-6所示为门锁闭开关。

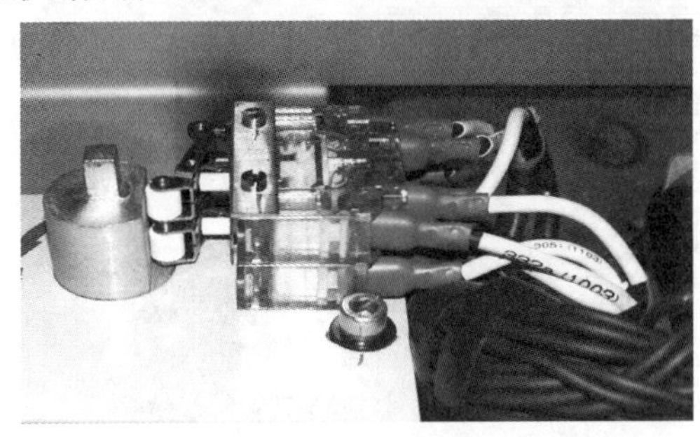

图3-5　行程开关

图3-6　门锁闭开关(一组)

(2)门板到位开关。此开关的作用是检测左右门板是否到位。其分为门板开关1和门板开关2,各设有常开和常闭一组触点,分别提供给门控器和车门锁闭硬线环路。

(3)紧急解锁开关。此开关在操作紧急解锁装置到“解锁”位后触发。这个开关可以提供两个常开触点和两个常闭触点。紧急解锁开关动作后给门控器提供一个信号,同时切断车门锁闭硬线环路。

(4)隔离锁开关。此开关在操作隔离锁到“隔离”位后触发。这个开关设有常开和常闭一组触点,分别提供给门控器、隔离指示灯和车门锁闭环路。图3-4中有隔离锁开关。

3)控制电路

图3-7为Tc车第一对客室车门的控制电路,其余各扇车门、其他车厢的所有车门控制电路都类似。

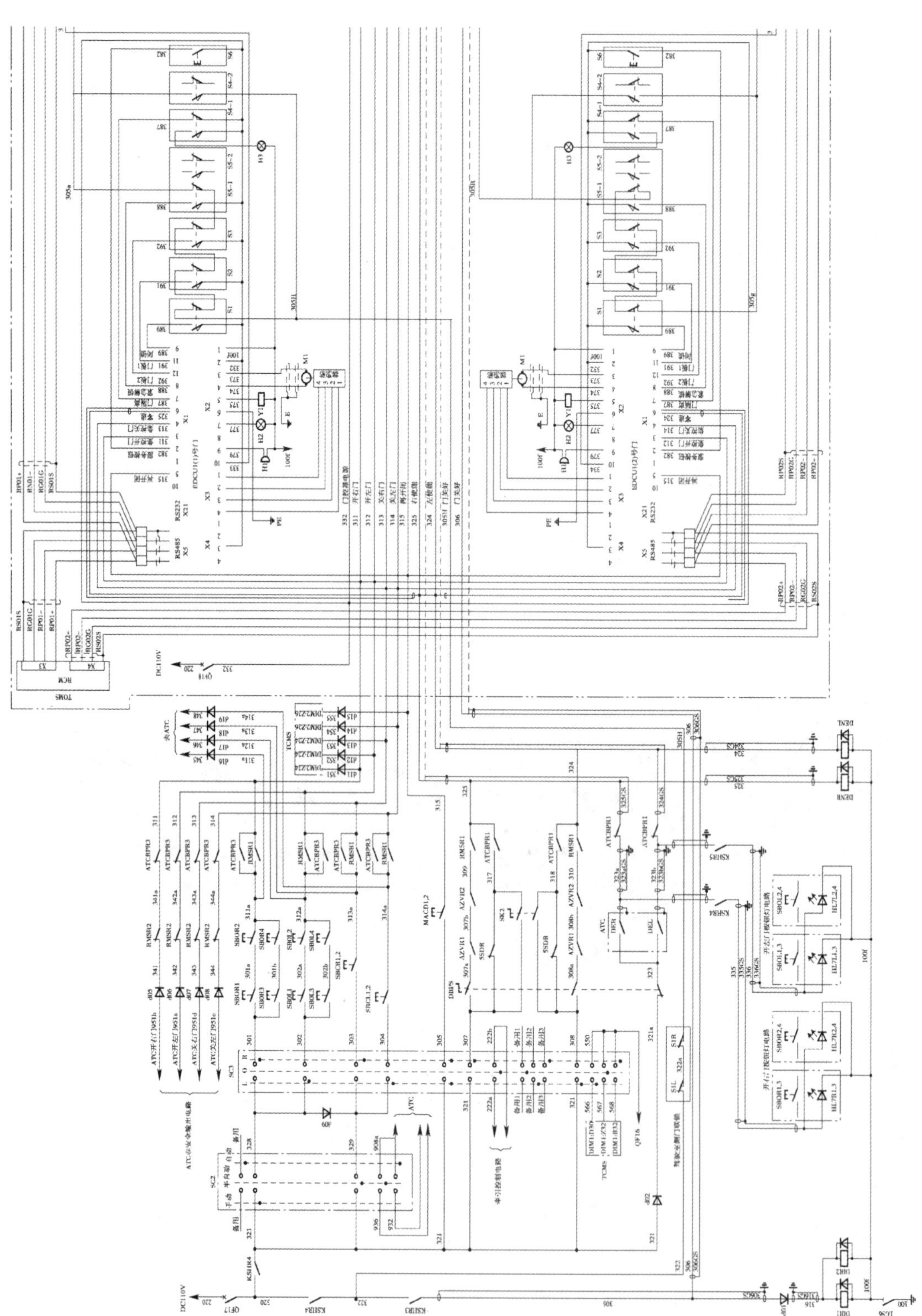

图3-7 Tc车第一对客室车门的控制电路

客室车门控制电路的电源为DC110V,由列车门控制保险开关QF17起到电路过载保护作用,如图3-8所示。当操作头车钥匙开关KS置于“ON”位时,钥匙开关继电器KR继电器得电,然后,头继电器KSHR得电,车门控制电路也构建成立。

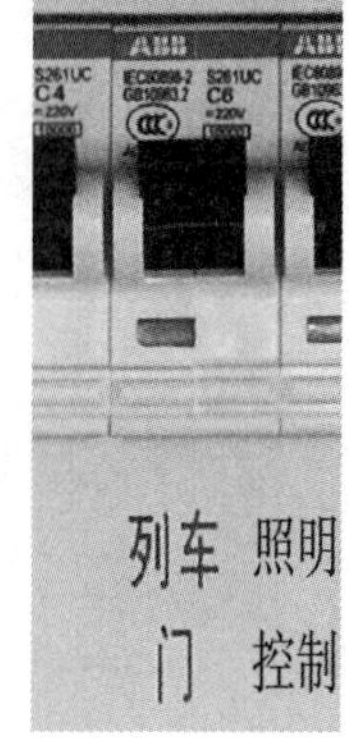

图3-8　列车门控制保险开关

由图3-7可以看到,门控器要能进行开关门操作所需的指令有311线:开右门;312线:开左门;313线:关右门;314线:关左门;315线:再开闭;324线:左门使能;325线:右门使能;此外,305线和306线为门关好指令。

(1)门使能。

正线运营列车进行开门作业的重要条件之一为列车安全停车,该速度信号被称为“零速信号”,由车载ATP/ATO提供或由列车的“5km/h继电器(图3-7中的5SDR)”提供。停车条件具备时,列车通过车载信号系统的逻辑运算产生允许左侧列车门开启的“左门使能”信号或允许右侧列车门开启的“右门使能”信号,通过“325线”或“324线”将其发送给门控器,同时使操纵台上的门允许指示灯点亮。门控器必须接收到“左门使能”或“右门使能”信号,再由司机按下对应方向的开门按钮,才能控制相应侧的车门打开。图3-9所示为车门控制电路的门使能信号控制电路。

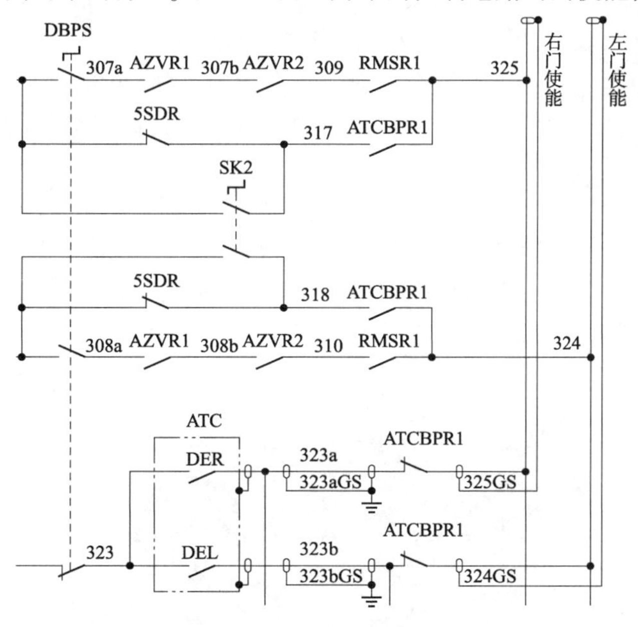

图3-9　门使能信号控制电路

练一练

你能从图3-7中指出开左门按钮、开右门按钮、关左门按钮和关右门按钮对应的开关吗?

(2)门选向和开关门模式。

由于线路和站台布置不同,列车在不同车站的开门侧也不同。如前所述,门控器在收到

“门使能”信号且相应侧的开关门按钮被按下后，对应侧车门才会产生动作，而控制开关左侧车门和右侧车门的，就是图 3-7 中的“SC3”——“门选向”开关，如图 3-10 所示。

全列客室车门的开关模式也可以自由选择：是自动开关门还是手动开关门。对应这项选择的操纵开关称为“门模式选择”开关，如图 3-11 所示，即电路图中的“SC2”。

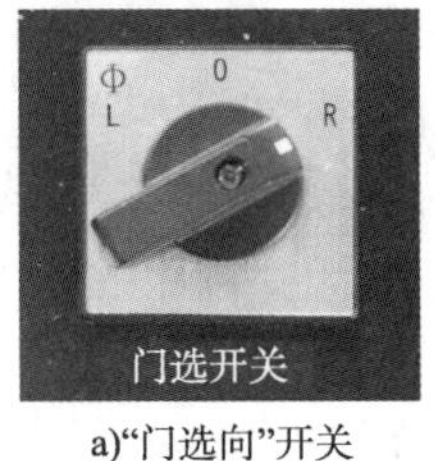

a)“门选向”开关

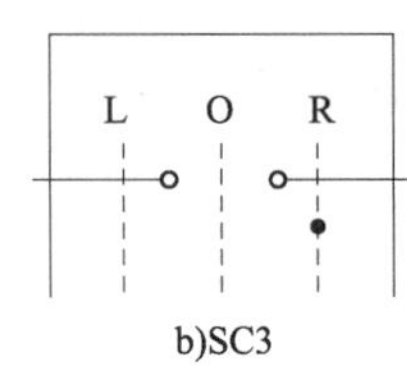

b)SC3

图 3-10 门选向

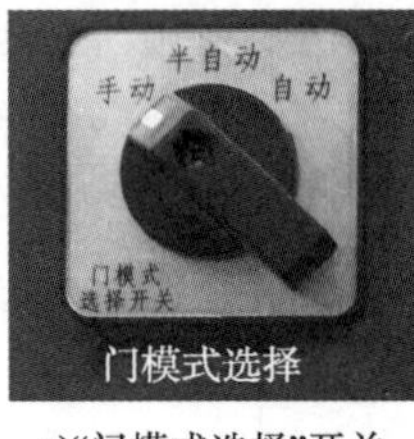

a)“门模式选择”开关

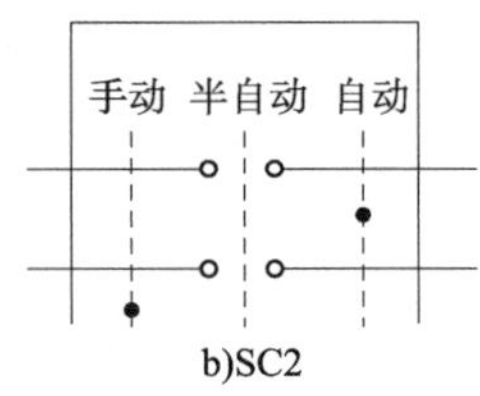

b)SC2

图 3-11 开关门模式

“门模式”对应着车门的三种开关方式：自动(AA)、半自动(AM)和手动(MM)。

在“自动”模式下，车门可以通过 ATO 系统的控制自动打开、自动关闭，ATO 是车门控制命令的发出者。当列车到达定位停车点时，ATO 发出停车信号给 ATP，以保证列车制动；ATP 检测车速为零，发送列车停站信号给站台定位接收器，此时 ATP 发送允许车门打开信号，车辆收到 ATP 发送的允许车门打开信号，发送相应的车门打开信号给门控器，打开规定的车门，同时车辆发送信号给地面，打开相应站台门。当列车开门时间达到设定值要关闭时关闭，ATO 再向各客室车门的门控器发送关门信号，关闭车门。

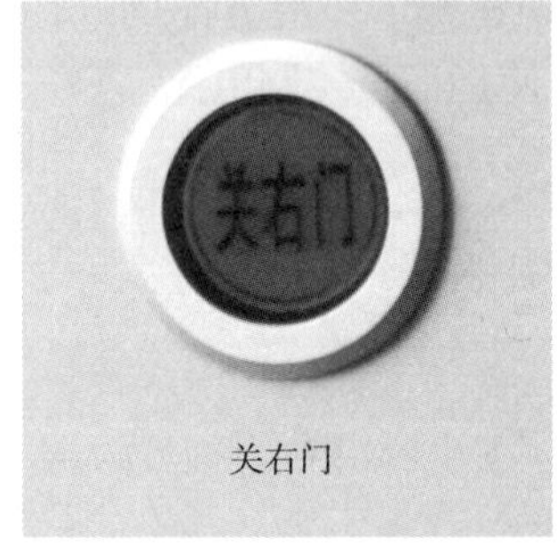

图 3-12 关门按钮

在“半自动”模式下，ATO 控制车门自动打开；关门时，先将“SC3”扳至站台侧(L 或 R)，然后通过按下操纵台或司机室侧墙上的关门按钮(图 3-12)，将关门指令发送给相应侧门控器。

在“手动”模式下，客室车门的打开和关闭全由人工控制——即手动按下开门按钮(图 3-13)和关门按钮。

图 3-13 开门按钮

(3)车门再开闭。

单个车门在关闭过程中若遇到障碍物，将进行防挤压检测，若检测超过三次，车门最终会停止在开启状态。这时，通过按下“再开闭”按钮(MACD1 和 MACD2，分别对应左、右侧墙按钮)给未关闭车门的门控器发送再开闭指令，未关好的车门进行关门动作，已关闭的车门保持原状态。车门再开闭按钮如图 3-14 所示。

当车门关好后，通过串联所有车门的关门到位行程开关（S1、S2、S3 和 S4），使门关好继电器 DIR1 和 DIR2 得电。这两个继电器分别控制着门关好指示灯（或关门灯，绿色，图 3-15）和牵引控制回路的电路。也就是说，当某个车门未关好、继电器 DIR1 和 DIR2 不得电时，司机室内的门关好指示灯不会点亮，牵引控制回路也不会构建成立。

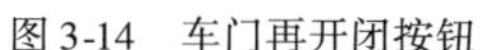

图 3-14　车门再开闭按钮

图 3-15　门关好指示灯/关门灯

想一想

为什么需要串联所有的关门到位行程开关，而不是将它们并联？

此外，车门的每一个状态都会由门控器通过相应的列车线发送给 TCMS，如开启、关闭、故障、隔离等。这些信息反映在操纵台的列车监控显示屏上，司机可以随时观察到。

知识链接

FAO 系统

轨道交通全自动运行（Fully Automatic Operation，FAO）系统是基于现代计算机、通信、控制和系统集成等技术实现列车运行全过程自动化的新一代轨道交通控制系统，进一步提升了现有基于无线通信的列车自动控制系统（Communication Based Train Control System，CBTC）的安全性和效率，是国际公认的发展方向。

FAO 系统具有传统 CBTC 系统之外的更多优点，包括：高度自动化、多专业系统集成度深，各系统高效联动控制，实现列车运行的全面监控及乘客服务功能；充分的冗余配置，保证运行高可用性；更加完善的安全防护功能，增强了工作人员、乘客、障碍物、应急情况下的防护；提高效率、节能减排，实现列车运行、供电、车站机电设备的综合节能优化运行；完全兼容常规驾驶模式。因此，FAO 系统是城市轨道交通技术的发展方向。

2017 年，北京燕房线首次实现全“中国芯”的全自动运行，探索出一套适合中国国情的全自动运营模式，助推国产全自动运行技术的快速发展，也意味着中国轨道交通尖端技术走在世界前列。据媒体统计，截至 2020 年 12 月 18 日，我国有北京、上海、广州、武汉、成都 5 座城市开通运营了全自动运行系统线路共计 11 条（不含港澳台），已形成超过263.54km的线网规模。

情境任务一　全列车门打不开的处理

工作情境

1 号线上 2095 次列车(车号为 01006),采用 ATO 驾驶模式运行,门模式为“半自动”,在 F 站对标停稳后,全列客室车门不动作。司机将门模式变更为“手动”,再扳动“门选向”开关至站台侧,按下相应侧开门按钮,列车车门仍然不动作。

工作目标

在规定时间内找出故障点、判断故障严重程度,根据情况做出相应处理,使车门打开,完成乘客乘降作业。

一、故障现象与分析

1. 故障现象

列车使用 ATO 驾驶模式运行、门模式采用“半自动”(即车门自动开、手动关)时,进站停稳后,驾驶台上的“门允许灯”(图 3-16)不点亮,全列客室车门不打开。手动将“门选向”开关扳至站台侧,按下开门按钮,列车车门仍然没有反应。

图 3-16　门允许灯

2. 故障分析

1)开门控制原理

图 3-17 所示为开门控制电路示意图,列车开门时必须具备三路信号:

一路为信号系统提供的门使能信号,它经由 DC110V 电源→头车继电器钥匙开关触点→门使能继电器触点,给车门门控器提供开门使能信号,并通过门使能继电器使“门允许灯”点亮;

另一路为车辆系统提供的开门指令信号,它通过 DC110V 电源→头车继电器钥匙开关触点→门模式选择开关→门选向开关→开门按钮,给车门门控器提供开门指令;

最后一路为列车的零速信号,即列车必须在静止状态下,门控器才响应开门指令。

在以上三路信号中,“门允许灯”可以直接反馈给司机,是指示司机能否进行开关门操作的信号。在正常情况下,“门允许灯”不亮,说明不能进行开关门操作。“门允许灯”的控制电路原理如图 3-18 所示。

2)影响正常开门的原因

从电路原理上分析,控制“门允许灯”电源的是车载信号发出的左门使能或右门使能信号。门使能信号发出的条件为:①DC110V 电源正常;②车载 ATP 状态正常;③列车安全停稳;④列车停在规定位置。若不满足这些条件,即使司机按下开门按钮,车门也不会打开。

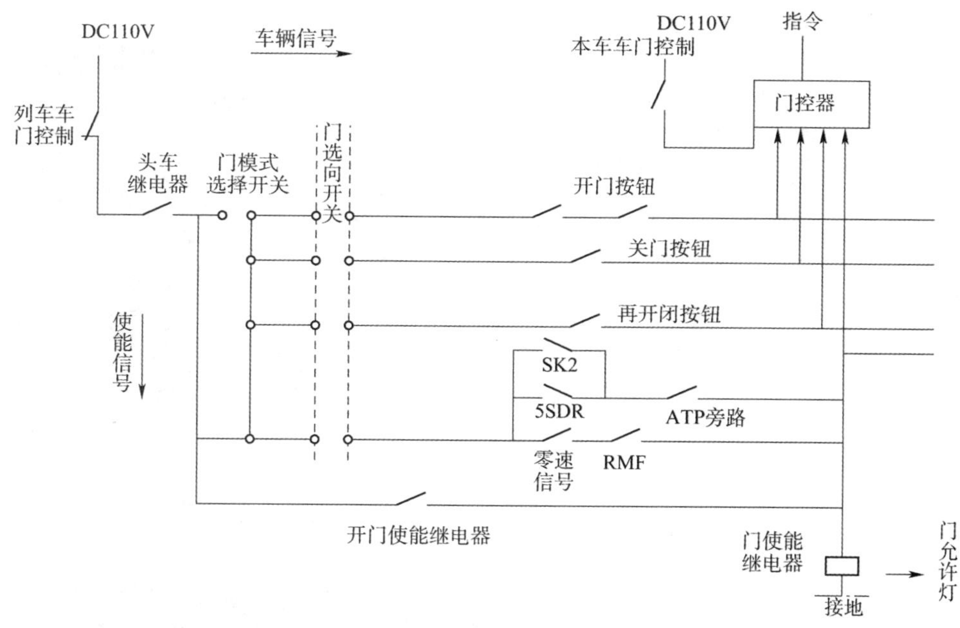

图 3-17 开门控制电路示意图

如果列车未对准停车标停车，则需要司机手动驾驶列车直到对标停稳；如果门控制电源断开，则需要检查并闭合相应保险开关；如果是车载 ATP 故障导致“门允许灯”不亮，则需要切除车载 ATP 或短接车载 ATC。

当切除车载 ATP 后，控制“门允许灯”电源的是车辆提供的零速信号，即 5km/h 继电器(5SDR)得电吸合。若该继电器因故不能吸合，那在切除车载 ATP 的基础上，还需要通过短接电路的方式绕开故障继电器，使用的开关为“零速旁路”，如图 3-19 所示。

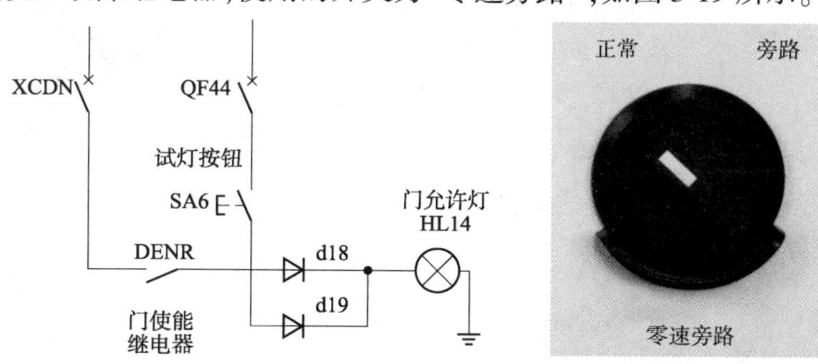

图 3-18 “门允许灯”的控制电路原理

图 3-19 “零速旁路”开关

二、故障处理

根据故障点不同，全列车门打不开可能导致列车晚点或清人掉线。司机应对照产生故障的可能原因逐一排查，故障应急处理操作流程见表 3-1。

全列车门打不开处理流程图

故障应急处理操作流程 表 3-1

序号	检查内容	操作	图示
1	检查信号系统显示屏显示停车位置是否正确	若无停车位置显示,可向前点动列车	
2	检查列车门保险是否跳开	若跳开,应将其闭合	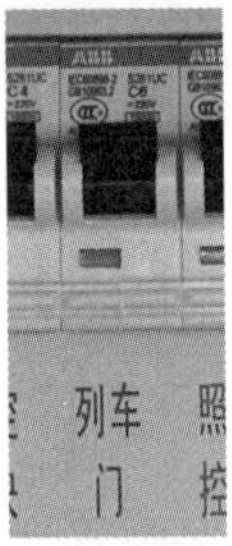
3	检查门允许灯是否点亮	若仍不亮,应按“门允许”按钮查看是否点亮;若无效,应将驾驶模式降至限制人工驾驶模式(RM),司控器主手柄置于“紧急”位,“门选向”开关扳至站台侧,门模式开关至“手动”位	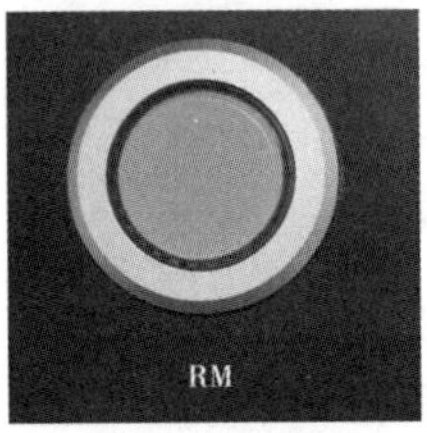
4	观察门允许灯是否点亮	若点亮,进行开门作业;若仍不亮,与行车调度员联系,申请切除车载 ATP,将驾驶模式降至非限制人工驾驶模式	
5	检查门允许灯是否点亮	若仍不亮,将“零速旁路”开关扳至“旁路”位试验,听到零速旁路蜂鸣器响(根据车型不同,有些列车此处为短接门使能旁路开关,应听到开门旁路蜂鸣器响)	 

续上表

序号	检查内容	操　　作	图　　示
6	检查门允许灯是否点亮	按开门按钮进行开门试验(可分别试验驾驶台上和侧墙上的开门按钮);若能打开,向行车调度员申请终点站掉线;若仍不能打开,应更换到尾端司机室进行试验	
7	进行以上检查	若仍不能打开车门,向行车调度员报告,视情况与车站工作人员共同使用车内或车外紧急解锁装置,手动打开车门,并申请立即清人掉线	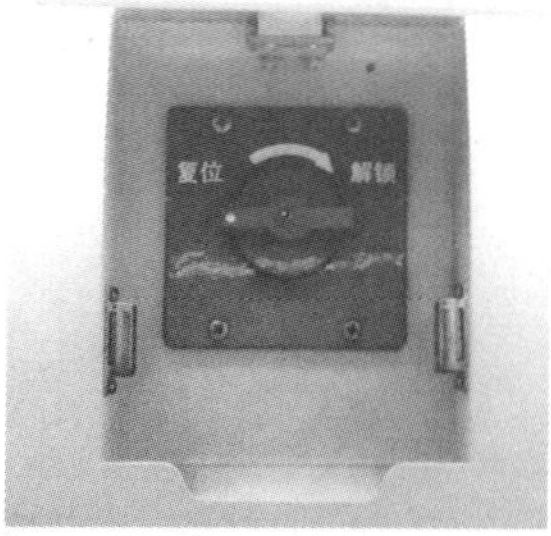

若全列车门无法打开的故障是在“门允许灯”点亮之后,则可能有如下原因:①门选向故障;②开门按钮故障;③连接开门按钮或门选向的线路故障。故障处理按照表3-2流程进行。

故障处理操作流程　　表3-2

序号	检查内容	操　　作	图　　示
1	检查开门模式选择开关	扳至“手动”模式	 开门模式选择
2	检查门选向开关的位置	确认打至站台侧,反复扳动试验	 左右门选择
3	检查开门按钮	确认开门按钮操作正确,反复按动几次,或使用侧墙开门按钮进行试验	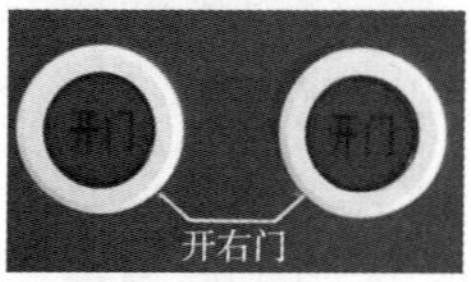 开右门

续上表

序号	检查内容	操　　作	图　　示
4	更换操作台重复上述步骤进行试验	若尾端驾驶台能打开车门,应联系行车调度员,申请清人掉线,退出运营	
		若尾端驾驶台不能打开车门,应与行车调度员联系,申请立即清人掉线,并利用紧急解锁装置打开客室车门,从站台清客	

注:单司机作业时不执行尾端司机室操作。

三、注意事项及要点总结

全列车门打不开的故障,严重影响城市轨道交通线路正常运营秩序。司机在进行手动开门作业的同时,务必向乘客说明有关故障的处理情况。若在早晚高峰期间出现此类故障,不仅影响本线的运营,对整个城市轨道交通网络的运营也将产生不可估量的影响。因此必须掌握一定的方法,快速处理。

首先,要仔细观察故障现象。通过对列车开门控制原理的分析可以得出:判断造成"全列车门打不开"故障属于车辆原因还是信号原因的标志,是"门允许灯"的亮与不亮,"门允许灯"亮为车辆原因,"门允许灯"不亮为信号原因。当故障发生后,快速查看"门允许灯"的状态,从而缩小故障范围,提高故障处理效率。

此外,与车门相关的信息指示还有很多,如表示车载 ATP 状态的信号显示屏、表示列车停靠位置的对位图标、表示开门方向的"门选向"开关、表示车门控制电路电源的 DC110V 电压表(图 3-20)、表示操作按钮电源的 DC24V 电压表(图 3-21)、表示车门控制电源是否闭合的保险开关等。

其次,要快速、准确判断故障原因。若发现"门允许灯"不亮,就要想到列车是否对标停车、车载 ATP 是否出现故障,然后进一步观察信号显示屏的显示,发现异常果断申请切除车载 ATP 试验开门;排除车载 ATP 的故障原因后,要进一步查看车辆继电器、开关是否出现故障,通过观察电源控制开关或 DC24V 电压表等,来判断控制电源是否出现故障。

最后,要果断正确处置。能直接判断故障原因时,可以操作响应的开关予以处理;不能直接判断故障原因时,就需要通过试验来恢复故障。例如,"门允许灯"出现故障的情况下,难以直接判断故障点，要先试验手动模式开门；“门选向”开关出现故障时，无法直接判断，要试扳几次再开门；开门按钮出现故障时，可以试验另一对侧墙按钮；车辆零速继电器出现故障时，不能看出现象，只能通过短接零速旁路的方式试验。

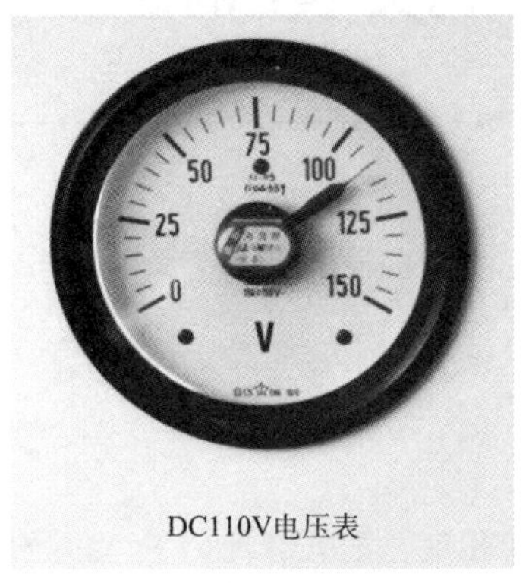

图 3-20　DC110V 电压表

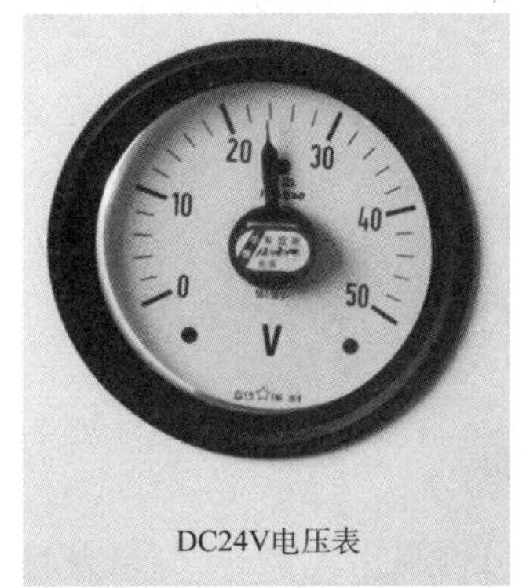

图 3-21　DC24V 电压表

另外，每列车都有两个司机室，这两个司机室的功能是相同的。在双司机条件下或行车调度员指派应急司机上车协助的情况下，当前端司机室无法开启车门时，可以选择至尾端司机室操作。当无法找出故障、不能开启车门时，最终可以使用机械方法，直接操作紧急解锁装置开启车门：司机解锁客室内第一个车门，站台工作人员从司机室进入客室，解锁其他车门。此外，站台门的打开与关闭也需站台工作人员配合。

全列车门无法正常开启

注意：处理完车门故障后，务必恢复“门选向”开关、各种旁路开关、保险开关等部件，否则会影响列车的牵引运行，驾驶模式的选择要根据行车调度员命令手动恢复。

技能考核

根据故障处理的操作过程和处理结果，对司机的工作进行评价。评价时，既要考虑故障点分析是否得当，还要考虑处理方法是否正确、与站台工作人员是否高效配合，更应考虑对线路运营的影响和乘客服务质量。学习者可根据本书配套的“技能考核与评价手册”，充分利用现有实训条件开展自评与互评。

技能拓展

FAM 模式下的全列车门打不开故障处理

FAM 模式为全自动运行列车的最高级别驾驶模式，在该模式下，列车根据运营计划自动运行出库，实现区间自动驾驶、站台定位停车及车门控制、站台门控制、自动换端、自动运行回库等任务，但在一些复杂情况下，故障应急处理还需要司机参与。

故障现象：列车已在规定位置停稳，发出开门命令，列车状态显示屏显示全列车门图标均为绿色，车门打不开。

故障处理：列车停稳后 5s 内全列车门未开启，司机立即拍下紧急制动按钮，阻止列车发车。检查列车状态显示屏上是否提示保险开关断开，若有，则将电器柜内的“车门控制”保险开关闭合,并报告行车调度员,申请人工开门,并按其指示办理。

情境任务二　全列车门关不上的处理

工作情境

9 号线 2104 次列车在 K 站进行手动关门作业时,司机按下侧墙上“关右门”按钮后,列车车门不关闭。使用驾驶台上“关右门”按钮,列车车门仍不关闭。

工作目标

在规定时间内找出故障点、判断故障严重程度,根据情况做出相应处理,使车门关闭、列车发车。

一、故障现象与分析

司机按下“关右门”按钮后,全列右侧车门无动作,列车状态显示屏上右侧车门光带仍然显示车门开启的颜色——黄色,如图 3-22 所示。

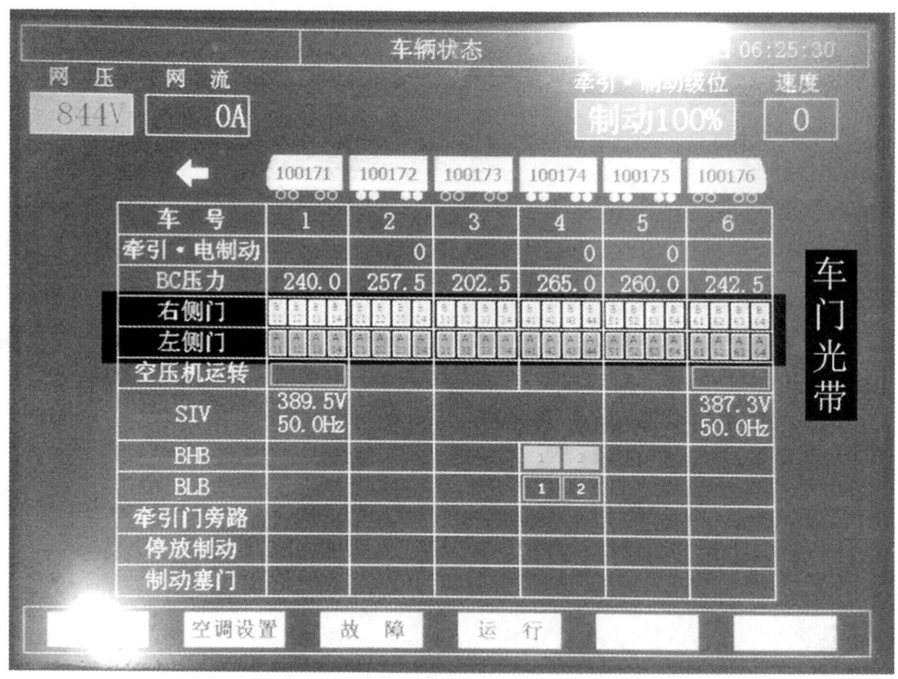

图 3-22　车门光带显示

练一练

指出车门控制电路中手动关左门、手动关右门的线路。

二、故障处理

全列车门关不上处理流程图

根据故障点不同，全列车门关不上可能导致列车晚点或立即清人掉线。司机应对照可能产生全列车门关不上的各项原因，逐一排查，故障应急处理操作流程见表3-3。

故障应急处理操作流程　　表3-3

序号	操作流程		
1	[检查内容]检查门模式选择开关	[操作]确认扳至“手动(MM)”位	
2	[检查内容]检查门选向开关的位置	[操作]确认打至站台侧，反复扳动试验	
3	[检查内容]检查关门按钮	[操作]确认关门按钮操作正确，反复按动几次(可先后试验驾驶台上和侧墙上的按钮)	
4	[检查内容]检查车门再开闭按钮	[操作]使用再开闭按钮尝试关门	
5	[检查内容]检查车门控制保险开关	[操作]将开关断开后再闭合进行关门，并恢复门选向开关至“0”位。注意：此操作后，车门关闭时无防挤压功能。 若该保险连续跳开，换到尾端司机室进行试验	
6	[检查内容]仍关不上门时	[操作]将钥匙开关扳至“关”位，使车门关闭	
7	[检查内容]仍关不上门时	[操作]更换驾驶台重复上述步骤进行试验，能关门后与行车调度员联系，申请立即清人掉线；若更换驾驶台仍不能关门，与行车调度员联系，申请立即清人掉线，并与站台工作人员合作，手动关闭全列车门	

注：单司机作业时不执行尾端司机室操作。

三、注意事项及要点总结

在处理中,注意首先将门模式选择开关置于“手动(MM)”位,这时才能使用关门按钮进行关门作业。门模式选择开关是选择列车车门自动操作或手动操作的部件。当司机选择“自动(AA)”模式时,列车门由车载信号系统控制,不需要人工干预。如果车载信号系统故障,则不能自动完成关门作业。

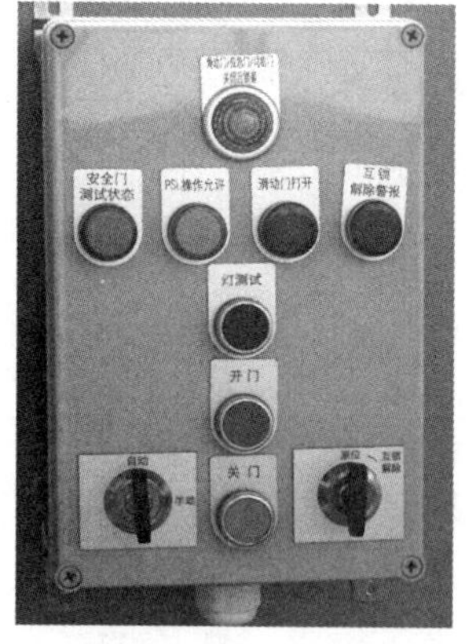

图 3-23　站台门的 PSL

在开门状态下断开车门控制保险开关时,车门会自动关闭,但无防挤压功能,同时列车门开好灯常亮。在执行此项操作时,司机要密切注意乘客乘降情况,并通过广播进行提示,防止夹人。车门关闭后,注意将门选向开关恢复至“0”位,并重新闭合车门控制保险开关。

更换驾驶台时,注意先将操纵端的驾驶台置于未激活状态,将钥匙拔出,以免两端发生抢头(同时激活)的情况。

对于有站台门的站台来说,列车车门的打不开或关不上可能会影响站台门的开关,这时司机需要通过操纵站台门的 PSL(Local Control Panel,就地控制盘)来手动打开或关闭站台门,站台门 PSL 如图 3-23 所示。

技能考核

根据故障处理的操作过程和处理结果,对司机的工作进行评价。评价时,既要考虑故障点分析是否得当,还要考虑处理方法是否正确、与站台工作人员是否高效配合,更应考虑对线路运营的影响和乘客服务质量。学习者可根据本书配套的“技能考核与评价手册”,充分利用现有实训条件开展自评与互评。

全列车门无法正常关闭

情境任务三　单节车门打不开的处理

工作情境

在高峰时间段,1 号线上 1316 次列车(车号 01026)在 F 站台停车后,司机进行手动开门作业,发现 1 号车车门不动作。

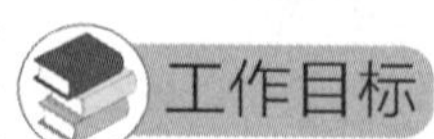

工作目标

在规定时间内找出故障点、判断故障严重程度,根据情况做出相应处理,打开故障车门,尽量恢复列车运营。

一、故障现象与分析

1. 故障现象

司机在站台进行开门作业时，发现有一节车厢的门不动作，从列车状态显示屏看到，这节车厢车门光带的颜色显示与其他车门不同，如图3-24所示，虚线框出的为未打开的车门。

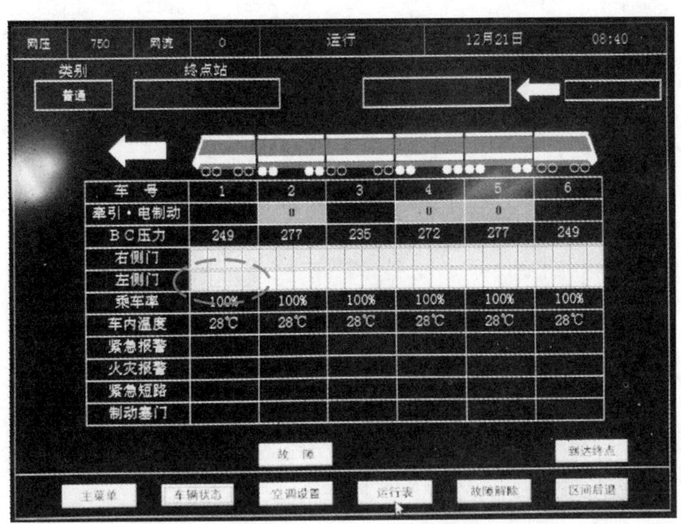

图3-24　列车状态显示屏的车门光带显示

2. 故障分析

在前面已经分析过，车门的开门动作需要三个条件：①零速信号；②门使能信号；③开门指令。当这三个条件都满足的时候，门控器才操纵车门驱动电机旋转，并通过传动机构带动左、右门板打开。注意：门控器本身的工作需要DC110V电源，由本车车门电源保险开关控制。图3-25所示为门控器电源线，可以看到332线为门控器电源线，通过QF18（本车门保险）与220线和DC110V电源连接。

因此，当单节车门打不开时，除了要考虑开门按钮、列车线的原因外，更要重点检查每节车门的电路保护开关——本车门控制保险开关。

二、故障处理

单节车门打不开会影响乘客正常乘降列车，降低运营服务质量。司机若不能及时处理，将造成列车晚点，若故障无法排除，可能导致列车退出运营。故障应急处理操作流程见表3-4。

三、注意事项及要点总结

单节车门打不开时，注意广播通知故障车内乘客利用其他车厢车门下车。当客流量较大时，应联系站台工作人员或引导乘客快速使用紧急解锁装置开启相应车门。

单节车门打不开具有偶发性，需要司机在进行开关门作业时，注意观察列车状态显示屏的车门光带显示及开关门指示灯显示,以免出现故障而未能及时发现,影响乘客出行,造成负面影响。

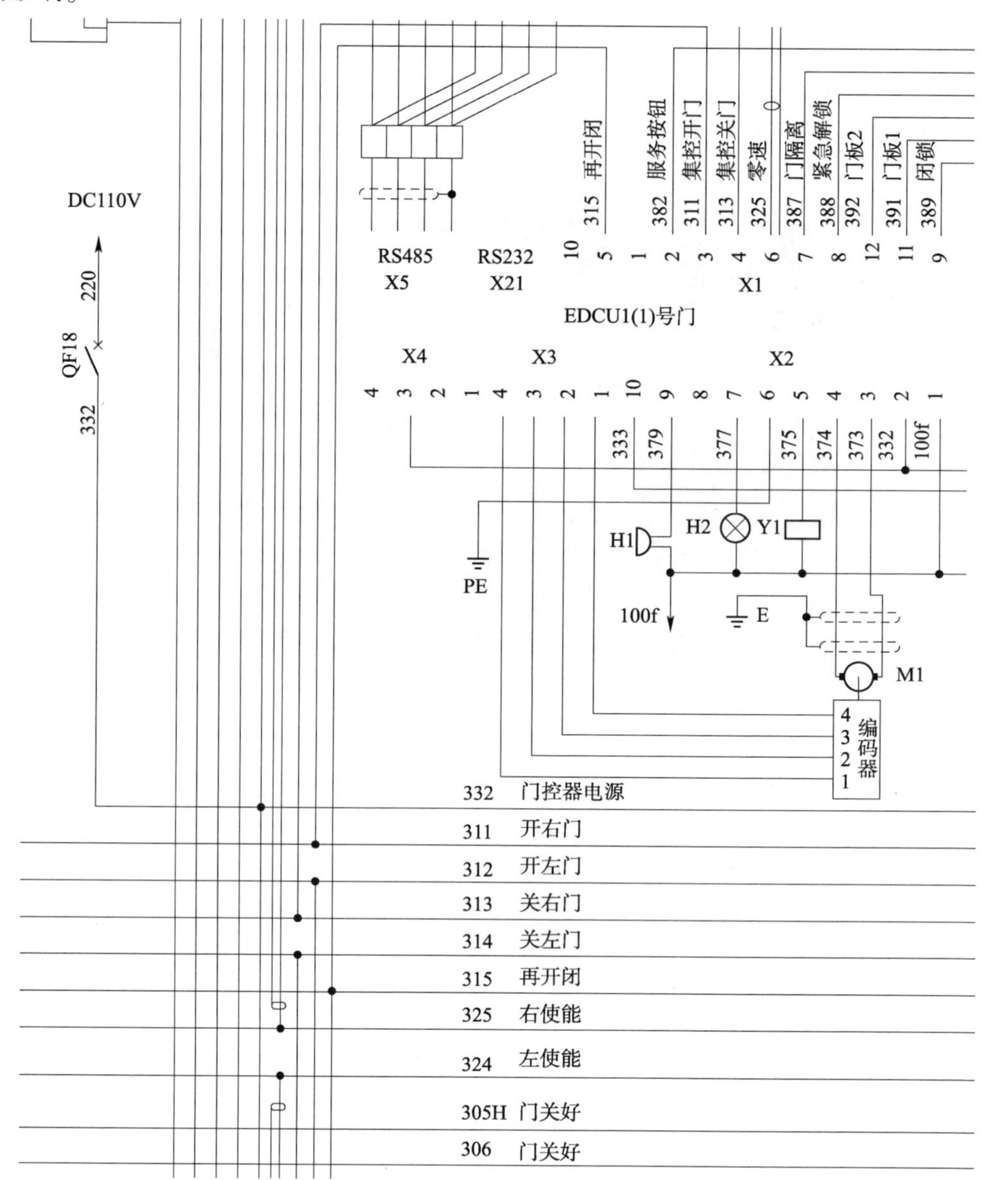

图3-25 门控器电源线

故障应急处理操作流程

表3-4

序号	检查内容	操作	图示
1	检查开、关门按钮	反复按动开、关门按钮1~2次,可更换使用侧墙上的开门按钮	开门 开门 开右门

续上表

序号	检查内容	操　作	图　示
2	检查故障车控制柜内的本车门保险 QF18	若跳开,则将其闭合试验	
3	若本车门保险连续跳开,闭合不上	与行车调度员联系,申请立即清人掉线,并做好人工广播,疏散乘客,配合站台工作人员将故障车门隔离,确认本车门保险处于断开位	

想一想

单节车门若关不上应该如何处理?

提示:除了本车门保险开关外,注意使用车门紧急解锁装置。

技能考核

根据故障处理的操作过程和处理结果,对司机的工作进行评价。评价时,既要考虑故障点分析是否得当,还要考虑处理方法是否正确、与站台工作人员是否高效配合,更应考虑对线路运营的影响和乘客服务质量。学习者可根据本书配套的“技能考核与评价手册”,充分利用现有实训条件开展自评与互评。

情境任务四　单节车门关不上的处理

工作情境

2 号线上 2019 次列车(车号 02017)在 F 站台进行乘客乘降作业后,司机人工进行关门作业时,发现 4 号车车门不动作。

工作目标

在规定时间内找出故障点、判断故障严重程度,根据情况做出相应处理,关闭故障车门,恢复列车运营。

一、故障现象与分析

1. 故障现象

司机在站台进行手动关门作业时，发现 4 号车的车门不动作，从列车状态显示屏看到，这节车车门光带的颜色为黄色，而其他车门光带颜色均为绿色，如图 3-26 所示。

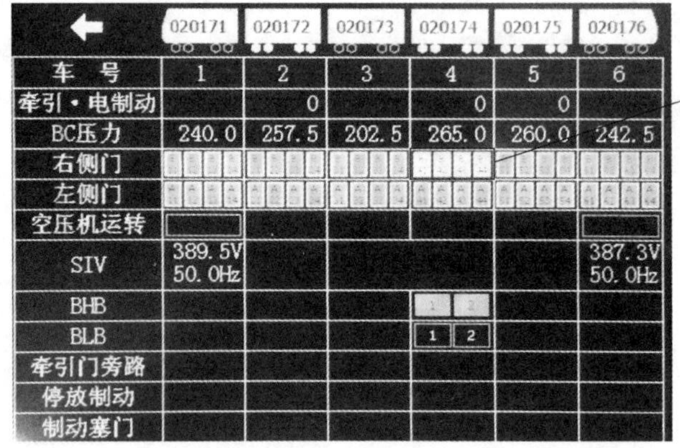

图 3-26　列车状态显示屏的车门光带显示

2. 故障分析

其他车门都关好，只有一节车辆的车门未关闭时，可以排除 DC110V 控制电源、全列车门控制保险、关门按钮等原因，将故障范围缩小到故障车范围内，重点检查本车门控制保险开关。

二、故障处理

列车多个车门关不上

单节车门关不上会影响列车发车，若司机不能及时处理，将造成列车晚点和乘客投诉，若故障无法排除，可能导致列车在终点站退出运营。故障应急处理操作流程见表 3-5。

故障应急处理操作流程　　表 3-5

序号	检查内容	操　作	图　示
1	检查开、关门按钮	反复按动开、关门按钮 1～2 次，可更换使用侧墙上的关门按钮	开门 开门 开右门
2	检查故障车控制柜内的本车门保险 QF18	若跳开，则将其闭合试验	QF15 QF18 QF20

续上表

序号	检查内容	操　作	图　示
3	若本车门保险连续跳开,闭合不上	与行车调度员联系,申请终点站清人掉线,配合站台工作人员将故障车门隔离,确认本车门保险处于断开位,并做好乘客广播,提醒故障车乘客在前方站使用其他车厢车门下车	

三、注意事项及要点总结

当出现单节车门故障时,首先应当考虑可能是本车门控制保险开关的问题,一般来说,断开车门控制保险开关后,车门会自动关闭。若该保险开关连续跳开、闭合不上,应由车站工作人员协助司机手动关闭故障车门,并隔离这一节车厢的所有车门,在后续车站进站前,务必通过广播提醒故障车内乘客利用其他车厢的车门下车。车站也应安排工作人员在相应位置的站台门前提醒上车乘客使用其他车门,直至该列车于终点站退出运营或恢复正常。

技能考核

根据故障处理的操作过程和处理结果,对司机的工作进行评价。评价时,既要考虑故障点分析是否得当,还要考虑处理方法是否正确、与站台工作人员是否高效配合,更应考虑对线路运营的影响和乘客服务质量。学习者可根据本书配套的"技能考核与评价手册",充分利用现有实训条件开展自评与互评。

情境任务五　单个车门关不上的处理

工作情境

晚高峰刚过不久,7 号线 1385 次列车(车号 07013)在 C 车站进行关门作业时,司机发现 5 号车左侧 2 门有防挤压动作,该门关不到位。

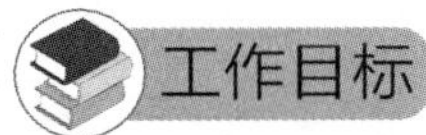

工作目标

在规定时间内准确判断故障类型,根据情况做出相应处理,尽快恢复列车运营。

一、故障现象与分析

1. 故障现象

单个车门关不上,列车状态显示屏的车门光带显示故障门为非正常色,同时驾驶台上的红色开门灯亮(图 3-27)。

图 3-27 “开门灯”点亮

2. 故障分析

1)车门传动原理

以齿形皮带传动的客室车门为例,门控器得到开、关门指令,驱动电机得电旋转,旋转通过锥齿轮减速箱变向及减速,输出到电机齿带轮,电机齿带轮旋转带动齿带动作,从而使齿带在齿带轮之间进行直线运动。齿带在做直线运动的过程中,通过齿带夹带动左右两个门吊板组成在安装底板的导轨中作方向相反且同步的运动,进而门吊板组成将运动传递给左右门板,使其在门框范围内进行开、关动作。

2)先期预判断原因

导致单个车门关不上的原因可能是电气原因,也可能是机械原因。电气原因包括列车状态显示屏显示不正确、门控器故障、门驱动电机故障、接线不良等;机械原因有门板异常、门滑动装置卡滞异物等。当出现防挤压动作时,很多情况是由于门板运行受到阻碍,如书包带进入侧墙、纽扣落入滑槽等。

 新闻事件

2016 年 10 月 19 日,一颗珍珠出现在成都地铁 1 号线广都站车门下的导轨里,整列车不得不清客退出运营,导致后续列车全线晚点。成都地铁列车车门大多采用内藏门结构,车门下方有一个小小的导轨,这里就是异物卡滞车门的“高发地”。一颗珍珠、一粒弹珠或高跟鞋的鞋跟,都可能会让车门卡滞无法关闭。

根据故障现象,可以判断故障原因可能为:

(1)门控器发生故障;

(2)驱动电机发生故障;

(3)车门导轨下有异物(如乘客丢弃的杂物)造成卡滞;

(4)车门夹物,防挤压功能启动;

(5)车门传动机构断开,导致车门无法关闭;

(6)由于乘客过多,拥挤造成车门门板变形;

(7)车门运行部件故障。

单个车门关不上处理流程图

二、故障处理

单个车门关不上的故障会造成列车晚点,严重时可能导致列车在终点站退出运营甚至立即清人掉线。司机在处理时视情况还需到达故障车门处进行操作,应准备手持电台、门故障帘、专用钥匙、手电筒

等工具。故障应急处理操作流程见表 3-6。

故障应急处理操作流程　　　　表 3-6

序号	操　　作
1	[操作]通过列车状态显示屏确认故障车门位置 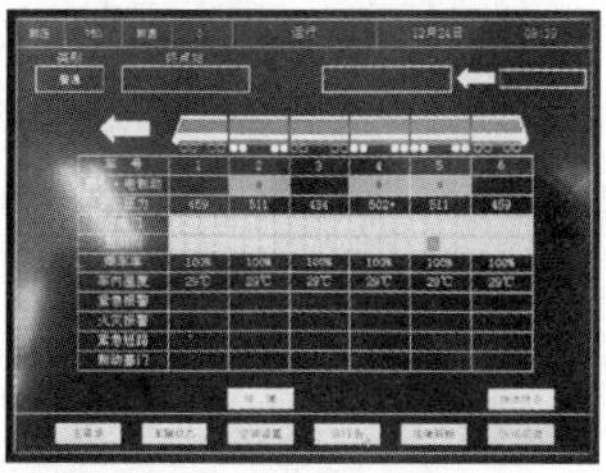
2	[操作]再次进行关门试验,反复按动关门按钮 1 ~ 2 次 
3	[操作]仍关不上时,向行车调度员报告,将司控器主手柄置于制动级位,携带相关工具到达故障车门处 
4	[操作]检查车门下导轨有无异物卡住,试拉车门 
5	[操作]如车门仍不动作,用专用钥匙将门端盖打开,断开门控器电源保险 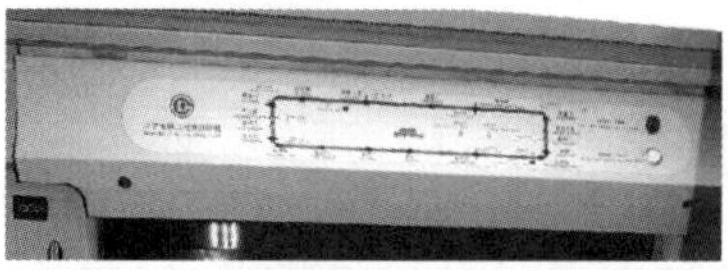
6	[操作]手动将车门关闭到位 
7	[操作]操作隔离锁将故障车门隔离 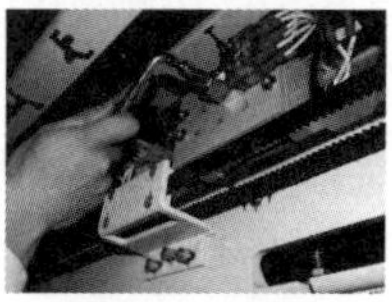
8	[操作]恢复门控器保险,将门端盖关闭,并进行一次试拉,确认门端盖锁闭 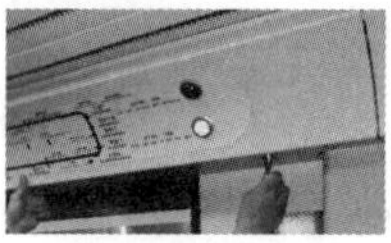
9	[操作]确认门故障灯点亮,挂好门故障帘 
10	[操作]处理完毕后报告行车调度员:若车门完全关好,列车于终点站掉线,退出运营;若车门无法完全关闭,门扇间距小于 100mm,应安排专人防护至终点站掉线,列车退出运营;若车门无法完全关闭,门扇间距大于 100mm,应向行车调度员申请立即清人掉线 

三、注意事项及要点总结

关门联锁电路为列车控制线,是由各节车厢内各个门的三个行程开关(包括左关门、右关门和中控锁行程开关)串联关门联锁继电器而形成的环路,即代表所有车门全部关好时,此环路才可构建。为了保证列车只有在全部车门关好的情况下才可以行车,此环路失电将导致列车无牵引,所以关门联锁电路也称安全电路(或绿色环线)。若环路中出现一个行程开关或其中一个接线端子出现问题,将会导致此环路无法构成,进而导致列车无法牵引。如果有一个门不能正常工作,就可以通过隔离锁将关门联锁电路接通。

从司机室前往故障门所在车厢时,司机应关好司机室侧门,从站台快速到达车厢,在此过程中与行车调度员联系,这样可以节约处理故障的时间。在故障处理的过程中,务必携带手持电台及播放广播,避免行车调度员呼叫时无人应答和乘客投诉。

单个客室车门故障应急处理

若确认车门下有异物卡住,在清除异物时要沿着导轨槽往两扇门中间密封条位置移动,以免异物进入门扇两侧车体内,造成车门卡死。

闭合门控器电源保险时,不宜反复多次闭合。门控器电源保险对电路施行过载保护,如果跳开后多次强行闭合,则很可能会烧损电子元件。

手动强行关门前,要断开门控器电源保险,避免电机反向施加力而影响关门。

手动关门后,要注意将车门电气隔离。如果由于机械卡滞的原因无法进行隔离,行车前需要短接“门旁路”按钮。

机械关门后,若两门板间仍有间距,会影响乘客安全和行车安全,司机应当及时报告行车调度员,视情况安排车站人员上车监护或立即清人掉线。

想一想

单个车门关不上应该如何处理?

技能考核

根据故障处理的操作过程和处理结果,对司机的工作进行评价。评价时,既要考虑故障点分析是否得当,还要考虑处理方法是否正确,更应考虑对线路运营的影响和乘客服务质量。学习者可根据本书配套的“技能考核与评价手册”,充分利用现有实训条件开展自评与互评。

情境任务六　门灯显示故障的处理

工作情境

在非高峰时间段,1号线2006次列车在G站台进行开门作业时,司机发现6号车侧墙门灯不亮,确认该节车车门全部开启;门灯显示与车门状态不符。

工作目标

在规定时间内准确判断故障情况,并做出相应处理,保障列车安全运营。

一、故障现象与分析

列车到站关门,单节车侧墙门灯不亮,但是通过观察发现该节车车门已经开启。

从电路原理来看,单节车侧墙门灯点亮的条件是:该节车所有客室车门中有一个未关闭到位或者任何一个车门开启。

列车的车门系统是电动列车安全运营的重要组成部分,起到供乘客乘降列车、保障乘客安全的作用。在列车运营的过程中,司机要通过各种与车门系统相关的指示灯显示来判断车门状态,如开门灯、关门灯、门允许灯等,保证车门系统在正常工作状态。

二、故障处理

门灯显示不正确会影响司机对车门状态的判断,进而降低运营工作的效率。门灯的主要故障及相应的处理操作流程如表 3-7 所示。

门灯的主要故障及相应的处理操作流程　　表 3-7

序号	故障现象	操作	图示
1	列车对标停车,驾驶台门允许灯不亮	按下"试灯"按钮,检查门允许灯是否出现故障	
		若门允许灯未出现故障,则应按照全列车门打不开的办法处理	
		若门允许灯出现故障,则应按下开门按钮试开门	
2	列车开门后,驾驶台开门灯不亮	按下"试灯"按钮,检查开门灯是否出现故障	
		若开门灯出现故障,则通过列车状态显示屏上的车门光带仔细确认所有车门开启到位	

续上表

序号	故障现象	操　作	图　示
3	列车关门后,驾驶台关门灯不亮	按下“试灯”按钮,检查关门灯是否出现故障	
		若关门灯未出现故障,则应重新开关一次车门	
		若关门灯出现故障,则应通过列车状态显示屏上的车门光带仔细确认所有车门关闭到位。向行车调度员申请终点站掉线	
4	列车开门后,车外侧壁门灯不亮	检查该节车车门是否开启到位,若都开启到位,则关门时通过列车状态显示屏仔细确认所有车门是否关闭到位	

三、注意事项及要点总结

门灯发生故障的概率较小,当故障发生时,会影响司机的操作、判断。例如:门允许灯故障会影响司机对能否开门的判断,开门灯故障会影响司机对车门是否开启的判断,关门灯故障会影响司机对全列车门是否关闭到位的判断。但在以上情况下,司机都可以通过列车状态显示屏、信号系统显示屏或其他辅助手段来判断列车的状态。

仅仅是门灯故障不会影响列车的正常操作,司机依然能够开关车门和牵引列车。但列车状态显示屏和门灯有一处显示不正常,且司机无法确认车门状态时,必须向行车调度员申请立即清客,退出运营;若司机能够确认车门关闭良好,则可以维持运营到终点站掉线。

技能考核

根据故障处理的操作过程和处理结果,对司机的工作进行评价。评价时,既要考虑故障点分析是否得当,还要考虑处理方法是否正确,更应考虑对线路运营的影响和乘客服务质量。学习者可根据本书配套的“技能考核与评价手册”,充分利用现有实训条件开展自评与互评。

项目四 车载信号系统故障处理

项目说明

列车车载信号系统是城市轨道交通信号系统的重要组成部分，是保障列车运行安全的关键系统，提供列车运行间隔控制及超速防护，能实现列车自动运行和区间运行自动调整功能。车载信号系统故障会直接影响列车运行安全，甚至扰乱整条线路的运营秩序。司机必须能及时发现车载信号系统故障，判断故障类别，采取恰当措施，在恢复列车安全运行的同时降低对运营秩序的影响。

通过本项目的学习和训练，学生应掌握车载信号系统故障的判断和分析方法，能正确、快速处理主要几类车载信号系统故障。

对应职业能力

轨道列车司机(五级/初级工)—列车故障处理—列车车载信号故障处理。

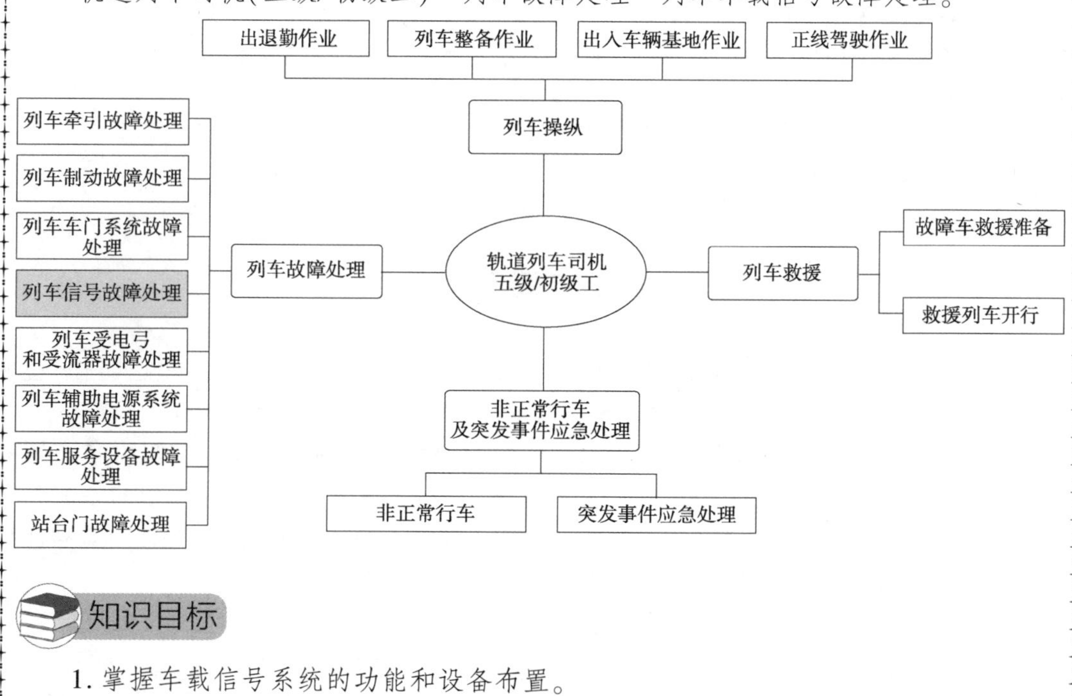

知识目标

1. 掌握车载信号系统的功能和设备布置。

2. 掌握车载信号系统的操作模式。
3. 掌握车载信号系统故障的应急处理原则及要求。
4. 掌握车载信号系统主要故障的判断和应急处理方法。

能力目标

1. 能熟练操作车载信号系统相关设备。
2. 能及时发现车载信号系统异常,正确判断故障。
3. 能根据应急处理原则和要求,按调度命令正确处置车载信号系统故障。
4. 能在"列车状态记录单"上正确填写车载信号系统故障情况。

素质目标

1. 培养精准的操作能力,弘扬工匠精神。
2. 具备爱岗敬业、服从指挥的职业道德。
3. 培养独立分析问题和动手解决问题的能力。
4. 培养信息化素养,适应信号系统的快速发展。

建议学时

10 课时。

教学条件

1. 多媒体教室:能连接互联网,开展与课程有关的教学活动。
2. 列车模拟驾驶器:能模拟车载信号系统主要故障,并能随机设置不同的故障点。
3. 教学软件:能模拟列车操纵环境,并具备实时交互反馈功能。

知识单元

车载信号系统

车载信号系统是保证列车运行安全的系统,提供列车运行间隔控制及超速防护,遵循"故障-安全"原则,能实现列车的自动运行和列车在区间运行的自动调整功能。

车载信号系统的设备安装在 Tc 车上,每列车的两辆 Tc 车的车载信号系统设备布置完全相同,分别安装在驾驶台、综合柜、转向架和底架上以及车顶外部。当前采用的主流车载信号控制设备是车载控制器(Vehicle On-Board Controller, VOBC),北京地铁全自动运行线路——燕房线使用 LCF-400 型 VOBC,其组成结构如图 4-1 所示。

在列车运行过程中,VOBC 通过测速定位系统实现列车的自主定位,利用无线网络和地面区域控制器(Zoom Controller, ZC)进行有规律、周期性的数据交换,获得列车运行的移动授权(Movement Authority, MA)。根据自身周期采集的数据和 MA 信息,VOBC 完成列车控制和防护的系列功能。

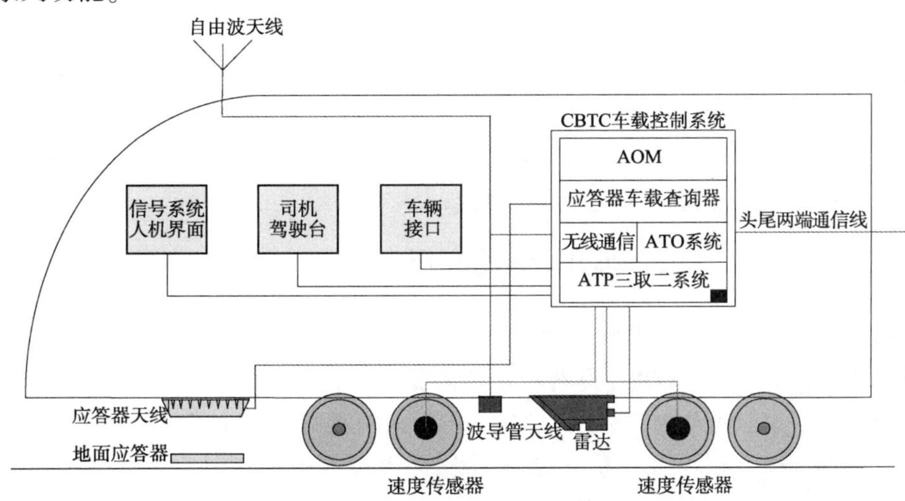

图 4-1　LCF-400 型 VOBC 组成结构图

列车头尾两端各配置一套 VOBC 设备,通过 RS485 通信线进行头尾信息交互。

一、VOBC 设备功能

ATP 是直接保证列车安全的子系统,实现对列车安全的防护,并为 ATO 提供信息,为信号系统人机界面的信息显示提供条件。为保证 ATP 的可靠性,其设计过程完全遵循“故障-安全”原则,采用了安全的软件和硬件设计,并使用三取二冗余结构。ATP 子系统通过速度传感器和测速雷达实现自主定位,并用地面应答器对列车的位置和速度进行校正,通过无线通信有源应答器获得列车的移动授权,计算生成列车的控制速度曲线,并对列车的位置和速度进行防护,保证行车安全。ATP 子系统还将自身的运行数据及故障报警信息发送到车载记录系统,以便进行故障分析和诊断。

ATO 是实现列车自动驾驶功能的子系统,能自动控制列车的启动、巡航、精确停车以及车门的自动打开与关闭等,并可实现运营调整,如省时、节能运行。若处于人工驾驶模式或不满足 ATO 的启动条件,ATO 子系统不会干扰司机驾驶。当 ATO 设备在自动驾驶运行过程中发生故障,ATP 能立即切除 ATO 的控制,实施紧急制动至停车,并转为人工驾驶模式,保证系统的安全。

辅助驾驶设备(Assistant Operation Module,AOM)的主要功能是辅助 VOBC 完成全自动运行列车在无人驾驶状态下的休眠、唤醒、停放制动施加与缓解、跳跃指令、蠕动模式(Creep Automatic Mode,CAM)等功能。

地面应答器安装在轨道中间,用于实现列车定位以及地面信息向车载 VOBC 的传输。应答器天线安装在两个 Tc 车一位转向架构架的前端,用于将应答器中的信息从轨旁设备传送到应答器车载查询器;应答器车载查询器将收到的信息转发给 VOBC,完成地面信息向车载 VOBC 的通信。应答器接收系统能通过应答器对列车的位置进行校准,VOBC 利用应答器信息还可以获得列车当前的运行方向信息。

速度传感器安装在车轴上,为 VOBC 提供行进速度、方向、走行距离的计量。其中一个传感器故障不影响系统的正常工作。

为了对列车的速度和位置进行精确测量,避免受到列车空转打滑的影响,在列车两端各安装一个雷达传感器。

无线通信模块、波导管天线和自由波天线用于实现 VOBC 与地面设备之间的无线传输,为车—地双向通信提供无线通道。

VOBC 的运行数据(包括故障数据)都将被存入车载记录系统。通过对运行数据的分析,为维修诊断提供帮助。

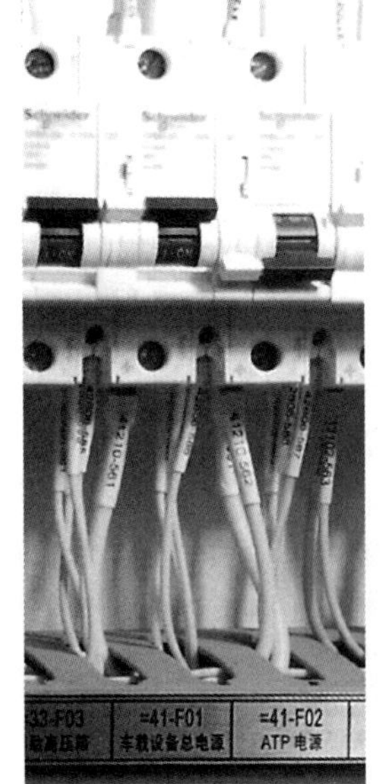

图 4-2　车载设备总电源

二、VOBC 设备操作

1. 电源开关

VOBC 设有一个主断路器,即图 4-2 中的车载设备总电源,另外还设置了 ATP、ATO、AOM、人机界面等设备的断路器。主断路器断电,VOBC 断电;主断路器再闭合,VOBC 重启。

2. 车载信号系统人机界面

车载信号系统人机界面(Man-Machine Interface,MMI),即信号系统显示屏,位于驾驶台上,用于辅助司机进行列车的安全驾驶,给司机提供清晰、直观的驾驶信息,包括 VOBC 的操作状态以及进行列车操作必要的状态信息,如控制模式、实际速度、限制速度、目标距离等。一般采用触摸屏,方便操作,实现信息录入和设备日检功能。信号系统显示屏的显示信息由 VOBC 发送,同时能将司机号、日检命令等信息传回 VOBC。

信号系统显示屏界面示例参见图 4-3,各图标含义说明见表 4-1。

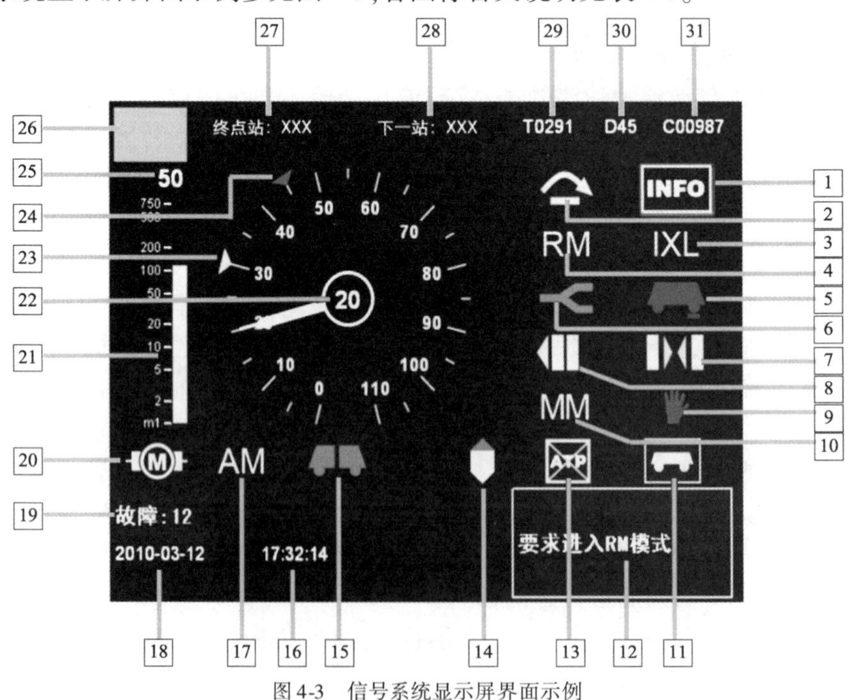

图 4-3　信号系统显示屏界面示例

信号系统显示屏图标含义说明　　表 4-1

图标序号	含　义	显示说明
1	信息设置按钮	按钮可用时,有"INFO"字样
2	跳停、扣车状态命令	在 AM-C 模式下,ATO 执行跳停时显示 ,执行扣车时显示
3	当前驾驶模式	显示:CBTC(连续通信)、ITC(点式通信)、IXL(联锁级)
4	当前运行级别	全自动运行列车的显示:FAM、CAM、AM、CM、RM、EUM
5	列车是否进入停车窗	不需要显示时无图标;列车进入停车区域但未进入停车窗时,图标为红色;列车进入停车区域且进入停车窗时,图标为绿色;休眠唤醒窗为黄色
6	折返状态表示	将要折返时,图标为绿色闪烁状态;折返中,图标为黄色常亮状态;不折返则无图标显示
7	发车信息	无发车信息时,无图标显示;有列车发车请求时,显示 ;关车门提示时,显示
8	车门状态及门允许侧表示	车门的自动/手动开关,以及门的开闭状态、开门顺序等都有不同的图形显示。如:允许手动方式开左门且左右门均关好显示 ,允许手动方式开两侧门且左右门均关好显示
9	车辆及站台门状态显示	紧急制动时显示红色手图标 ,站台门未关闭时显示黄色图标
10	客室车门控制模式	有 AM、RM、MM 几种显示,指示车门的人工或自动开关方式
11	停车场/车辆段的转换区	列车即将进入车辆段时显示 (黄色框),列车即将进入列检库时显示 (绿色框),列车在车辆段内行驶或丢失位置时显示
12	确认信息显示	在列车运行或检修时,显示相应信息
13	ATP/ATO、无线通信故障	有无线通信中断、ATP 故障、ATO 故障、AM 不可用等几种显示,各种故障不组合出现
14	列车头尾状态	本端车载信号设备激活,与另一端车载信号设备通信正常时,上部三角显示绿色,下部三角显示白色;本端车载信号设备激活,与另一端车载信号设备通信中断时,上部三角显示绿色,下部三角显示红色
15	列车完整性状态	列车完整性正常图标为绿色,列车完整性丢失图标为红色
16	时间	显示 MMI 系统的当前时间

续上表

图标序号	含　义	显示说明
17	最高预设驾驶模式	全自动运行列车的显示:FAM-C(FAM 模式)、AM-C(AM 模式-连续式)、AM-I(AM 模式-点式)、CM-C(CM 模式-连续式)、CM-I(CM 模式-点式)、RM(RM 模式)
18	日期	显示 MMI 系统的当前日期
19	状态、故障文本	显示故障文本
20	牵引制动状态	牵引状态时图标中央显示“M”;惰行状态时图标中央无字母;制动状态时图标中央显示“B”;车轮打滑时为红色图标
21	目标距离(单位:m)	采用状态条显示,有三种颜色:浅绿、黄色和红色;与目标速度共同用于辅助司机驾驶,提前显示列车车头前方对列车影响最大的障碍物距离及其限速值
22	列车实际运行速度	以速度指针和指针盘中的数字两种形式显示在速度区域的中央
23	ATP 推荐速度	在 CM 模式下用速度表盘内的黄色三角形指示
24	紧急制动触发速度	用速度表盘内的红色三角形指示,司机或 ATO 驾驶时应遵循此指示,避免超过该值触发列车紧急制动
25	目标速度	以数字形式显示,与目标距离共同用于辅助司机驾驶,提前显示列车车头前方对列车影响最大的障碍物距离及其限速值
26	超速报警及紧急制动	初始状态或不需要显示时为屏幕背景色;超速报警时为橙黄色;实际速度达到紧急制动触发速度时为红色
27	终点站信息	显示终点站站台名称
28	下一站信息	显示下一站站台名称
29	车次号	显示列车车次号
30	目的地号	显示目的地号
31	司机号	显示司机号

3. 运行模式选择

全自动运行列车的驾驶模式由高到低依次为全自动驾驶模式(FAM)、蠕动模式(CAM)、列车自动驾驶模式(AM)、列车自动防护下的人工驾驶模式(CM)、限制人工驾驶模式(RM)和非限制人工驾驶模式(EUM)。非全自动运行列车没有 FAM 和 CAM 这两个模式,其他的驾驶模式与全自动运行列车相同。

列车运行级别由高到低依次为:①CBTC 级别,即无线连续式通信控制下 ATP/ATO 的运行;②ITC 级别,即点式控制下 ATP/ATO 的运行;③IL 级别,即联锁级下的运行。

司机可以通过模式升级按钮和模式降级按钮(图 4-4)更改 VOBC 预设的最高运行模式。可选的预设最高模式由高到低依次为:CBTC-FAM、CBTC-AM、CBTC-CM、ITC-AM、ITC-CM 和 IL-RM。预设最高模式的选择仅能在停车状态下进行,司机通过信号系统显示屏右下角的信息显示栏确认后按下模式确认按钮(图 4-5),才能最终完成运行模式的升级或降级。

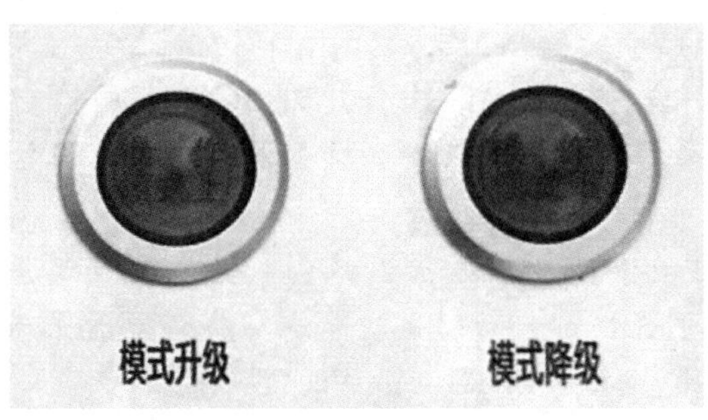

图4-4　“模式升级”按钮和“模式降级”按钮

图4-5　“模式确认”按钮

知识链接

列车驾驶模式

1.全自动驾驶模式（FAM）

列车采用FAM模式时，能实现根据运营计划自动运行出库、区间自动运行、站台定位停车、车门和站台门控制、自动换端、结束运营后自动回库并按照远程指令进行休眠。FAM模式是全自动运行线路的主要驾驶模式，列车处于全自动驾驶区域中即可使用。

2.蠕动模式（CAM）

CAM模式是当列车网络出现故障，或车载VOBC与设备通信出现故障时，申请获得远程授权后的一种驾驶模式。列车进入CAM模式后，ATP通过辅助驾驶设备向列车输出CAM模式信号，车载ATP限制列车在固定的低速25km/h之下运行。

3.列车自动驾驶模式（AM）

AM为ATP监控下的列车自动驾驶模式。列车采用AM模式时，ATP子系统保证列车的运行安全，ATO子系统实现列车在区间的自动与合理运行、站台定位停车、车门和站台门控制。AM模式的运行需要得到司机的人工确认，即按压“ATO启动”按钮来启动列车的自动驾驶。

4.列车自动防护下的人工驾驶模式（CM）

CM为ATP监控下的人工驾驶运行模式。列车采用CM模式时，ATP子系统确定列车运行的最大允许速度、实现列车自动防护的全部功能。司机驾驶列车在ATP防护的速度曲线下运行，并人工控制列车站台停车、车门和站台门的开关。系统能实现车门与站台门的联动。

5.限制人工驾驶模式（RM）

RM为限制人工驾驶模式。列车采用RM模式时，车载ATP限制列车在固定的低速（如25km/h）之下运行，司机根据调度命令和地面信号显示驾驶列车，当列车运行速度超过固定限速时，车载ATP设备对列车实施紧急制动，强迫列车停车。列车运行的安全由联锁设备、ATP车载设备、调度人员、司机共同保证。

6. 非限制人工驾驶模式(EUM)

EUM 即车载信号切除模式。列车采用 EUM 模式时,VOBC 设备的输出全部被切除,由司机和联锁设备负责列车和乘客的安全。只有当设备发生严重故障且调度授权后才允许采用 EUM 模式。

除上述六种驾驶模式外,VOBC 在指定的无人折返站台能提供无人驾驶自动折返功能,即自动折返模式(Auto Reverse,AR)。自动折返功能的实施必须确保车门已经关闭且锁紧,两端司机室的预设最高模式均为 CBTC-AM、ATO 设备工作正常。无人折返操作只能在指定的站台进行。

4. 其他开关与按钮

除了模式选择按钮外,司机室内还有一些与车载信号设备相关的操作部件,见表 4-2。

车载信号设备相关操作部件　　表 4-2

序号	名　称	功　能	序号	名　称	功　能
1	钥匙开关	司机通过钥匙开关激活 VOBC 设备	4	开门模式选择开关	用于选择车门控制方式的自动化级别。注意:门控方式仅用于选择车门打开或关闭的方式,与站台门无关
2	ATO 启动按钮	按下该按钮,作为人工驾驶时 ATO 控车的启动命令。该按钮带有指示灯:当 ATO 可用时,指示灯闪烁以提示司机,司机按下该按钮确认进行列车自动驾驶后,指示灯就保持常亮以指示 ATO 正在工作;当 ATO 不可用时,该指示灯熄灭	5	VOBC 切除开关	有控制、切除两个选择位,开关扳至"控制"位时列车受 VOBC 的控制和监督保护,开关扳至"切除"位时 VOBC 对列车的一切控制和监督保护功能均被切除
3	自动折返按钮	人工驾驶模式下,司机按下该按钮后,列车自动进行折返换端,进入无人折返	6	车门旁路开关	在故障或紧急时刻,切除 VOBC 系统对车门的监督与控制。使用车门旁路开关后,司机对车门的安全负有完全责任

练一练

在列车模拟驾驶器上指出与信号系统有关的开关和按钮,并描述其功能。

知识链接

轨旁信号设备

地面信号设备有信号机、应答器、计轴系统、停车标及其他信号标识。

通常设置的地面信号机有出站信号机、出站兼防护信号机、防护信号机、区间分界点信号机、顺向阻挡信号机、进段(场)信号机、出段(场)信号机、出库信号机、调车信号机等。

应答器与轨旁电子单元(Linside Electronic Unit,LEU)相连接,作为地面信息向车载设备传输的通道。其功能有列车定位和位置校正、轮径校正、保证 ATO 停车精度、向列车发送移动授权,以及在 ITC 级别下,防止红灯时列车误出发、列车升级。

计轴系统是更新轨道占用状态的基础之一,通过对进入轴和离开轴的计数来确定轨道区段的占用情况。在 IL 级别和 ITC 级别时,计轴系统是轨道状态检查的主要工具。同时,计轴系统检查的轨道状态也是列车升级至 CBTC 级别的依据。当线路上的所有列车均在 CBTC 级别运行时,不需要使用计轴系统来进行列车定位。

停车标用来指示规定停车位置。

其他信号标识有限速标、警冲标、警示标、预告标、分界标等。

情境任务一　列车位置丢失的处理

工作情境

15 号线 15009 号车担当 1080 次运营任务,运行模式为 CBTC-AM。在 S 站列车启动出发过程中突然产生紧急制动,信号系统显示屏上出现“无定位”图标,信息显示栏有“要求进入 RM 模式”的提示。

工作目标

根据故障现象初步判断故障原因,并尽量排除故障,保障列车安全运行。

一、故障现象与分析

1. 故障现象

列车产生紧急制动,信号系统显示屏的左上角出现红色方块,有“无定位”图标(白色),信息显示栏提示“要求进入 RM 模式”,参见图 4-3。

2. 故障分析

在 CBTC 级别下,列车定位的任务由应答器系统完成:经过第一个应答器后获得列车位置,经过第二个应答器后获得列车位置并确定运行方向。在ITC级别下,应答器除校正列车位置外,还可用于向列车提供移动授权。这两种运行级别下,列车丢失应答器后的反应见表4-3。

列车丢失应答器后的反应　　表4-3

序号	运行级别	丢失应答器种类	列车反应
1	CBTC或ITC	一个无源应答器	列车不丢失位置,能正常运行
2	CBTC或ITC	连续两个应答器(无源、有源的任意组合)	列车丢失位置,降级为RM模式并紧急制动
3	CBTC	一个有源应答器(VB、IB或LDR)	列车不丢失位置,能正常运行
4	ITC	一个VB或LDR	列车丢失位置,降级为RM模式并紧急制动
5	ITC	一个IB	列车不丢失位置,减速运行至区间信号机前停车,等待司机确认

注:应答器的名称和具体说明见本任务"知识链接:应答器的种类"。

因此,在CBTC-AM、CBTC-CM、ITC-AM和ITC-CM运行模式下,列车可能会出现丢失位置的现象。丢失位置的原因包括丢失两个连续的应答器、ITC级别下VB或LDR故障等。

此外,闯入失表的道岔区域(即无法确定道岔当前的定位或反位),或司机操作不当造成列车空转打滑,使得应答器之间的距离与测量得到的距离之间的差值超过容许值,也都有可能导致列车位置丢失。

知识链接

应答器的种类

按照功能,可将应答器分为固定数据应答器(FB)、轮径校正应答器(WB)、可变数据应答器(VB)、填充应答器(IB)、有源环线应答器(LDR)。其中,FB和WB是无源应答器,VB、IB和LDR属于有源应答器。以下分别介绍各种应答器的功能。

(1)FB用于列车定位。

(2)WB用于列车出库时的轮径校正。

(3)VB用于列车定位,在ITC级别下,向列车发送移动授权,反映前方信号机、道岔、站台门状态。

应答器基本原理和使用

(4)IB用于在ITC级别下,复示前方信号机状态,使列车提前获得进路信息,减少在区间的不必要制动和停车,提高运行效率。

(5)LDR由轨旁电子单元向车载天线发送上行链路信息。LDR比其他的应答器长,长大约4m。

二、故障处理

列车位置丢失后,信号系统施加紧急制动。司机需要按信息提示,转换运行模式至RM

手动驾驶，运行过连续两个应答器，直至重新获得定位和移动授权后，方可自动重新升级运行级别。

列车位置丢失可能造成列车晚点或掉线。故障应急处理操作流程见表4-4。

列车位置丢失处理流程图

故障应急处理操作流程　表4-4

序号	操　作	图　示
1	报告行车调度员，说明故障现象	
2	若列车即将进站或在车站范围内位置丢失，会触发紧急制动。按照“要求进入RM模式”的提示，司机向行车调度员申请使用RM模式。得到授权后，进入RM模式	
3	若列车在区间出现位置丢失的情况，并且离前方站或前方应答器较远，司机向行车调度员申请切除车载信号，使用EUM模式先运行进站，待对标停车后转换为RM模式	
4	采用RM模式或EUM模式运行时，司机凭地面信号机显示和调度命令行车。发车前和运行中认真执行手指呼唤制度，确认前方信号开放、道岔位置正确	
5	列车运行通过应答器，重新获得位置和移动授权后，自动升级为正常运行模式。若列车已运行一个区间，在进站、出站后仍无法自动升级时，司机及时报告行车调度员，按其指示办理	

三、注意事项及要点总结

列车位置丢失

列车丢失位置后，需要经过两个连续应答器（且第二个应答器不为LDR），才可重新定位。列车轧过计轴器或通过信号机，也可获得定位。车站布置的地面应答器较多，列车更容易定位。列车在RM模式下经过道岔区段时无法定位。

若列车处于FAM模式，出现列车位置丢失的情况，则司机应当报告行车调度员，申请激活钥匙,进入 RM 模式,按照人工驾驶时的列车位置丢失处理。列车恢复定位后,通知行车调度员,按其指示恢复 FAM 模式。

列车位置丢失的大部分情况是由系统硬件或软件问题所引起的,但也有极少数情况与司机操作不当有关。例如,手动驾驶时司机频繁施加制动或频繁超速,特别是在雨天或钢轨涂油的情况下,极易造成列车空转打滑,从而引发位置丢失的现象。因此,司机在手动操作列车时要注意运行平稳,避免不必要的故障发生。

VOBC 的故障会影响列车正常运营,严重时甚至导致取消运营。根据故障导向安全原则,影响 VOBC 安全运营的故障将引起列车紧急制动,信号系统显示屏上指示相关故障图标信息。因此,当列车突发紧急制动时,司机必须首先区分是信号原因还是车辆原因引起的,缩短故障处理时间。

当由于设备或人工操作原因导致列车无法维持 AM 或 CM 驾驶时,VOBC 将提示司机转为 RM 模式降级运行。常见的提示降级 RM 的场景有列车位置丢失、列车与区域控制器 ZC 通信中断、前方列车变为非通信车、确认进段(场)降级、CI(Computer Interlock,计算机联锁)故障、CBTC 下列车闯信号。

技能考核

根据故障处理的操作过程和处理结果,对司机的工作进行评价。评价时,既要考虑故障点分析是否得当,还要考虑处理方法是否正确,更应考虑对线路运营的影响和乘客服务质量。学习者可根据本书配套的"技能考核与评价手册",充分利用现有实训条件开展自评与互评。

情境任务二　车载信号死机的处理

工作情境

4 号线 04017 号车担当 2106 次运营任务,司机驾驶列车以 CBTC-AM 模式运行,在接近第二预告标处列车突然紧急制动,信号系统显示屏黑屏。

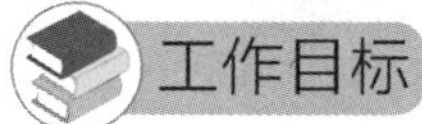

工作目标

根据故障现象初步判断故障原因,并尽量排除故障,保障列车安全运行。

一、故障现象与分析

1. 故障现象

列车运行中突然产生紧急制动且无法缓解,信号系统显示屏黑屏或卡屏。

2. 故障分析

车载控制器(VOBC)是线路信号系统的重要组成部分,起到监督和控制列车安全运行的作用。VOBC 机柜(图 4-6)安装在司机室综合柜中,由 ATP 机柜、ATO 机柜、应答器传输单元(Balise Transmission Module,BTM)插箱、车载天线、人机界面(MMI)、速度传感器、雷达、记录系统等组成。其中,驾驶台上的车载信号人机交互系统是 VOBC 设备的显示界面(图 4-7),一方面用于向司机显示 VOBC 设备的信息,另一方面用于司机向 VOBC 发送命令,控制 VOBC 设备。

图 4-6　VOBC 机柜

图 4-7　VOBC 显示界面

车载 VOBC 设备应始终与列车蓄电池连接,只有列车蓄电池上电时,VOBC 才能正常工作。如果蓄电池不上电,信号系统显示屏可上电启动,但是因为在没有蓄电池时 VOBC 无法正确采集钥匙开关的状态,因此在没有蓄电池时信号系统显示屏将无法正常点亮显示。

VOBC 是一种典型的计算机系统,是硬件和软件的集合,其人机界面突然出现黑屏或卡屏可以初步判断是系统死机。出现死机的可能原因有:

(1)VOBC 硬件本身故障。例如,在速度传感器发生断裂或接触不良的情况下,无法向 VOBC 传递速度、方向等信息,而 VOBC 在缺少这些信息的情况下无法正常工作,从而造成死机。

(2)车辆信号接口问题。在列车运行中,若车辆信号接口向 VOBC 提供的信号异常,例如在非零速的情况下车门打开、列车完整性丢失、列车线逻辑错误等,都有可能造成 VOBC 死机。

(3)VOBC 软件故障。系统在运行时,基于"故障-安全"原则,若其内部软件报错,系统将死机,切断向外部的输出。

车载信号死机处理流程图

二、故障处理

发生 VOBC 死机故障后,列车会立即施加紧急制动并且无法缓解,对运营的影响较大。故障应急处理操作流程见表 4-5。

故障应急处理操作流程 表 4-5

序号	操 作	序号	操 作
1	报告行车调度员,说明故障现象,申请重新启动 VOBC	4	进站对标停车后,恢复 VOBC 切除开关至"控制"位,待信号升级为 CM 模式,进行开门作业
2	获得重启 VOBC 的授权后,断开车载设备总电源,5s 后闭合	5	如果重启 VOBC 后故障现象没有消失,应及时报告行车调度员,按其指示办理。 若行车调度员指示清客后以 EUM 模式运行回段,司机应注意做好广播工作
3	得到以 EUM 模式运行的授权后,切除 VOBC;按调度命令和地面信号显示手动驾驶列车运行		

三、注意事项及要点总结

车载信号系统死机的现象除了信号系统显示屏黑屏、卡屏外,还有可能为速度表或信息框无显示。处理此类问题通用的方法为重启 VOBC。

VOBC 重启时间约为 30s,为了缩短延误时间,在列车对标停稳后,司机可以申请先以 EUM 模式开启客室车门,在站台作业的过程中进行 VOBC 重启。

图 4-8 "门使能旁路"开关

若以 EUM 模式进行开门作业,需要使用"门使能旁路"开关(图 4-8),并向行车调度员申请由站台工作人员配合开关站台门。作业完毕后及时复位"门使能旁路"开关。

运行模式转换至 EUM 的方法为使用 VOBC 切除(或 ATC 切除)开关,该模式下列车运行限速建议为 40km/h,具体标准以线路要求和行车调度员命令为准。

若在 FAM 模式下出现车载信号死机的情况,列车紧急制动停车后,司机应向行车调度员申请激活驾驶台,按人工操作的故障处理要点处理。待列车恢复至 CBTC-CM 级别后,根据行车调度员指示升级至 FAM 模式。

VOBC 设备与列车蓄电池连接,因此当列车晚上停放于车辆段时,蓄电池关闭后,VOBC 设备也将断电。VOBC 再次上电时,将首先进行设备的自检。建议保证每天重启一次 VOBC 设备,以保证 VOBC 的正常运行。

列车两端司机室内均有车载设备总电源,该断路器仅能控制本端的 VOBC 设备电源。当本端 VOBC 设备上电、另一端 VOBC 设备断电时,本端 VOBC 仍能正常控制列车运行,但在 CBTC 级别下,列车与地面的通信质量会受影响。因此列车运行中应保证两端车载设备总电源均处于闭合状态。

技能考核

根据故障处理的操作过程和处理结果,对司机的工作进行评价。评价时,既要考虑故障点分析是否得当,还要考虑处理方法是否正确,更应考虑对线路运营的影响和乘客服务质量。学习者可根据本书配套的“技能考核与评价手册”,充分利用现有实训条件开展自评与互评。

情境任务三　车载 ATP 故障的处理

工作情境

2 号线 1197 次列车司机以 CBTC-CM 运行模式驾驶 02005 号车,在 G 站—F 站区间惰行时列车突然产生紧急制动停车,信号系统显示屏上出现 ATP 故障图标。

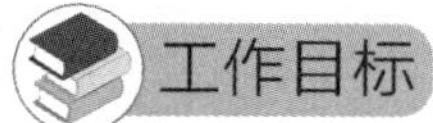

根据故障现象初步判断故障原因,并尽量排除故障,保障列车安全运行。

一、故障现象与分析

1. 故障现象

列车运行中突然产生紧急制动且无法缓解,信号系统显示屏上出现 ATP 故障图标(图 4-9)。

2. 故障分析

ATP 系统是 VOBC 的安全核心,负责整个信号系统涉及安全的所有方面。具体任务包括:负责列车间的安全间隔和超速防护;进行列车定位、速度测量,计算移动授权并执行速度监督;车门和站台门的监督检查和开启授权;列车完整性监督;溜车防护;停车保证功能。ATP 系统能将自身的运行数据及故障报警信息发送到车载记录系统,以便进行故障分析和诊断。ATP 发生较严重故障时,将难以维持继续运行,列车一直实施紧急制动无法缓解,信号系统显示屏上会显示 ATP 故障图标和相应的故障号。

图 4-9　ATP 故障图标

ATP 系统由硬件设备和软件系统构成,具有实时性、混杂性、随机性、高可靠性、高可用性、高可维护性等特征。车载ATP组成结构见图4-10。ATP机柜安装于司机室综合柜中,车载ATP设备通过车辆接口和司机室显示单元给司机提供信息,以及从司机处接收信息。设备的安装应当牢固、插接良好。当出现车载ATP故障时,会导致列车无法定位自身位置,因此,为防止与其他列车发生冲突,ATP进行自动保护,实施紧急制动。在故障恢复之前,紧急制动无法缓解。

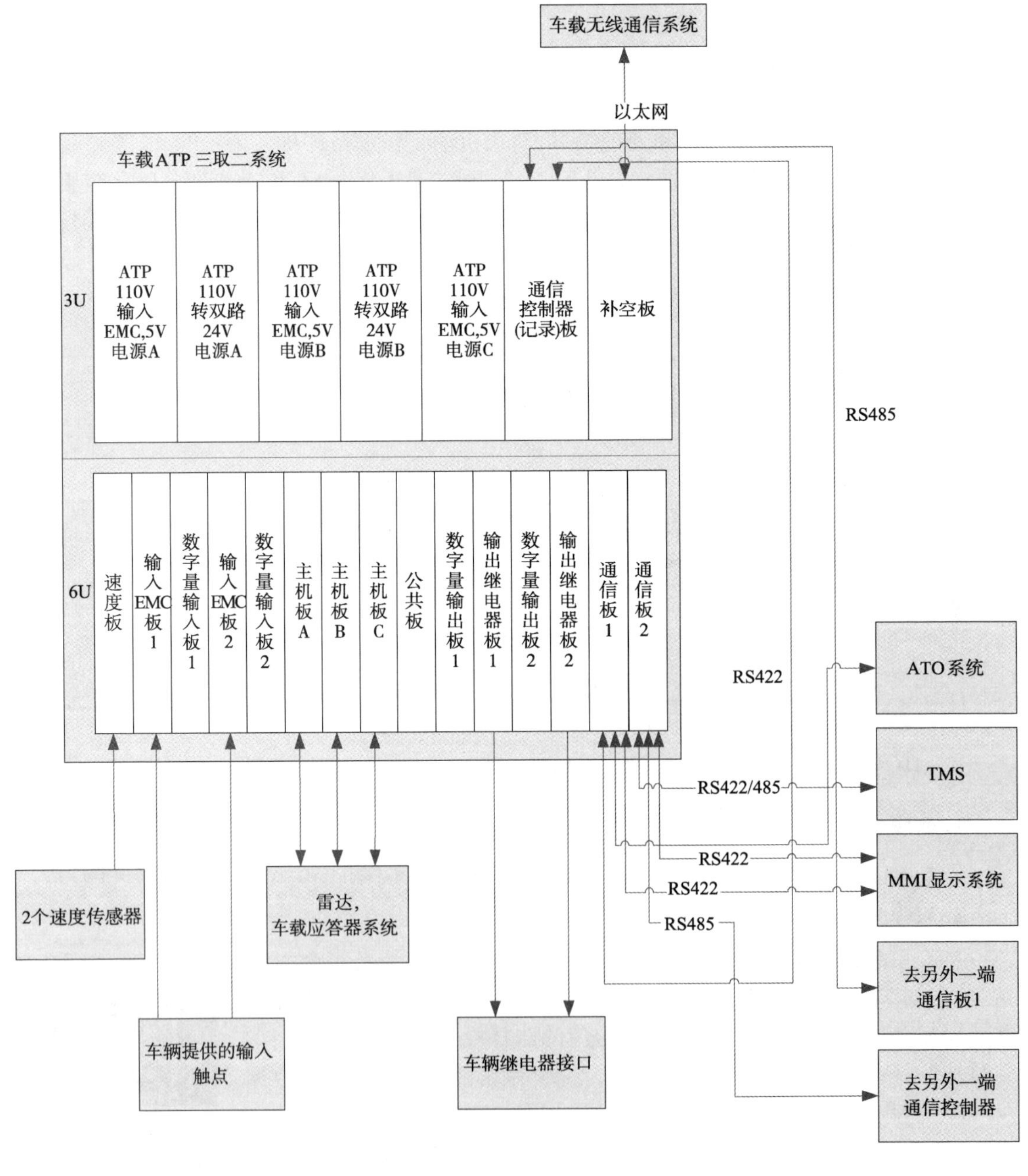

图4-10　车载ATP组成结构

导致车载ATP故障可能是硬件问题,也可能是系统错误,或列车运行异常。例如,当出现测速故障时，信号系统显示屏上的速度指针消失，变为红色圆圈，同时显示 ATP 故障图标；ATP 自动校轮失败、列车退行超过最大距离、列车越过移动授权终点、ATP 切断列车牵引超时等情况，都会导致 ATP 报故障并显示相应故障码。出现 ATP 故障时，司机可尝试通过断、合 ATP 控制电源断路器或 ATO/ATP 系统电源断路器来重启车载 ATP 或 VOBC 系统。

ATP系统故障应急应用

想一想

哪些情况下车载 ATP 会触发列车紧急制动？

二、故障处理

车载 ATP 发生故障后，列车会立即施加紧急制动并且无法缓解，司机应当正确判断紧急制动是否由信号系统故障导致，节约故障处理时间。故障应急处理操作流程见表 4-6。

故障应急处理操作流程　　表 4-6

序号	操作		图示
1	报告行车调度员，说明故障现象，申请重新启动 ATP		
2	获得重启 ATP 的授权后，断开“ATP 控制电源”保险开关，5s 后闭合		
3	若重启后故障现象仍存在，报告行车调度员	列车停在区间时，申请使用 EUM 模式运行至前方站，进站后再次报告行车调度员，按其指示办理	
		若列车停于车站，按行车调度员指示办理。当调度发布“清客后以 EUM 模式运行回段”的命令后，司机应注意做好广播工作	

三、注意事项及要点总结

ATP系统主要负责提供列车间隔控制和速度防护功能,采用车地协同的控制方法对列车进行高密度安全间隔防护,是轨道交通信号系统的核心系统之一。列车两端各安装一套车载ATP设备,采用“三取二”的冗余安全计算机结构。在ATP的监督下,影响列车安全运营的故障将会引起紧急制动并且将在信号系统显示屏上显示相关故障图标信息。

图4-11　ATO故障图标

当出现ATP故障图标,司机应断、合ATP控制电源断路器;出现ATO故障图标(图4-11),断、合ATO控制电源断路器(图4-12);无法确定是ATP还是ATO故障时,可以将ATO/ATP系统电源断路器(图4-12)、ATP控制电源断路器、ATO控制电源断路器一并断开后再闭合,达到消除故障的目的。但要注意,同时断开这三个断路器时,易造成列车网络故障,所以在明确ATP或ATO故障的情况下,应分别操作相关断路器。

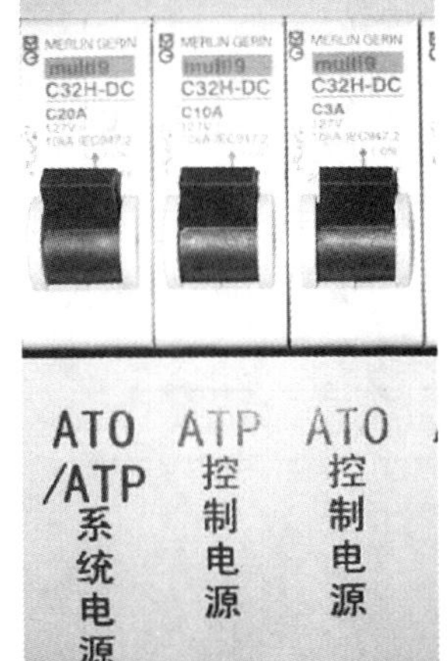

图4-12　VOBC子系统断路器

断、合ATP控制电源后,如果仍有ATP故障图标,则可判断车载ATP故障无法恢复,不应采取以RM运行模式经过连续两个应答器的方法进行升级试验,而要直接与行车调度员联系,按其指示运行。

切除VOBC后,司机以EUM模式驾驶列车时,凭地面信号的显示运行。ATP不可用时,需要行车调度员通知相关车站站台工作人员配合司机进行开关门作业,开启站台门和车门的顺序为:先开站台门,后开车门。

若在FAM模式下出现车载ATP故障的情况,列车将无法继续运行。司机要及时报告行车调度员,申请激活驾驶台,按人工操作的故障处理要点处理。待列车恢复至CBTC-CM级别后,根据行车调度员指示升级至FAM模式。

信号系统故障时变更闭塞方式的操作

知识链接

ATP紧急制动场景

表4-7列出了ATP输出紧急制动的各种场景。在各场景下,ATP输出紧急制动时在信号系统显示屏的左上角会显示红色方块图标,ATP采集到列车已实施紧急制动后显示屏上出现图标。

ATP输出紧急制动的场景　　表4-7

序号	紧急制动原因	场景描述
1	列车超速	列车运行速度超过当前限制速度
2	列车退行超速	列车退行速度大于规定的最大允许退行速度

续上表

序号	紧急制动原因	场 景 描 述
3	退行超过当前防护距离	退行超过规定值(如4m)
4	退行超过最大允许距离	退行超过规定最大值(如5m)
5	列车完整性丢失	RM、CM和AM驾驶模式下,列车完整性丢失
6	越过移动授权终点	CM和AM驾驶模式下,列车越过移动授权终点
7	测速故障	包括测速传感器出错或测定的速度超过允许的范围
8	测速失败	测速设备检测出:①轻微故障;②列车发生了严重的空转或打滑
9	切断牵引超时	输出切断列车牵引时,超时未采集到列车牵引已被切断
10	两端司机室同时激活	两端司机室同时激活时,列车输出紧急制动
11	列车位置丢失	CBTC或ITC级别下连续丢失两个应答器;ITC级别下列车丢失VB;ITC级别下列车与LDR通信故障
12	与ZC通信故障	CBTC级别下,与ZC通信故障
13	ZC通知列车紧急制动	CBTC级别下,前车出现故障时,ZC通知后车紧急制动并转RM模式
14	VOBC与ZC数据库版本不一致	CBTC级别下,VOBC发现与ZC使用的数据库版本不一致
15	无人折返过程中司机室激活	列车无人折返过程中,列车运行(非零速时)时司机室激活
16	无人折返过程中对端司机室激活	列车在无人折返过程中,司机激活另一端的司机室
17	AM驾驶列车过标	ATO停车过标超过规定门限

本项目中,列车位置丢失、车载信号系统死机、车载ATP故障的直接现象均为列车紧急制动不缓解,司机应当快速查看信号系统显示屏的图标、双针压力表、紧急制动按钮等具有明显表征的设备,缩小故障处理范围,避免因预判断错误导致无效操作,耽误黄金处理时间。

技能考核

根据故障处理的操作过程和处理结果,对司机的工作进行评价。评价时,既要考虑故障点分析是否得当,还要考虑处理方法是否正确,更应考虑对线路运营的影响和乘客服务质量。学习者可根据本书配套的“技能考核与评价手册”,充分利用现有实训条件开展自评与互评。

技能拓展

ATO 故 障

车载 ATO 系统在列车两端各设置一套,通过与车载 ATP 系统共用头尾通信以及车辆接口设备实现 ATO 的相关功能。ATO 系统的所有列车控制功能都必须在 ATP 的防护下实现,仅当 ATP 处于监督模式且 ATO 设备处于可用状态时,才能激活 ATO 系统的自动驾驶功能。在 FAM、AM 驾驶模式下,由 ATO 系统控制列车自动运行。

当 VOBC 不存在影响安全的故障,并且无线通信正常时,如果自动驾驶不可用,会在信号系统显示屏上显示 ATO 故障的图标(图 4-11)。当显示此图标时,司机可以选择手动驾驶列车运营。

列车运行中 ATO 出现故障时,将导致列车自动驾驶不可用,只能人工驾驶。此时司机应立即通过司控器主手柄施加牵引或制动,以 CM 模式手动驾驶列车运行。若信号系统显示屏上出现“ATO 输出反馈异常,请转人工驾驶”的信息 5s 后,司控器主手柄仍在 0 位,ATP 将施加紧急制动。列车零速时,若 ATO 输出反馈异常,ATP 不会实施紧急制动。

在 ATO 输出反馈异常导致的 ATO 故障下,关门提示图标、发车提示图标和推荐速度仍能正常显示,便于司机以 CM 驾驶模式操纵列车;在其他 ATO 故障下,关门提示图标、发车提示图标和推荐速度无法正常显示,司机应当根据行车调度员的指示驾驶列车运行。

列车头尾两端任一车载 ATO 设备故障,都将导致列车无法进行无人折返作业。

情境任务四　无人折返失败的处理

工作情境

12 号线 2004 次列车司机以 CBTC-AM 运行模式驾驶 12010 号车至上行终点站,清客后按规定准备执行列车无人折返程序时,发现信号系统显示屏上没有折返表示图标。

工作目标

根据故障现象初步判断故障原因,排除故障或以人工方式完成折返作业,保障列车安全运行。

一、故障现象与分析

1. 故障现象

列车在 CBTC-AM 运行模式下,于终点站规定位置准备执行无人折返时,信号系统显示屏上没有折返表示图标(图 4-13),或自动折返指示灯(图 4-14)未闪烁提示折返。

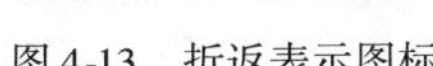

图 4-13　折返表示图标

图 4-14　“自动折返”按钮（带指示灯）

2. 故障分析

无人折返是指在站台由司机确认后，ATO 自动驾驶列车进入折返轨停车、完成列车换端、再自动驾驶列车回到目的站台的过程。正常情况下，在无人折返过程中无须司机的参与。

无人折返的典型过程如图 4-15 所示，操作过程如下：

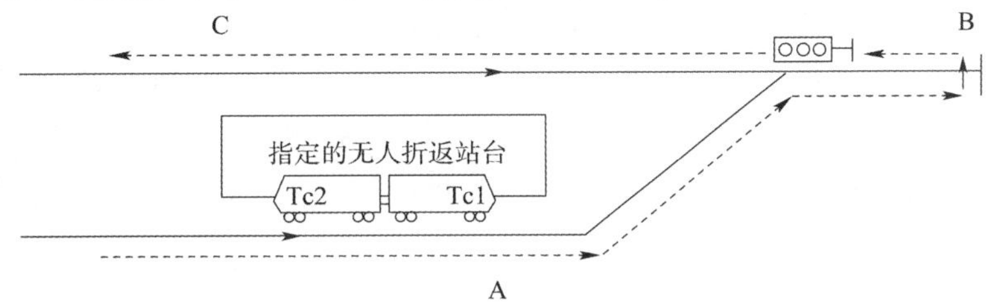

图 4-15　无人折返过程示意图

（1）列车在指定的无人折返站台（A 点）停车，待清客完毕、停车时间结束、车门和站台门关闭后，驾驶台上自动折返指示灯闪烁，信号系统显示屏显示可以进入无人折返图标（绿色闪烁），司机按压“自动折返”按钮，列车进入无人折返模式；

（2）站台上无人折返灯闪烁，车载自动折返灯常亮，信号系统显示屏显示正在进行无人折返图标（黄色）；

（3）司机离开司机室，按压站台上的“无人折返”按钮，指示灯点亮，如图 4-16 所示；

（4）司机回到司机室，关闭司机室侧门；

（5）车载自动折返指示灯熄灭，信号系统显示屏黑屏；

（6）ATO 驾驶列车运行到 B 点停车，进行列车自动换端；

（7）列车自动运行至目的站台（C 点）停车；

（8）司机激活前端司机室钥匙开关，退出无人折返。

列车无人折返只能在指定的站台进行，由 VOBC 提供无人折返功能。实施无人折返时必须确保全列车门锁闭良好，两端司机室的预设最高模式均为 CBTC-AM，车载 ATO 设备工作正常。列车任何一端司机室内的 ATO 设备故障都将导致无法进行无人折返。

图 4-16　站台“无人折返”按钮

此外，VOBC 是否正常工作也影响列车的折返。只有本端

VOBC 设备上电、另一端 VOBC 设备断电时，本端 VOBC 设备虽然能正常控制列车运行，但无法实现列车折返换端。

由以上分析不难得到列车无人折返失败的原因：

(1)全列车门没有关好；

(2)对端司机室预设最高模式过低；

(3)ATO 设备故障；

(4)司机未按流程进行折返操作；

(5)折返进路排列错误或未排列。

知识链接

列车折返模式

列车在 FAM 驾驶模式下，无人折返无须任何人工操作。当在折返站规定的停车时间结束、乘客下车完毕、车门和站台门关闭后，列车能从到达站台自动驾驶进入和折出折返线，最后进入发车股道自动打开车门和站台门。

除了无人折返外，列车的折返模式还有 ATO 有人自动折返模式、ATP 监督下的人工折返模式、限制人工折返模式、非限制人工折返模式。在某些线路条件下，还能实现开门折返，以缩短折返时间，提高乘客换乘的效率。

二、故障处理

无人折返失败后，司机可采取人工折返的方式先行处置，避免影响后续列车进站。故障应急处理操作流程见表 4-8。

故障应急处理操作流程 表 4-8

序号	操作	序号	操作
1	确认客室车门全关闭，司机室内各开关位置正确  门关好	3	获得授权后，打开钥匙开关  OFF ON
2	报告行车调度员，说明故障现象，申请改用人工折返 	4	以 ATO 驾驶或手动驾驶进入折返线 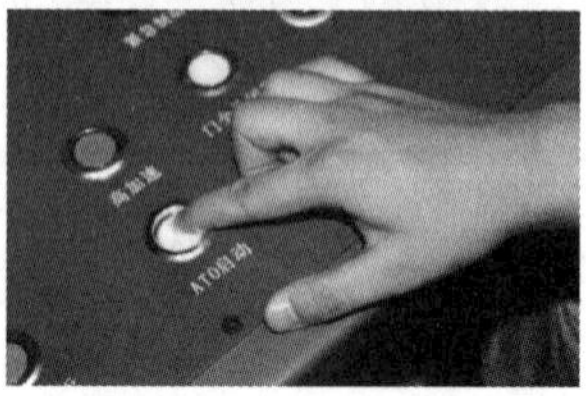

续上表

序号	操　作	序号	操　作
5	人工完成此次折返换端,确保两端司机室的预设最高模式均为 AM-CBTC		

三、注意事项及要点总结

如果列车在站台,驾驶台上的自动折返灯未闪烁,则故障原因可能是前方办理的进路属性不是折返。此时,司机应向行车调度员确认前方进路办理情况。

在 FAM 模式下,列车全自动折返失败的现象之一为:列车运行到终点站不发车,并打开车门不关闭。司机发现后,应当立即向行车调度员申请采用人工折返。

列车在无人折返过程中,由于任何原因导致的紧急制动均将导致无人折返失败,包括 ATP 输出的紧急制动和车辆施加的紧急制动;无人折返时也不能断掉蓄电池和任何断路器,如 ATP 控制电源、ATO 控制电源、MMI 显示屏电源;在列车完成无人折返前不能激活任意一端的钥匙开关。

在城市轨道交通的行车组织工作中,列车折返作业的效率是缩短行车间隔的重要环节之一,因此,司机应当熟练掌握各种折返模式的操作方法,为故障条件下保障线路运营效率奠定良好基础。

技能考核

根据故障处理的操作过程和处理结果,对司机的工作进行评价。评价时,既要考虑故障点分析是否得当,还要考虑处理方法是否正确,更应考虑对线路运营的影响和乘客服务质量。学习者可根据本书配套的"技能考核与评价手册",充分利用现有实训条件开展自评与互评。

项目五 高压供电系统故障处理

项目说明

列车的高压供电系统承担着地面高压供电电源与列车高压负载之间的电气连接、电源分配等任务,具有过流、接地等各种保护功能。常见的高压供电系统设备有受流器,主要的元件包括断路器、熔断器、接地开关等。高压供电系统故障会直接导致列车无法运行,处理此类故障必须具备良好的观察能力、分析能力、动手能力和安全意识,非常考验司机的业务能力和技能水平。

通过本项目的学习和训练,学生应掌握高压供电系统故障的判断和分析方法,能在规定时间内处理主要几类高压供电系统故障。

对应职业能力

轨道列车司机(五级/初级工)—列车故障处理—列车受电弓和受流器故障处理。

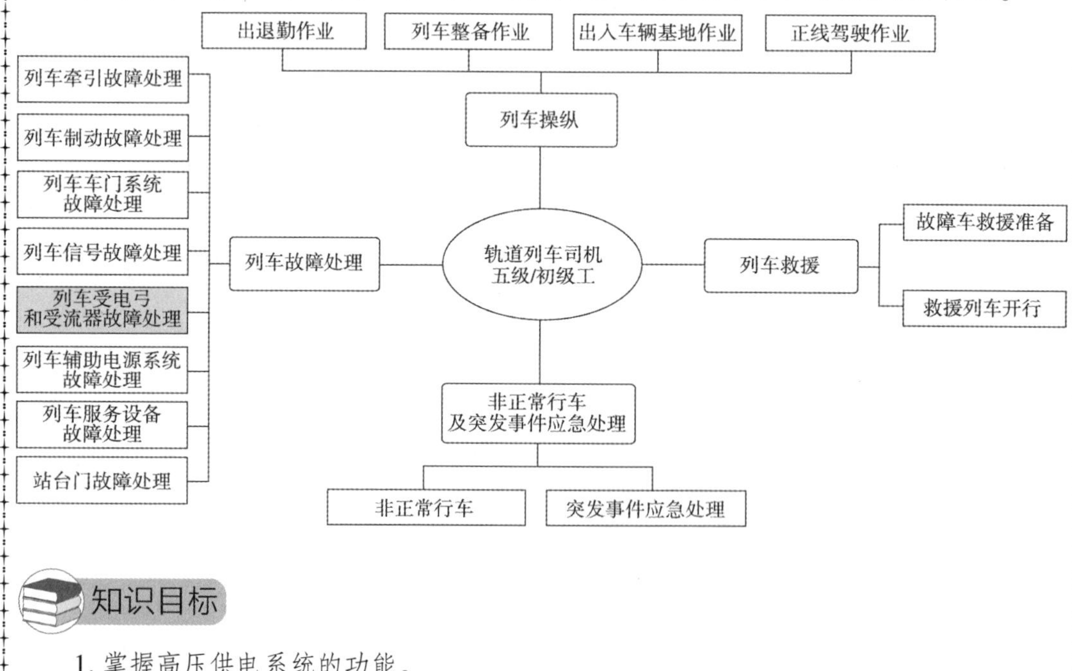

知识目标

1. 掌握高压供电系统的功能。

2. 了解高压供电系统设备配置。

3. 掌握高压供电系统故障的应急处理原则及要求。

4. 掌握高压供电系统主要故障的判断和应急处理方法。

能力目标

1. 能及时发现高压供电系统异常,正确判断故障。

2. 能根据故障现象分析导致高压供电系统故障的原因。

3. 能根据应急处理原则和要求,在规定时间内完成高压供电系统故障处理。

4. 能在“列车状态记录单”上正确填写高压供电系统故障情况。

素质目标

1. 提升安全意识和安全作业能力。

2. 培养积极的心态和良好的抗压能力。

3. 培养独立分析问题和动手解决问题的能力。

4. 具备良好的职业道德和工作责任心。

建议学时

4 课时。

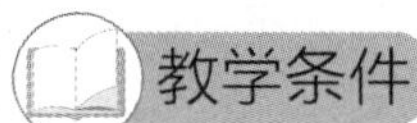

教学条件

1. 多媒体教室:能连接互联网,开展与课程有关的教学活动。

2. 列车模拟驾驶器:能模拟高压供电系统主要故障,并能与实物转向架(带受流器)和受电弓(带机械升弓装置)联动。

3. 教学软件:能模拟列车操纵环境,并具备实时交互反馈功能。

4. 其他工具:受流器分离钩、接地防护装置、劳保用品。

知识单元

高压供电系统

一、高压电源电路

高压电源电路是专门为列车牵引主电路和辅助电源主电路提供 DC750V 或 DC1500V 高压电源的电路,主要供电负载为各动车的牵引逆变器以及 Tc 车的辅助逆变器。

图 5-1 所示为“四动二拖”六节编组列车的高压电源电路。列车分两个动力单元,前三辆(Tc-M0-M1)为一个动力单元,后三辆(M2-M3-Tc)为一个动力单元。两个动力单元之间的母线不连接。下面介绍一个动力单元的高压电源供电路径,另一个动力单元电路与之完全对称。

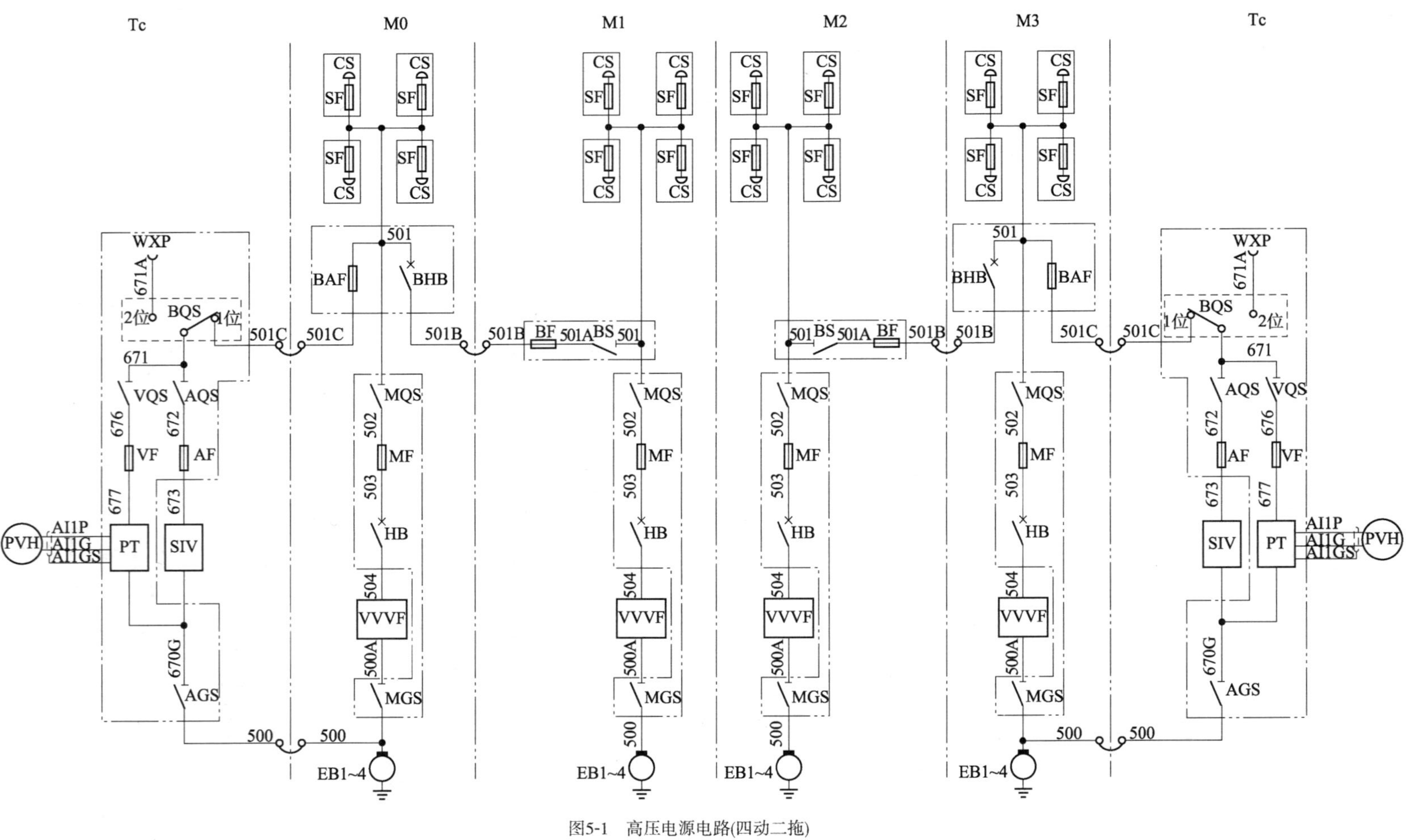

图5-1　高压电源电路(四动二拖)

1. M0 车

由接触轨提供的DC750V高压电源正极经受流器CS到501线，然后分成三条支路，分别给M0车、M1车和Tc车供电。

1）支路一（左侧支路）

经M0车的母线辅助熔断器BAF到501C线，经母线连接器至Tc车的501C线，从车间电源转换开关BQS到671线，分支两路：一路为网压表PVH的传感器PT提供高压电源；另一路经辅助高压隔离开关AQS至672线，通过辅助电源主熔断器AF到673线，再通过SIV辅助逆变器经670G线到辅助高压接地开关AGS，最后经车端接地重联500线至M0车接地装置EB1～4，从M0车的车轮、轨道回到高压电源负极。

2）支路二（中间支路）

经M0车的主隔离开关MQS到502线，再至主熔断器MF，从503线、高速断路器HB至504线，通过VVVF牵引逆变器、500A线到高压接地开关MGS，最后从500线连至接地装置EB1～4，经车轮、轨道回到高压电源负极。

3）支路三（右侧支路）

经M0车的母线高速断路器BHB到501B线，经母线连接器至M1车的501B线，从母线熔断器BF、501A线、母线隔离开关BS到M1车的501线，再经由M1车的主隔离开关MQS至502线、主熔断器MF、503线、高速断路器HB，从504线连至VVVF牵引逆变器，通过500A线到高压接地开关MGS，最后通过500线至接地装置EB1～4，经M1车的车轮、轨道回到高压电源负极。

2. M1 车

由接触轨提供的DC750V高压电源正极经受流器CS到501线，然后分成两条支路，分别给M1车、M0车和Tc车供电。

1）支路一（左侧支路）

经M1车的母线隔离开关BS到501A线，从母线熔断器BF到501B线，经母线连接器至M0车的501B线、母线高速断路器BHB，从M0车的501线分支两路：一路同M0车的支路二，向M0车的VVVF牵引逆变器供电；另一路同M0车的支路一，向Tc车的SIV辅助逆变器供电。

2）支路二（右侧支路）

经M1车的MQS主隔离开关到502线，再至主熔断器MF，从503线、高速断路器HB至504线，通过VVVF牵引逆变器、500A线到高压接地开关MGS，最后从500线连至接地装置EB1～4，经车轮、轨道回到高压电源负极。

另一个动力单元（M2-M3-Tc）的两辆动车的高压供电线路中，M2车与M1车相同、M3车与M0车相同。

知识链接

电气基本符号见表 5-1。

电气基本符号 表 5-1

符 号	名 称	符 号	名 称	符 号	名 称
⏚	接地一般符号	(⏚)	保护接地	─▭─	熔断器一般符号
─×╱─	断路器	─┤╱─	隔离开关	─o═	双向触点开关
─◡╱─	接触器(在非动作位置触点断开)	─◡┐─	接触器(在非动作位置触点闭合)	─◡■─	具有自动释放的接触器
┣╱─	手动操作开关的一般符号	─┳╱─	自复位的按钮开关(具有动合触点)	─┳╱─	旋转开关(具有动合触点)

注:节选自《电气简图用图形符号 第 4 部分:基本无源元件》(GB/T 4728.4—2018)

二、母线控制电路

图 5-2 所示为"四动二拖"的六节编组列车的母线控制电路。接触轨供电的线路由于各种各样的原因会有长短不一的断电区,列车通过断电区时,会产生短时失电现象。在牵引工况下,当逆变器检测到欠压会停止工作,直到断电区结束逆变器再次接入电源,如此经常性的电流冲击缩短了逆变器的使用寿命,也影响牵引性能;而当制动工况正好通过断电区时,逆变器也停止工作,列车无法实施再生制动,只能由空气制动承担,增大单元制动的磨耗。此外,通过断电区时,辅助逆变器也会停止工作,影响空调机组和照明等功能的发挥。

列车母线电路接通的意义:在通过断电区时(如 14m 长)能确保牵引逆变器不断电,从而确保再生制动的稳定性;附带的好处是使两辆拖车的 SIV 辅助逆变器也不出现瞬时断电,即列车运行中始终能得到稳定的接触轨供电电源,保证列车各项功能的正常发挥。司机室(Tc 车)中的"母线投入"开关如图 5-3 所示。

通过 Tc 车闭合"母线投入"开关,将母线投入信号输入列车控制与管理系统 TCMS。当电网电压大于 500V 且车速不小于 5km/h 时,TCMS 在判断母线投入条件成立后,输出 TCMS_BHB 允许信号控制 BHBR2 继电器得电。于是有:

(1)M0/M3 本车控制电源 220A 得电→QF12(380V 备用断路器)闭合→214 线→2K02(紧急牵引继电器)常开触点闭合→217 线→BHBR2 常开触点闭合→217a 线→TCMS 输出 BHB 闭合指令→534 线得电→BHBR1 得电,其主接点 BHB 闭合;

(2)本车控制电源 220A→QF12 闭合→214 线→BHBR1 的 3 组常开接点闭合→BHB 得电,其主触点及辅助触点闭合;

(3)当 BHB 投入一段时间后,TCMS 通过 216a 线输出 BHB 线圈减载指令,使 BHB 进入经济运行状态。

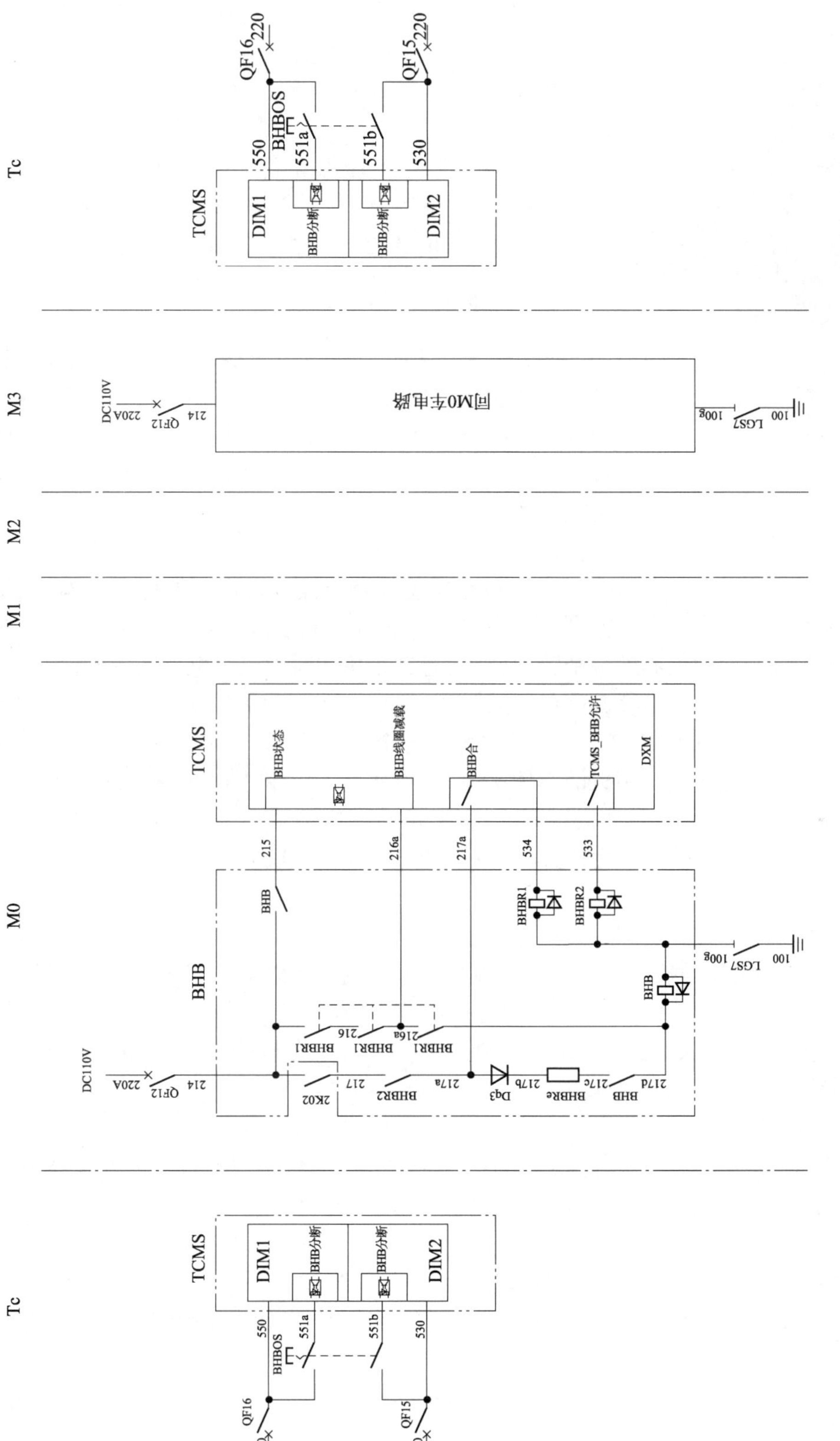

图5-2　母线控制电路(四动二拖)

图 5-3 “母线投入”开关

当列车行进时遇到头车侧高压短路或接触轨接地故障时,母线高速断路器(BHB)会因电网电压 V_L <450V 或过流而及时脱扣,从而保护 BHB 之后一侧的变电所的高压输出不被短路。

母线高速断路器 BHB 的闭合有以下条件:①电网电压 $V_L \geq$ 500V[注:控制 2K02(紧急牵引继电器)的线圈见图 1-7];②车速 $v \geq$5km/h;③列车钥匙开关 KR 位置正确。

三、接地回路

图 5-4 为“四动二拖”六节编组列车的接地回路。接地回路的主要功能是把负载电流安全、可靠地送回电源,从而保证电气系统的安全运行。接地的形式主要有三种:高压回路的接地、低压回路的接地、设备外壳的接地。接地开关容量应与主回路的电压、电流相匹配。

1)高压回路的接地

在图 5-4 的接地回路中,M0 ~ M3 车的牵引主电路电流流过高压接地开关 MGS,通过接地端子台 XT 后,分配给前后转向架附近的四个接地端子台 XT1 ~ XT4,再通过 XT1 ~ XT4 分别流向每根车轴的接地电刷的一个接地回路,通过车轮和轨道流向电网的负极。

两个 Tc 车不设接地装置,其高压回路电流通过 Tc 车与 M0 车或 M3 车的连接导线 500 线流向 M0 车或 M3 车的 XT 接地端子台接地。每个动车的四个牵引电动机 IM1 ~ IM4 的外壳接地线分别连接至各电机附近的车体接地座,再通过 XT2 和 XT3 分别流向轴 2、轴 3 的接地电刷,与接地电刷的另外一个接点相连,直接接地。这是轴端接地方式,通过轴端的接地装置接地。还有一些列车的牵引电动机外壳直接与接地电刷的另外一个接点相连,实现接地。

2)低压回路的接地

牵引控制电路、制动控制电路、车门控制电路、母线控制电路等都属于低压回路,低压回路的电源负极与车体相连,当负载出现接地故障或空气断路器之后的线路出现接地故障时,空气断路器就会跳闸。因此,当负载或线路与车体之间有漏电流时,可以断开不同的接地开关,从而判断故障位置,及时排除故障。

3)设备外壳的接地

设备外壳接地就是将设备外壳和车体用导线相连,如果出现某种原因使设备外壳带低压电,则通过线路“设备外壳→车体→对应轴 2、轴 3 的接地端子台 XT2、XT3→接地电刷→车轮→轨道→电网负极”回流。

电动列车车体下设备外壳需接地的有牵引主逆变器箱、高压电器箱、制动机箱、辅助逆变器箱、辅助高压箱、变压器箱、接地开关箱等。设备外壳和车体接地螺栓之间的连线长度应尽量短。

此外,列车的各动车和拖车通过导线连为一体,如果 Tc 车车体带电,可通过 M0 车或 M3 车回流。

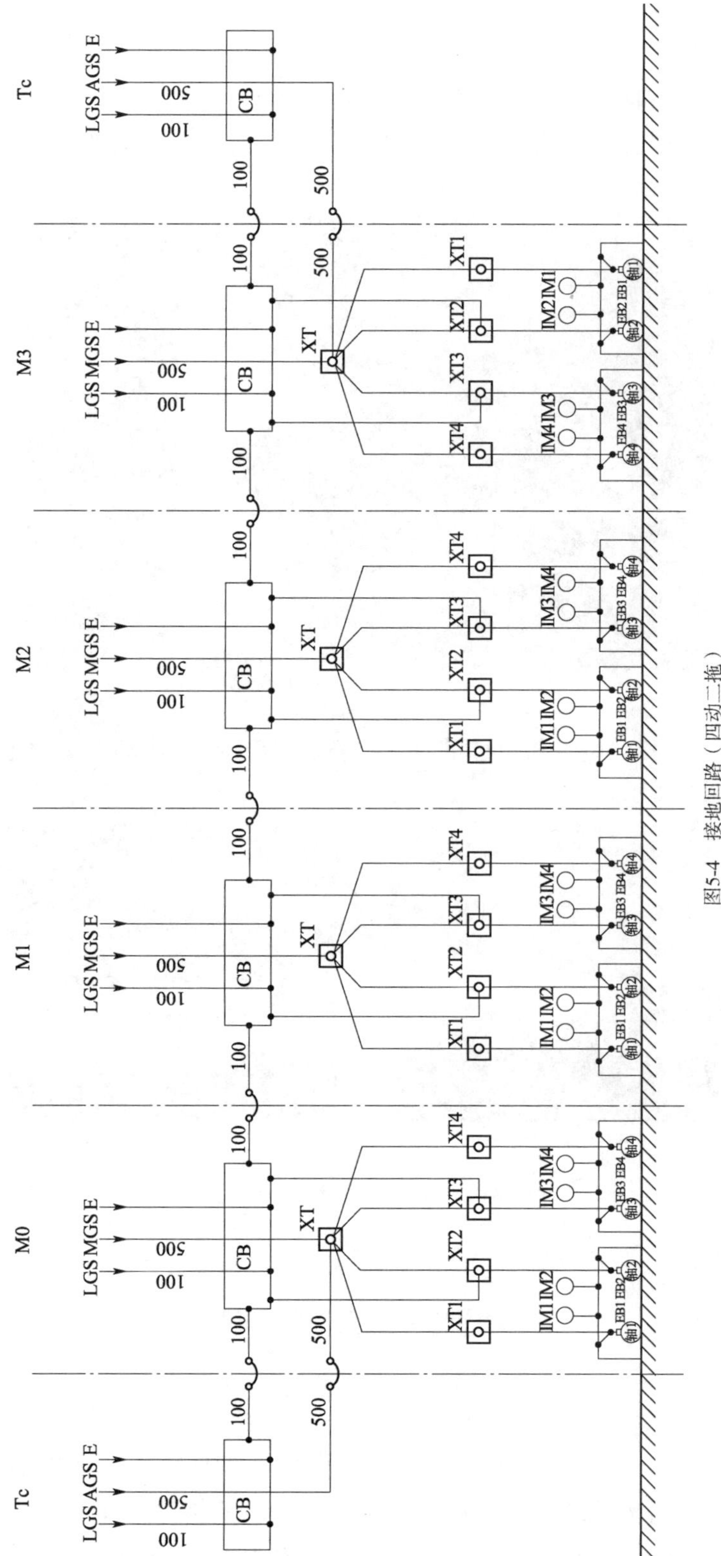

图5-4　接地回路（四动二拖）

四、受流装置

根据供电方式不同,受流装置有受流器和受电弓两种。

受流器又名集电靴、受电靴,是安装在列车转向架上,为列车从接触轨进行动态取流,满足列车电力需求的一套动态受流设备,如图5-5所示。

图5-5 受流器

受电弓是列车从接触网取得电能的电气设备,安装在机车或动车车顶上,分单臂弓和双臂弓两种,如图5-6所示。

a)单臂弓

b)双臂弓

图5-6 受电弓

知识链接

两种供电方式的比较

城市轨道交通线路中,既有采用接触网供电的,也有采用接触轨供电的。

接触网供电是一种比较成熟的列车供电方式,其主要优点是架空安装,安全系数高,对运营的影响较小,可以适应很快的行车速度,普遍应用于铁路和高速铁路。缺点是其构造相对复杂,运行状态容易受气候和环境影响;且接触网日常维护检修和事故抢修不便,需要较多的维护人员和机械设备,故障率相对较高;架空接触网对城市景观有一定影响;在跨越建筑物和架空线时净高要求也相对较高。

接触轨供电方式在我国北方城市被广泛采用,其主要优点有:①结构简单,相对接触网复杂的结构而言,建设成本相对较低;②故障率低;③检修维护成本低;④在地面及高级线路上抗自然灾害能力强(特别是对大风的抵抗能力);⑤与线路结合较好,不影响城市美观,对周围环境的影响较小。但接触轨也有其固有的缺点:①当运营期间出现线路设备(如道岔)故障时,对运营的影响较大,影响时间较长;②运营期间,当需要进行区间疏散时,会对乘客的人身安全造成较大威胁,需要做停电处理再清客;③夜间施工时,所有需要在轨行区进行的施工都需要停电挂接地线才可以进行作业,这样势必影响施工的效率;④车辆段、停车列检库内使用接触轨供电,致使进行车辆检修时,由于人员与接触轨的距离较近,需要停电、挂接地线后才可以检修,增加了操作流程和作业风险。

情境任务一　受流器接地的处理

工作情境

5 号线 1087 次列车在区间正常运行过程中,司机通过网压表显示发现接触轨无电且长时间未恢复,报告行车调度员后,利用列车当前速度运行至前方车站规定位置停车。

工作目标

在规定时间内找出故障点、判断故障严重程度,根据情况做出相应处理。

一、故障现象与分析

1. 故障现象

网压表和列车状态显示屏的网压显示均为“0”,如图 5-7 和图 5-8 所示。

图 5-7　网压表显示“0”

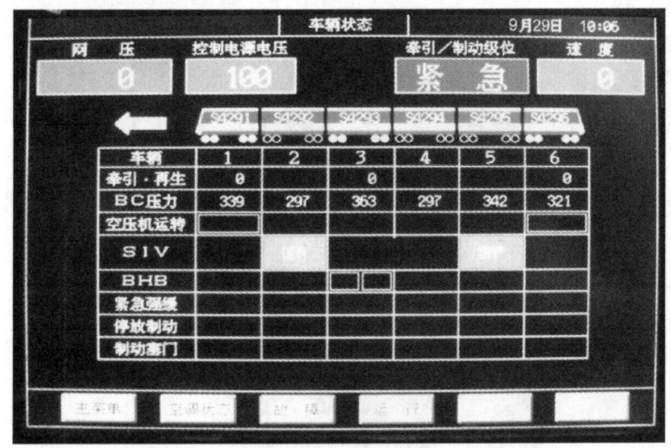

图 5-8　列车状态显示屏的网压显示为“0”

2. 故障分析

由图5-1所示的高压电源电路可以看到,网压表显示的电网电压是由传感器PT获取,导致网压显示为“0”的可能原因有:

(1)电力系统故障,造成接触轨无电;

(2)列车高压回路接地导致接触轨无电;

(3)有异物侵入车辆限界或车辆设备脱落,与受流器接触,造成接地;

(4)车辆部件故障,致使接触轨无电。

电力系统本身故障导致接触轨无电的情况按“供电系统故障突发事件”相关要求处置,本情境任务重点讲述受流器接地的应急处理。

受流器接地处理流程图

二、故障处理

根据故障的严重程度不同,受流器接地可能导致列车晚点、立即清人掉线或申请救援。此类故障的故障点查找和应急处理需要下车进行,应注意安全,穿戴好防护用品,具体操作见表5-2。

故障应急处理操作流程　　表5-2

序号	操　作	序号	操　作
1	运行中的列车发生接地故障,应尽量维持运行至车站或视情况立即停车;不能运行至车站也要停于平直线路上,打开头灯做防护	4	断开母线投入开关、电制动开关、SIV启动开关和其他各负载开关(列车照明、应急通风除外)
2	向行车调度员报告,广播通知乘客,进行故障处理	5	穿戴防护用品,携带手电和手持电台等物品,从无接触轨一侧下车,必要时在无接触轨一侧的头端轮对旁打好止轮器,做好防溜措施
3	妥当制动,将司控器主手柄置于“紧急”位	6	通过“眼看、耳听、鼻嗅”的方法找到接地点,通知行车调度员,申请接触轨停电

续上表

序号	操　　作
7	确认接触轨已停电 
8	做好接地防护 
9	针对接地点不同,采取拆除、绑扎、挂受流器等方法解除接地点 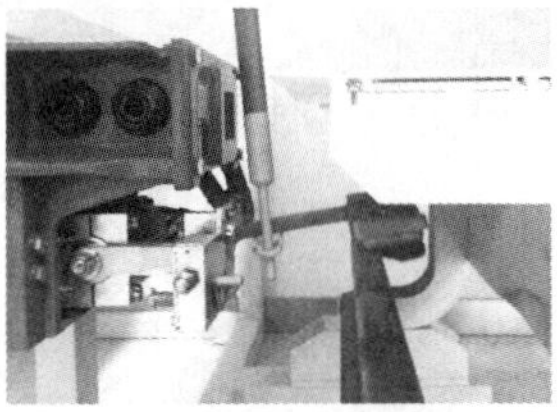
10	确认接地点完全解除、所有人员处于安全位置后,撤除接地防护 
11	通知行车调度员,申请接触轨送电 
12	若接触轨电压恢复正常,清人掉线回段;若供电恢复后列车再次接地,抬起全部受流器,申请救援 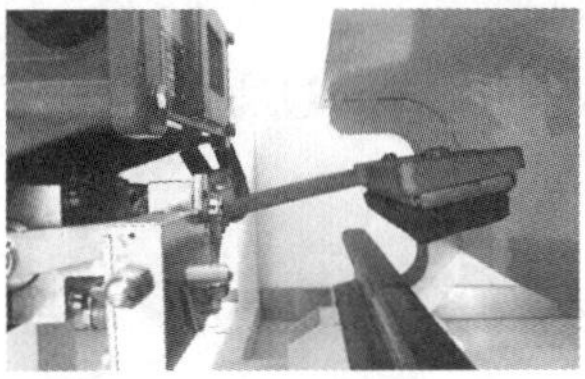

三、注意事项及要点总结

受流器接地时列车网压表显示接触轨电压为"0",大多数情况下故障点处会发出异响,相关部位有电灼伤,伴有焦煳味或冒烟,因此,司机在车下应认真查找有弧光、异音、异味、异响的位置。若有电灼伤、焦煳味及冒烟现象,必须使用灭火器对故障点进行消隐处理,避免事故进一步扩大。

在得到停电通知后,应通过网压表和列车状态显示屏确认网压为"0",确保安全。做接地防护时注意戴绝缘手套,穿绝缘鞋。

在查找接地点的过程中,应分别对列车两侧进行确认,若找不到,可联系行车调度员,请求试送电。能够确认本列车接地但不能确认接地点时,将列车所有受流器挂起请求救援。挂起受流器的工具为受流器分离钩,如图 5-9 所示。

若列车接地判断为受流器接地导致,在处理中除了接地的受流器外,还要将该车辆的其余受流器一并抬起,方能完全切断接地点。这是因为每节动车的四个受流器为串联状态。

接地点受流器处理完毕后如试送电不成功且再次发生火光、异响情况,说明接地点仍然存在,需立即报告行车调度员,听从指示,并挂起全部受流器,同时做好救援准备工作。

a)上部

b)下部

图 5-9　受流器分离钩

处置完受流器接地的故障后,撤除止轮器,根据网压表和列车状态显示屏的显示确认接触轨已送电。接触轨送电后,闭合 SIV 启动开关和空压机启动开关,同时确认母线投入开关和电制动开关在断开状态,防止造成二次接地。若不断开母线投入开关,当列车运行速度大于 5km/h 时,BHB 自动投入工作,将列车高压母线重连,可能致使故障处再次接地。

启动列车运行前,等待总风压力符合要求后首先进行制动性能试验,再进行牵引性能试验。若列车能够自行牵引启动,则在前方站清客并退出运营回段或就近入库。若列车不能自行牵引启动,则请求救援,应注意列车总风压力,必要时接通总风塞门,防止列车因风压不足产生制动。

在处理故障的过程中,必须严格执行各项安全规定,避免人身伤害事故的发生和故障影响扩大。

技能考核

根据故障处理的操作过程和处理结果,对司机的工作进行评价。评价时,既要考虑故障点分析是否得当,还要考虑处理方法是否正确,更应考虑安全操作意识和对线路运营的影响程度。学习者可根据本书配套的"技能考核与评价手册",充分利用现有实训条件开展自评与互评。

技能拓展

供电系统故障的应急处置

在正线运营的过程中突发异常事件或列车出现故障时,司机都应当尽量将列车运行至前方车站处理。因此,在运行中遇接触网突然无电,司机要掌握进站速度,使列车尽可能停靠在车站站台。若不能进站,应使列车停于平直线路上,将列车制动妥当,并将情况报告行车调度员,询问其接触网无电故障原因。

确认为供电系统故障时,向车内乘客做好延误广播。根据行车调度员的要求,降下全列受电弓,并对接触网送电进行监控,发现异响等情况要及时报告。

若列车短时间停于区间受影响区段内，司机应广播通知乘客打开应急通风窗改善车内空气环境；若列车长时间停于区间受影响区段内且无法恢复运行，司机应随时了解车内乘客状况，并及时与行车调度员联系，根据其指示，疏散乘客或等待救援。

故障排除后，司机听从行车调度员安排，严格按规定限速恢复列车运行。后续列车司机运行到该故障区段时，应密切注意设备、线路情况，发现异常立即停车，并及时向行车调度员报告。事故列车司机及时记录事发时间和地点、列车或接触网设备故障现象，待当日值乘任务完成后，填写“行车事故报告”并协助调查。

情境任务二　全列受电弓无法升弓的处理

工作情境

6 号线 SH 车辆段的停车列检库内，司机对即将出库的 06037 列车进行正常升弓作业，发现全列受电弓均不能升起。

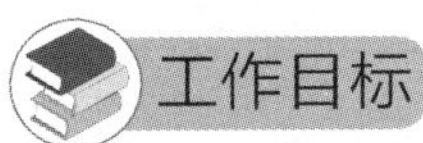

工作目标

在规定时间内找出故障点、判断故障严重程度，根据情况做出相应处理。

一、故障现象与分析

1. 故障现象

受电弓选择开关在“全弓”位（图 5-10），司机按压“升弓”按钮（图 5-11），全列受电弓无法升起；列车状态显示屏上显示无网压，逆变器无电压和频率输出。

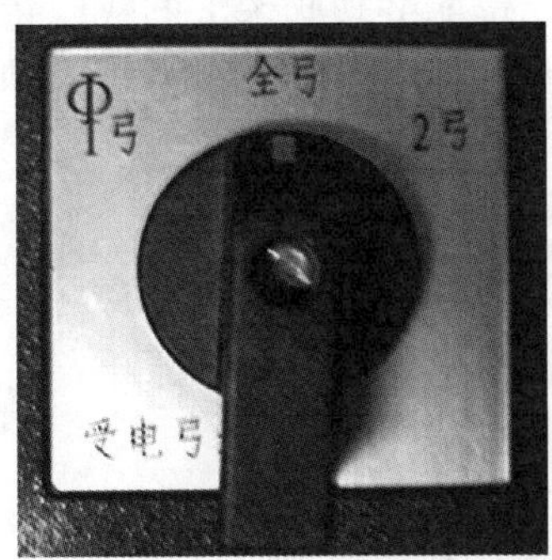

图 5-10　受电弓选择开关

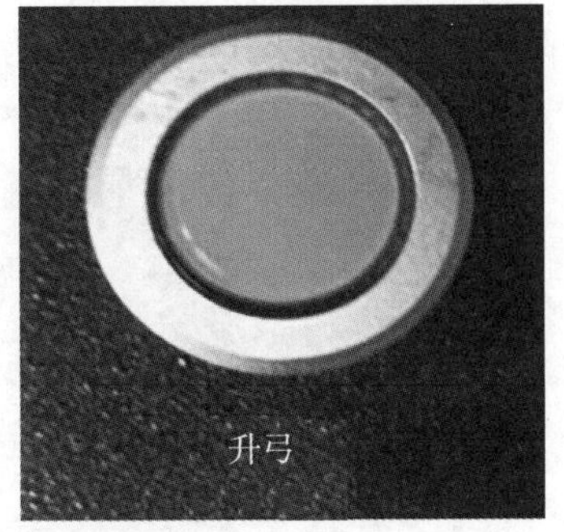

图 5-11　“升弓”按钮

2. 故障分析

1）受电弓升降工作原理

列车多采用气囊驱动的弹簧式受电弓，其外形和结构如图 5-12 所示。受电弓可以在激活端司机室的驾驶台上进行升降操作。

a)升起状态

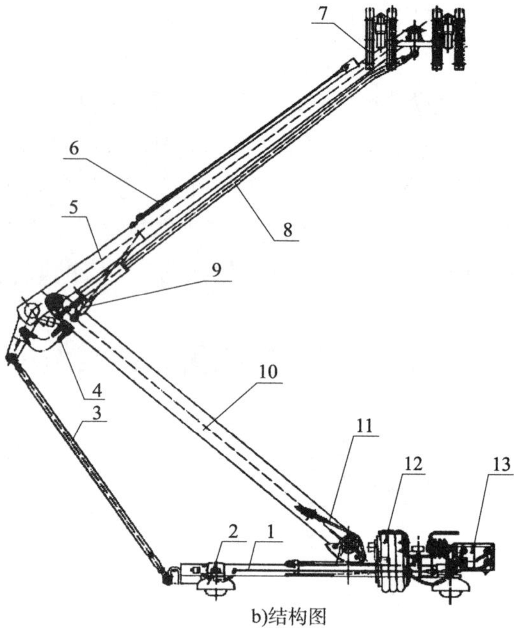

b)结构图

图5-12　受电弓

1-底架;2-绝缘子;3-拉杆;4-软连线;5-上臂杆;6-调整钢丝;7-弓头;8-平衡杆;
9-液压阻尼器;10-下臂杆;11-钢丝绳;12-气囊;13-电气控制箱

升弓时,当列车总风压力达到受电弓的额定工作气压时,按下“升弓”按钮,压缩空气就经车内电磁阀、受电弓控制系统进入空气弹簧,空气弹簧膨胀后推动钢丝绳带动受电弓下臂杆运动,下臂杆在拉杆的协助下托起上臂杆及弓头,由于平衡杆的作用,弓头能在工作高度范围内始终保持水平状态,并按规定的时间平稳地升至网线高度,完成整个升弓过程。

需要降弓时,按下操纵台上的“降弓”按钮(图5-13),控制系统释放空气弹簧中的压缩空气,受电弓在重力作用和阻尼器的辅助作用下平稳地落到底架上的橡胶止挡上,完成整个降弓动作。整个降弓过程在规定的时间内完成,并且受电弓的运动平稳,对底架和车顶无有害冲击。

图5-13　“降弓”按钮

为了保证车辆的可靠性和可用性,全列车还设有辅助电动升弓泵和手动升弓泵,其中电动升弓泵用于主风压力过低但蓄电池电压正常的情况,而手动升弓泵用于主风压力过低且电池电压过低的情况。

知识链接

受电弓控制电路

受电弓控制电路见图 5-14。在图 5-14 中,2S01 为"升弓"按钮,2S02 为"降弓"按钮,2K31 为升弓继电器,2K32 为降弓继电器,2K33 为受电弓保持继电器,2Y01 为受电弓电磁阀,3K08 为车间电源继电器,2S15 为受电弓切除开关。升弓操作的目标是向 2Y01 供电。

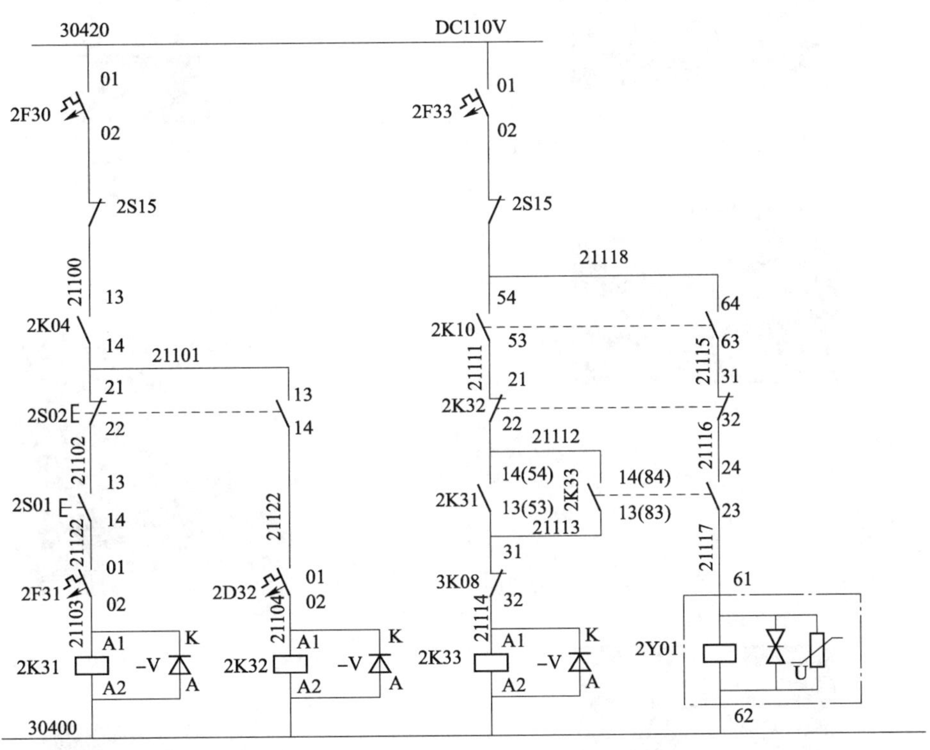

图 5-14　受电弓控制电路

2)影响升弓的原因

由受电弓的升弓工作原理不难看出,正常升弓的条件有:

(1)驾驶台激活;

(2)总风压力达到最小工作气压;

(3)控制电压达到最小工作电压;

(4)没有使用车间电源供电。

这些条件有一项不满足,即可能产生受电弓不能正常升起的故障。

全列受电弓无法升弓处理流程图

二、故障处理

根据影响受电弓正常升起的可能原因,逐一按表 5-3 步骤操作。

故障应急处理操作流程

表 5-3

序号	操作	序号	操作
1	按压“升弓”按钮 2～3 次 	4	若仍不能升弓，检查受电弓控制保险是否跳开：若跳开，则重新闭合；若保险无法闭合，则换端进行试验 
2	通过列车状态显示屏检查列车激活状态是否正常 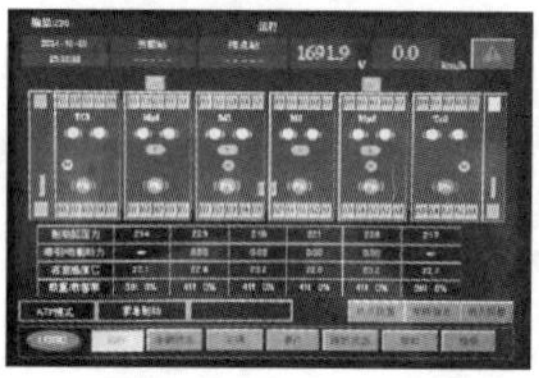	5	以上检查确认列车激活状态、总风压力、保险均正常时，换端操作试验 
3	检查列车总风压力是否低于 300kPa：若低于 300kPa，但蓄电池电压在 84V 以上，按压“升弓泵启动”按钮，待列车状态显示屏上“不可升弓”图标消失后，重新按压“升弓”按钮；若蓄电池电压不足，则不进行升弓，将情况报告给车辆段调度员（正线上报告行车调度员） 	6	换端试验无效时，应将情况报告给车辆段调度员，等待检修人员处理 

三、注意事项及要点总结

受电弓是否成功升起、接触到电网，可以通过网压表的电压显示来确认。上述介绍的全列受电弓无法升起的故障应急处理中，在总风压力不足但蓄电池电压足够的情况下，采用“升弓泵启动”按钮操作辅助风泵，使一个 Mp 车的受电弓先升起，继而升起其余受电弓。受电弓控制柜如图 5-15 所示，内有辅助压缩机。

此外，在车内还设有脚踏升弓装置，如图 5-16 所示。操作时，需先按下“升弓”按钮，再踩脚踏泵机械升弓。

图 5-15　受电弓控制柜

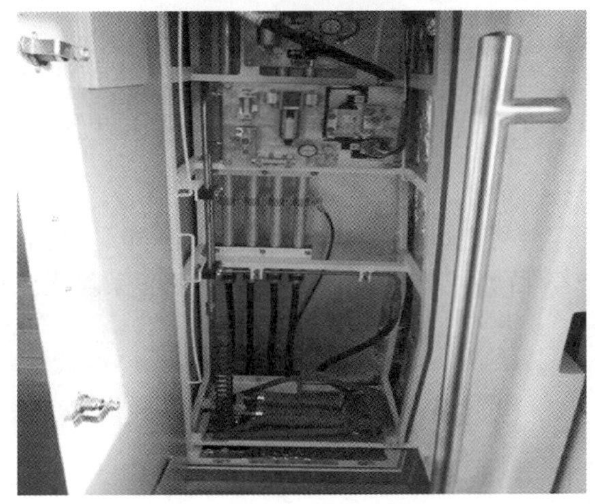

图 5-16　脚踏升弓装置

想一想

单个受电弓无法升弓应该如何处理?

知识链接

脚踏泵机械升弓的原理

司机在进行整备作业时,激活列车后,按“升弓”按钮,若因总风压力不足而使用辅助风泵升弓仍不成功,可尝试使用脚踏泵机械升弓。具体原理为:脚踏泵→单向阀→空气滤清器→升、降弓电磁阀→带侧排塞门→升弓气路板→受电弓气囊。

受电弓不升弓或升弓不到位有风路原因、电路原因和机械原因等。风路原因一般为压缩空气不足,或压缩空气质量欠佳,所含杂质、水分多,引发空气管路锈蚀、堵塞,造成风路不畅或不通;电路原因可能为电路中元器件损坏、电路接触不良等导致控制电无法到达被控部件;机械原因是机械卡位使压缩空气送到风缸后无法推动受电弓升弓或导致升弓不到位,如风缸、转轴等部件的变形。

此外,受电弓的常见故障还有绝缘子爬电和受电弓拉弧。接触网的故障也会影响受电弓正常工作。若在正线上发生全列受电弓无法升弓的故障,经处理后仍不能升起受电弓,司机应向行车调度员申请救援。

技能考核

根据故障处理的操作过程和处理结果,对司机的工作进行评价。评价时,既要考虑故障点分析是否得当,还要考虑处理方法是否正确,更应考虑安全操作意识和对线路运营的影响程度。学习者可根据本书配套的“技能考核与评价手册”,充分利用现有实训条件开展自评与互评。

技能拓展

全列受电弓无法降弓的应急处理

故障现象:按压“降弓”按钮,全列受电弓无法降弓。

故障处理:反复按压“降弓”按钮2~3次,若仍无法降弓,检查司机室激活状态、受电弓控制保险闭合状态。若保险跳开,则将其重新闭合;若保险无法闭合,报告车辆段调度员或行车调度员换至另一端操作试验。

项目六 辅助电源系统故障处理

项目说明

辅助电源系统是列车安全、稳定、高效运营的重要组成部分，是为列车的空压机组、客室照明、风扇、空调、电暖及控制装置提供电源的基础系统。辅助电源对列车来说极为重要，当其发生故障时，会导致风源、制动、牵引等发生连锁反应，迫使列车停车且无法牵引运行，给运营秩序带来极大的影响。在发生辅助电源系统故障的情况下，列车司机要准确判断故障并妥善处置，确保正线运营秩序不受到重大影响。

通过本项目的学习和训练，学生应掌握辅助电源系统故障的判断和分析方法，能在规定时间内处理主要辅助电源系统故障。

对应职业能力

轨道列车司机（五级/初级工）—列车故障处理—列车辅助电源系统故障处理。

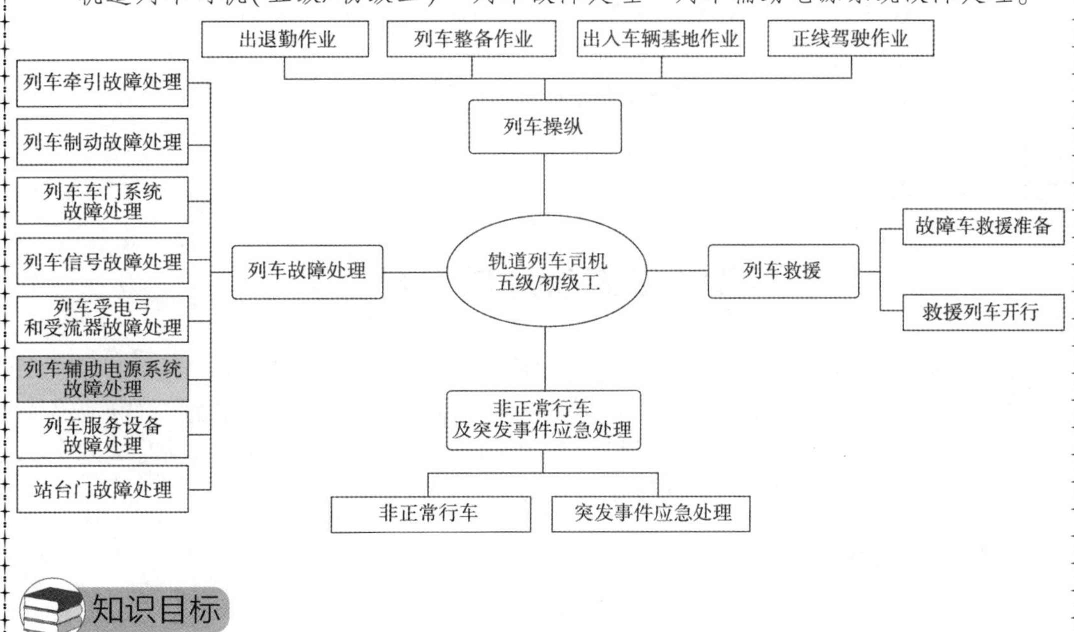

知识目标

1. 掌握辅助电源系统的组成、功能和控制原理。

2. 掌握辅助电源系统故障的应急处理原则及要求。

3. 掌握辅助电源系统主要故障的判断和应急处理方法。

能力目标

1. 能及时发现辅助电源系统异常,正确判断故障。

2. 能根据故障现象分析导致辅助电源系统故障的原因。

3. 能根据应急处理原则和要求,在规定时间内完成辅助电源系统故障处理。

4. 能在"列车状态记录单"上正确填写辅助电源系统故障情况。

素质目标

1. 具备良好的职业道德和责任意识。

2. 培养良好的抗压能力,面对突发故障沉着、冷静。

3. 培养敏锐的观察能力和快速反应能力。

4. 培养独立分析问题和动手解决问题的能力。

建议学时

4 课时。

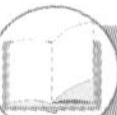

教学条件

1. 多媒体教室:能连接互联网,开展与课程有关的教学活动。

2. 列车模拟驾驶器:能模拟辅助电源系统主要故障,并能随机设置不同的故障点。

3. 教学软件:能模拟列车操纵环境,并具备实时交互反馈功能。

知识单元

辅助电源系统及其控制原理

辅助电源系统的运行独立于列车牵引系统,主要由辅助逆变装置(含逆变器、DC110V充电机与DC24V电路)、辅助断路器、辅助熔断器、整流装置、扩展供电装置、蓄电池箱等组成。列车在正常运行状态时,使用的辅助电源由辅助逆变器提供,在列车启动时或列车不能使用辅助逆变器的紧急情况下,列车蓄电池可以作为辅助电源。

一、辅助电源系统的负载

辅助电源系统是为列车的空压机组、客室照明、风扇、空调、电暖及控制装置提供电源的基础系统,能将接触网或接触轨的DC1500V或DC750V电逆变,输出三相AC380V、频率50Hz、有电隔离的交流中压,还能经整流器整流后输出DC110V和DC24V的直流低电压。

AC380V 电源为下列设备提供电力：空压机组、客室和司机室空调、牵引设备的通风、辅助逆变器的通风等。

经整流后输出的 DC110V 电源为以下设备供电：蓄电池充电装置、内部紧急照明、外部照明、列车监控系统控制单元、牵引控制单元、制动控制单元、车门系统控制单元、广播及乘客信息系统、通信系统和车载信号设备等。

经整流后输出的 DC24V 电源为以下设备供电：司机室驾驶台各指示灯、控制柜内按钮、火灾探头等。

辅助电源系统的逆变装置如图 6-1 所示，具体供电负载如表 6-1 所示。

图 6-1　辅助电源系统的逆变装置

辅助电源系统的供电负载　　表 6-1

三相 AC380V 单相 AC220V	DC110V		DC24V
空调(冷凝风机)	客室应急照明	列车广播控制	仪表灯
空调(压缩机)	运行指令	闪灯报站装置	防护灯
空调(通风机)	牵引控制	LCD 显示屏	电笛
空压机	制动控制	监控系统	刮雨器
司机室送风单元	车门控制	PIDS 控制设备	ATP、ATO
客室照明	空压机控制	无线通信	—
废排风机/幅流风机	外部指示灯	SIV 控制	—
方便插座	客室内指示灯	空调控制	—
客室电热/司机室电热	列车头灯	蓄电池充电	—
司机室电热玻璃	—	紧急通风	—

二、辅助逆变装置

每列车配有两套辅助逆变器(Static Inverter, SIV)为列车供电，以及两组蓄电池供紧急情况下使用。辅助逆变器采用绝缘栅双极型晶体管(IGBT)开关元件，其容量为 1700V/1200A，输出稳定的三相四线制 AC380V 电源，经整流器整流出 DC110V 和 DC24V 电源。图 6-2 为辅助逆变器及低压电源的电路结构图。

以接触轨供电的列车为例，图 6-3 为辅助电源系统的主电路图，电路由输入滤波电路、电容器充/放电电路、IGBT 逆变电路、交流滤波电路、交流输出电路、DC24V 电源电路和信号检测电路几部分组成。

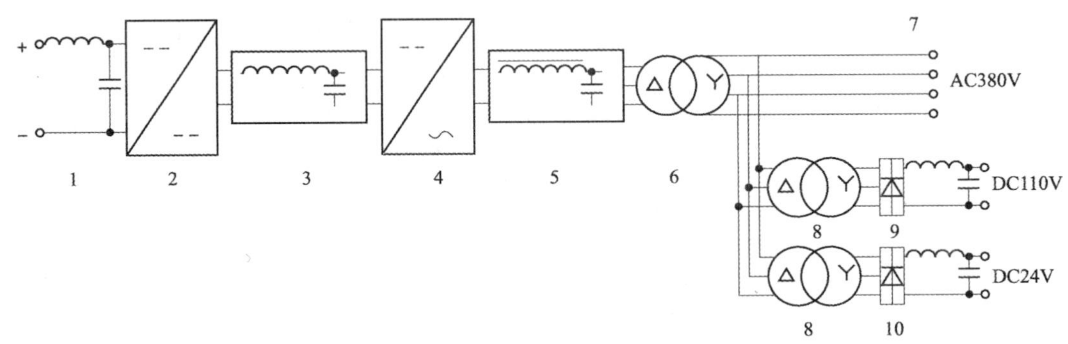

图6-2　辅助逆变器及低压电源的电路结构图

1-线路滤波器;2-降压斩波器;3-滤波器;4-逆变器;5-三相输出电抗器;6,8-隔离变压器;

7-隔离变压器一组次边绕组输出(带中点的AC380V);9-二极管整流滤波(输出DC110V);10-二极管整流滤波(输出DC24V)

辅助逆变器的控制电源为DC110V,电网电压DC750V电源由接触轨经由受流器接入,通过隔离开关(IVS)和辅助熔断器(IVF),进入接通的高速断路器(IVHB),经由变压器内的滤波电抗器(FL),进入辅助逆变器(SIV)内部的滤波电容器(FC);FC充电至网压的80%后,IGBT模块开始工作;SIV输出为PWM波形的三相交流电,该电源经过变压器TR1后输出稳定的AC380V、50Hz电源,从任何一条三相的输出线与主变压器的中性点之间均可得到单相AC220V电压。AC380V电源接出一路为两台空压机组提供电能,另一路被整流装置转化为蓄电池充电的DC110V电源和为控制电路所用的DC110V电源,还有一部分DC110V电源由DC/DC变压装置转化为DC24V额定电源,为刮雨器、电笛、操作按钮、仪表、头灯、报警等负载供电。逆变器采用无须通风机的自然对流冷却方式。

三、扩展供电功能

辅助电源系统具有扩展供电功能。扩展供电箱内安装有用于实现扩展供电功能的接触器、继电器和传感器。正常情况下,一组列车由两台SIV为整列车提供电能,每台SIV只给它所在的单元供电。扩展供电功能是指两组辅助电源系统通过扩展供电箱进行冗余,在其中一台SIV发生故障的情况下,可由另外一台SIV通过扩展供电电路,为全列车提供负载供电,此时空调系统压缩机减载运行。

扩展供电电路原理图如图6-4所示。列车本单元与另一单元上SIV的"正常"信号分别由列车控制单元(Vehicle Control Unit,VCU)进行检测,VCU发出"扩展控制指令"对扩展供电电路进行控制。两台SIV正常工作时,扩展供电电路不工作。

当列车两单元的SIV正常工作时,其交流输出正常,继电器K11、K12都吸合,扩展供电接触器KMK不吸合,各单元的辅助负载分别由各自SIV供电;即使SIV的"正常"信号由于某种原因误动作引起VCU发出扩展控制指令(高电平),只要继电器K11、K12检测到两台SIV有交流输出,扩展供电接触器KMK也不能吸合,各单元的辅助负载分别由各自SIV供电。

当某一单元的SIV工作不正常时(假设本单元SIV工作不正常),VCU通过网络判断对整列车空调压缩机进行减载,通过X105: 3对扩展供电装置发出扩展控制指令,扩展供电接触器KMK闭合,因此另一单元SIV同时也向本单元辅助负载供电。另一单元SIV工作不正常时,工作原理相同。

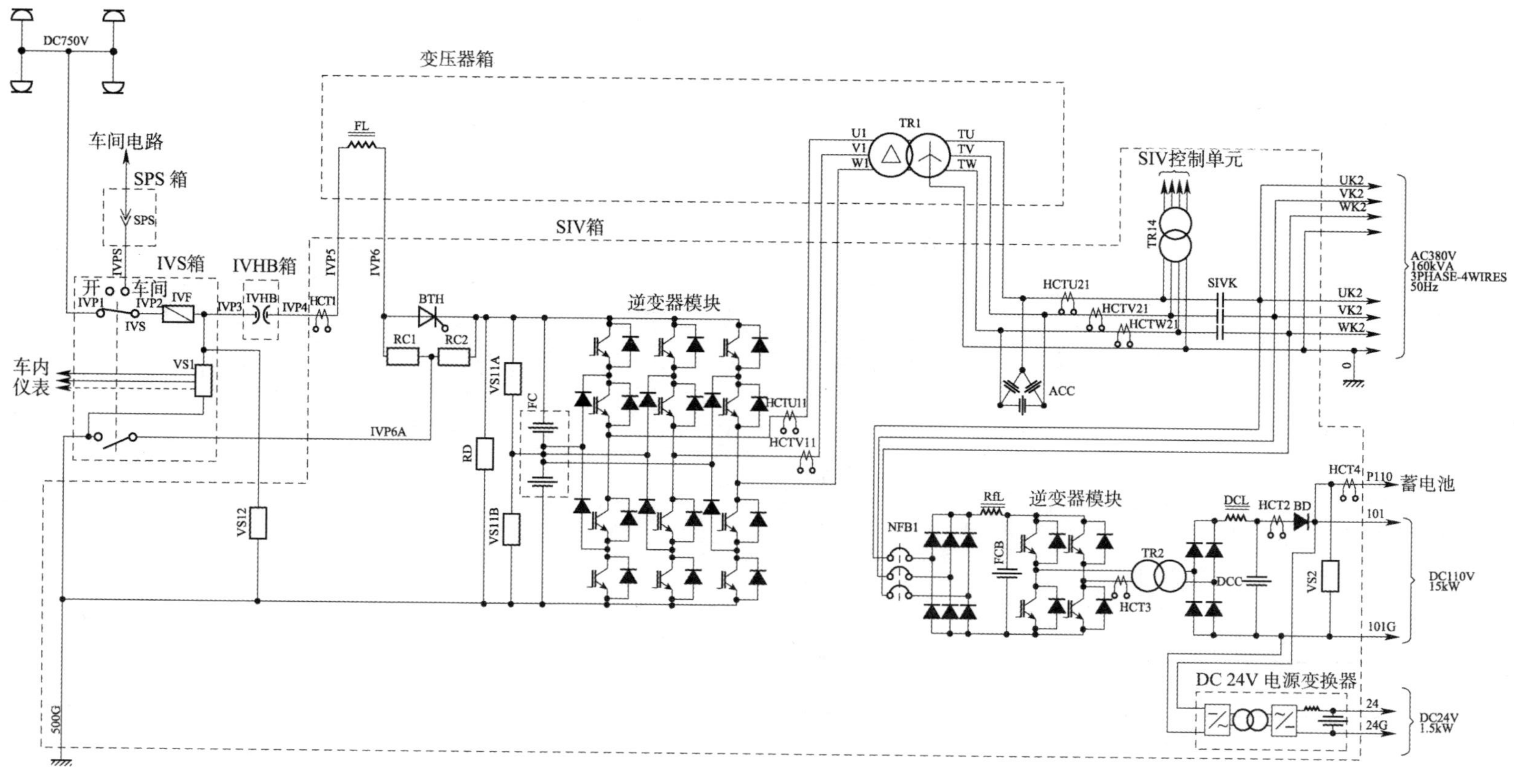

图6-3　辅助电源系统的主电路图

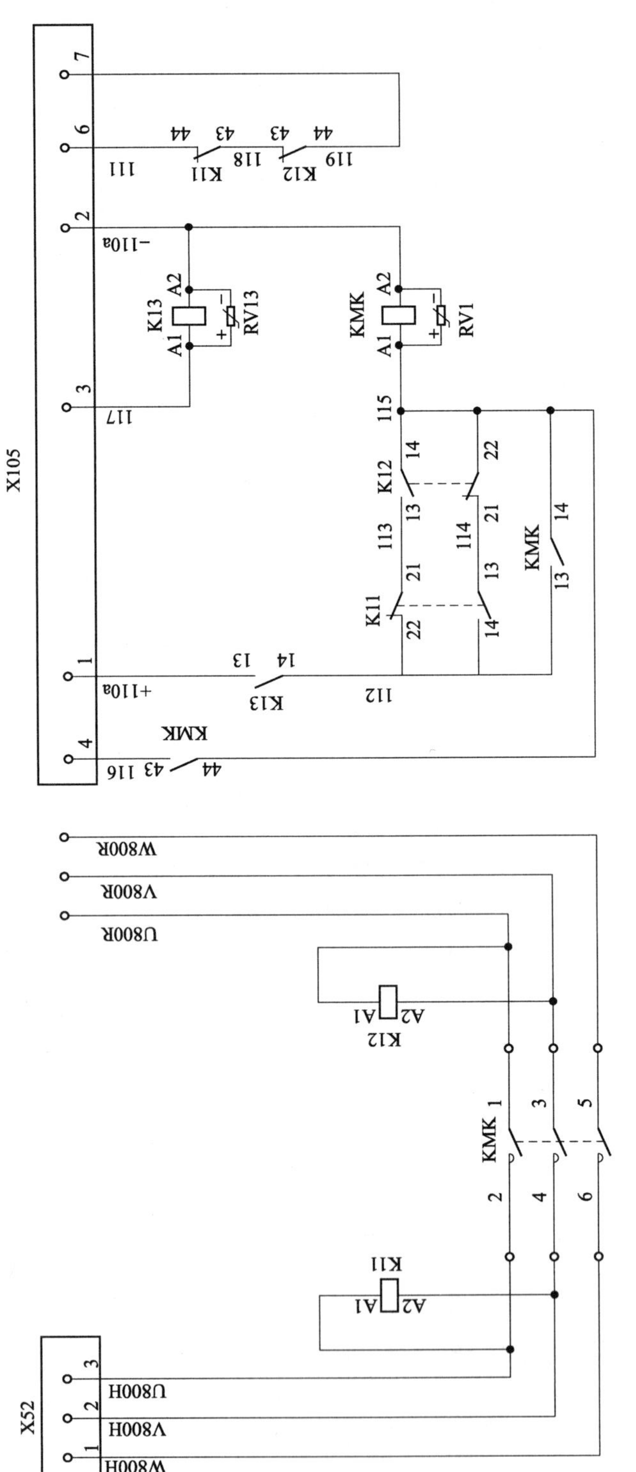

图6-4 扩展供电电路原理图

扩展供电箱通过继电器 K11、K12 构成紧急通风联锁电路。

四、SIV 的保护动作

1. 轻故障

轻故障发生的同时，IGBT 功率单元停止工作，SIV 停止输出。

轻故障发生 0.5s 后，三相交流输出接触器断开。

轻故障发生 5s 后，IGBT 功率单元自动恢复工作，同时变压器的输出端电压开始上升，与 SIV 启动过程相同，当变压器的输出端电压达到 AC342V，经过 3s，三相交流输出接触器投入工作，SIV 输出稳定的三相交流电。

2. 需进行放电处理的轻故障

轻故障发生的同时，IGBT 功率单元停止工作，SIV 停止输出，辅助高速断路器断开。

轻故障发生 0.5s 后，三相交流输出接触器断开。

轻故障发生 5s 后，放电接触器动作，辅助主电路开始放电，放电结束后，放电接触器触头断开。

放电接触器触头断开 1s 后，辅助高速断路器闭合，主电路开始充电。

IGBT 功率单元自动恢复工作，变压器的输出端电压开始上升；当变压器的输出端电压达到 AC342V，经过 3s，三相交流输出接触器投入工作，SIV 输出稳定的三相交流电。

3. 负载端发生短路

当负载端发生短路时，SIV 输出停止，同时，IGBT 功率单元及三相交流输出接触器也停止工作；5s 后自动恢复工作。

4. 欠压保护

当网压过低时，IGBT 功率单元停止工作，SIV 停止输出，0.5s 后，三相交流输出接触器断开。

当网压过低并持续 1s 时，辅助高速断路器断开。

5s 后，辅助主电路开始放电，然后自动恢复启动。

当电网高电压断开后，如果在 10ms 内恢复网压，SIV 可以正常自动恢复。

五、蓄电池

一列车配置两套蓄电池组。正常情况下，蓄电池是 SIV 的启动电源；列车在无网压时，蓄电池的容量能够供给列车客室应急照明、紧急通风、车载安全设备、广播、通信系统等工作 45min，即可作为牵引制动控制电路、辅助控制电路、开关门电路及直流照明、ATP、通信、广播设备等 DC110V、DC24V 负载的备用电源；当网压恢复时，蓄电池电压能保证辅助逆变器的启动。蓄电池组有短路、过流和欠压等保护，在恒定的直流电压下浮充电。蓄电池控制电路原理如图 6-5 所示。

蓄电池控制电路包括变流控制器、电压控制器和时序控制器。其功能如下：

（1）输出电压和电流通过 VS21 和 HCT2 反馈（FB）到控制电路。该电流的反馈值受控制限制器的限制。

(2)比较电压指令及输出电压和电流的反馈值,产生电压误差。将电压误差输入电压控制器。

(3)电压控制器的输出在 A/D(模拟/数字)转换器中得到转换,A/D 转换器的输出进入主控制器。

(4)主控制器以 AC380V 的相位同步而产生 IGBT 用的闸极脉冲。

(5)DC/DC 转换器与 DC110V 蓄电池线路连接,为负载提供稳定的 DC24V 电压。

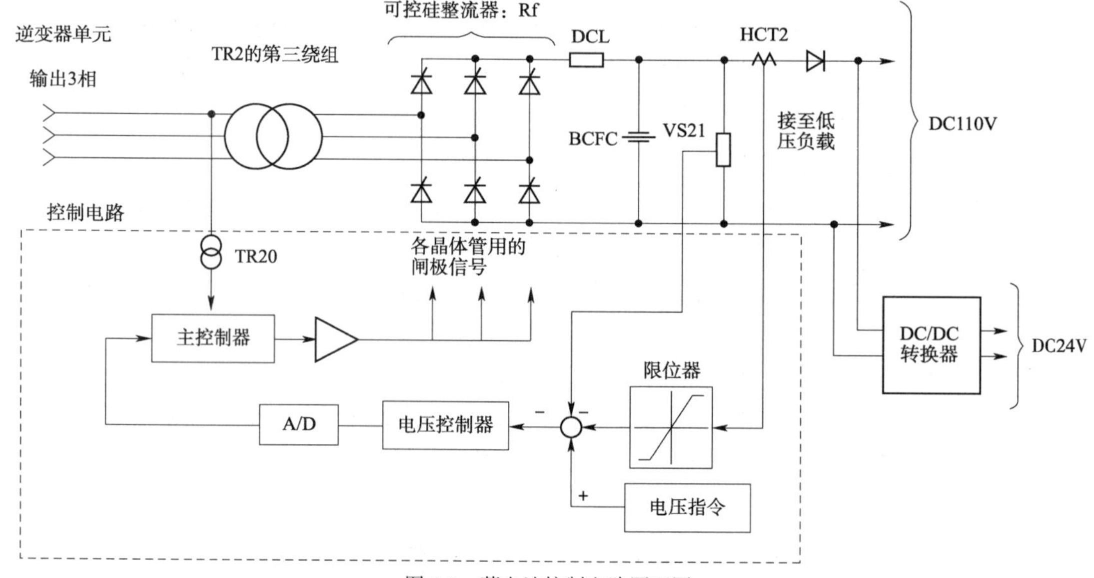

图 6-5　蓄电池控制电路原理图

情境任务一　单台 SIV 故障的处理

工作情境

FS 线 2119 次列车从 A 站发车后,运行至区间时列车状态显示屏弹出一台 SIV 故障提示,司机进入“辅助电源”系统界面,发现故障 SIV 输出为零,扩展供电未启动。总风压力下降,但主空压机不启动打风。

工作目标

初步判断故障原因,按照故障处理办法的步骤进行应急处理,当故障无法排除时,应立即向行车调度员申请清人掉线。

一、故障现象与分析

1. 故障现象

列车状态显示屏显示一台 SIV 故障停止工作,扩展供电接触器 KMK 未闭合,如图 6-6

和图 6-7 所示。列车状态显示屏“辅助电源系统”界面显示 SIV 故障输出为零，此时故障端车辆照明、空调等负载停机。总风压力逐渐下降至 750kPa 以下，但主空压机不启动打风。

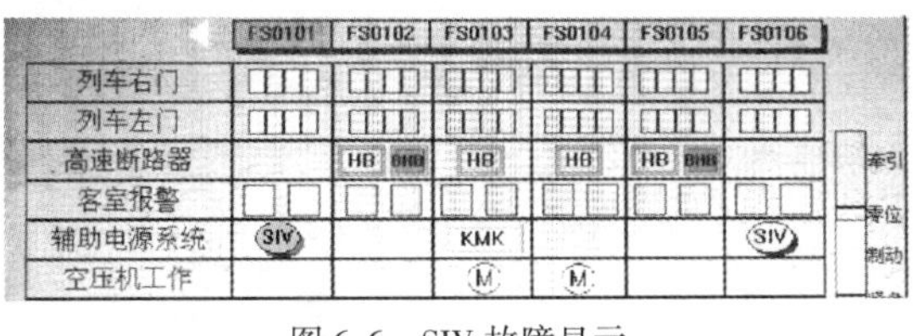

图 6-6　SIV 故障显示

图 6-7　SIV 图标显示说明

2. 故障分析

SIV 的输入是通过列车受流器接入的 DC750V 高压电源。对于采用接触轨供电的线路来说，当列车通过断电区时，一部分受流器不能搭接在接触轨上，从而使一台 SIV 暂时无高压电输入。按照知识单元中“SIV 的保护动作”原理，SIV 系统会进行自动检测，如果 10ms 内检测到高压电输入，则整个系统将自动恢复至正常状态。

在正常情况下，当 SIV 长时间未检测到高压电输入时，高速断路器断开主回路，TCMS 控制扩展供电接触器 KMK（或 RFK）闭合，启动扩展供电功能。该车的 SIV 扩展供电控制回路如图 6-8 所示。图中的 TLK 为扩展供电箱，其控制电源开关 QF26，正常情况下受本车 TCMS 监控。当左侧 SIV 故障后，无 AC380V 电压输出，则扩展供电电压检测继电器 K11 失电。但扩展供电电压检测继电器 K12 有电，此时 202、203、205 线路接通，从而使扩展供电接触器 KMK 得电，使其处于三相交流电路中的触点闭合，同时使控制电路 202 线连接的 KMK 触点闭合达到自锁状态，与 TCMS 连接的 206 线触点闭合，这时 TCMS 会接收到 KMK 启动的信号。

在故障情况下，TCMS 监控扩展供电的原理如下：通过采集 SIV 的三相交流电的输出来判断是否需要启动扩展供电，当检测到一边的 SIV 故障，TCMS 会发出指令使得扩展供电控制继电器 K13 得电，从而闭合处于扩展供电控制电路中与线号 202、201 连接的触点 K13；当扩展供电接触器 KMK 得电，其所有触点闭合后，其中一个触点将给 TCMS 发送电信号，表明扩展供电已经工作，也就是说 TCMS 通过采集 KMK 触点电信号来判断扩展供电功能。

本情境任务中，扩展供电未启动，从故障现象来看，未启动的原因属于通信不良，即 TCMS 对扩展供电的监控通信中断。

知识链接

当一台 SIV 不能自动恢复时，需要进行人工复位或者重新启动 SIV 控制电源。SIV 控制原理如图 6-9 所示，图中的 QF33 是 SIV 控制模块的电源开关，QF14 是 SIV 控制模块的启动电源开关，START 按钮是“SIV 启动”开关，SIVOS 的作用是当 SIV 检测到重大故障时，控制 SIVOS 断开，使 SIV 无法人工启动。线号为 6 的电线一端与“复位”按钮连接，一端与逆变器控制模块连接，当 SIV 报轻故障停机后，按下“复位”按钮，逆变器控制模块将尝试从故障恢复到正常状态。

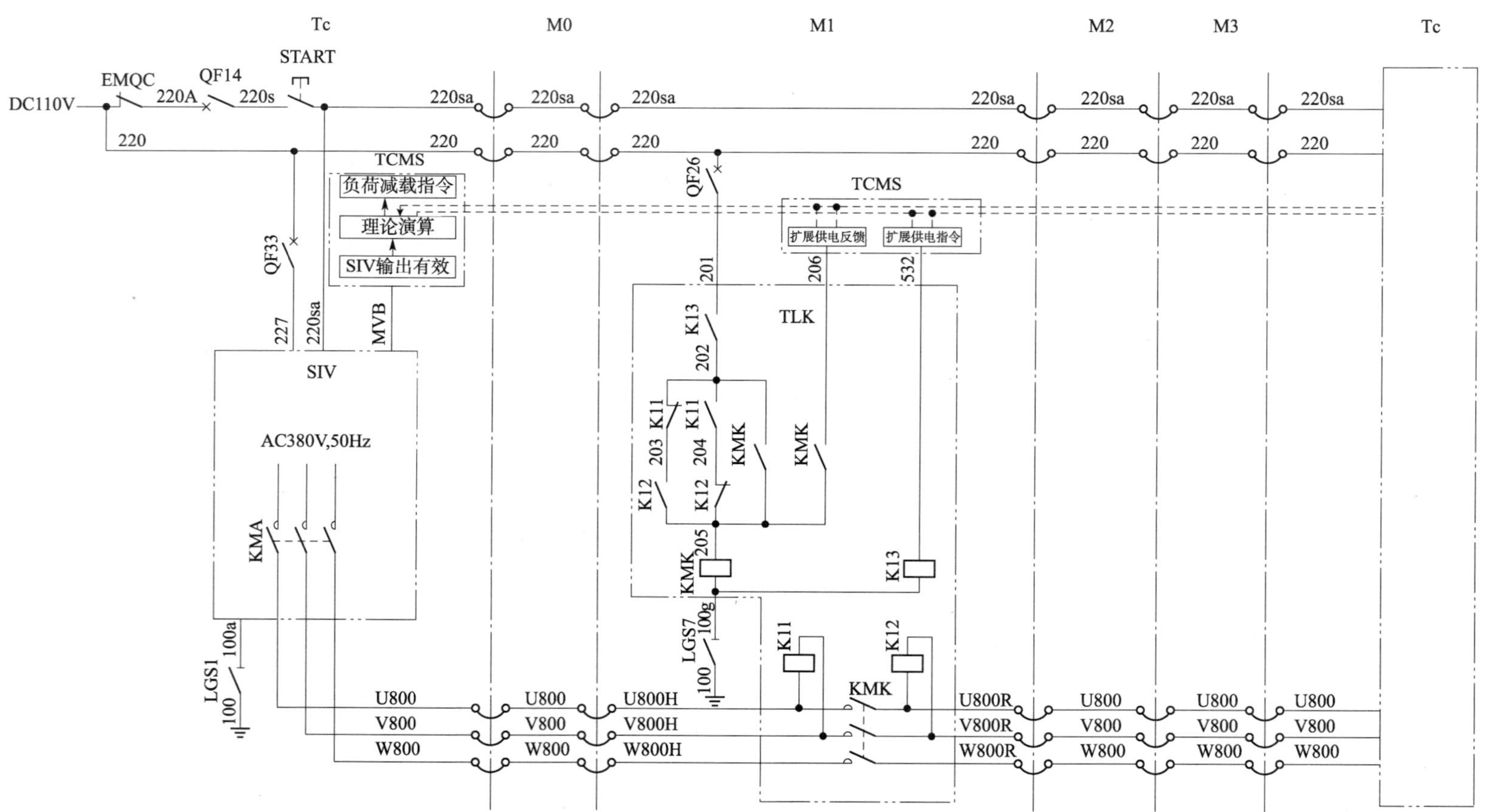

图6-8　列车SIV扩展供电控制回路

注：同Tc控制电路

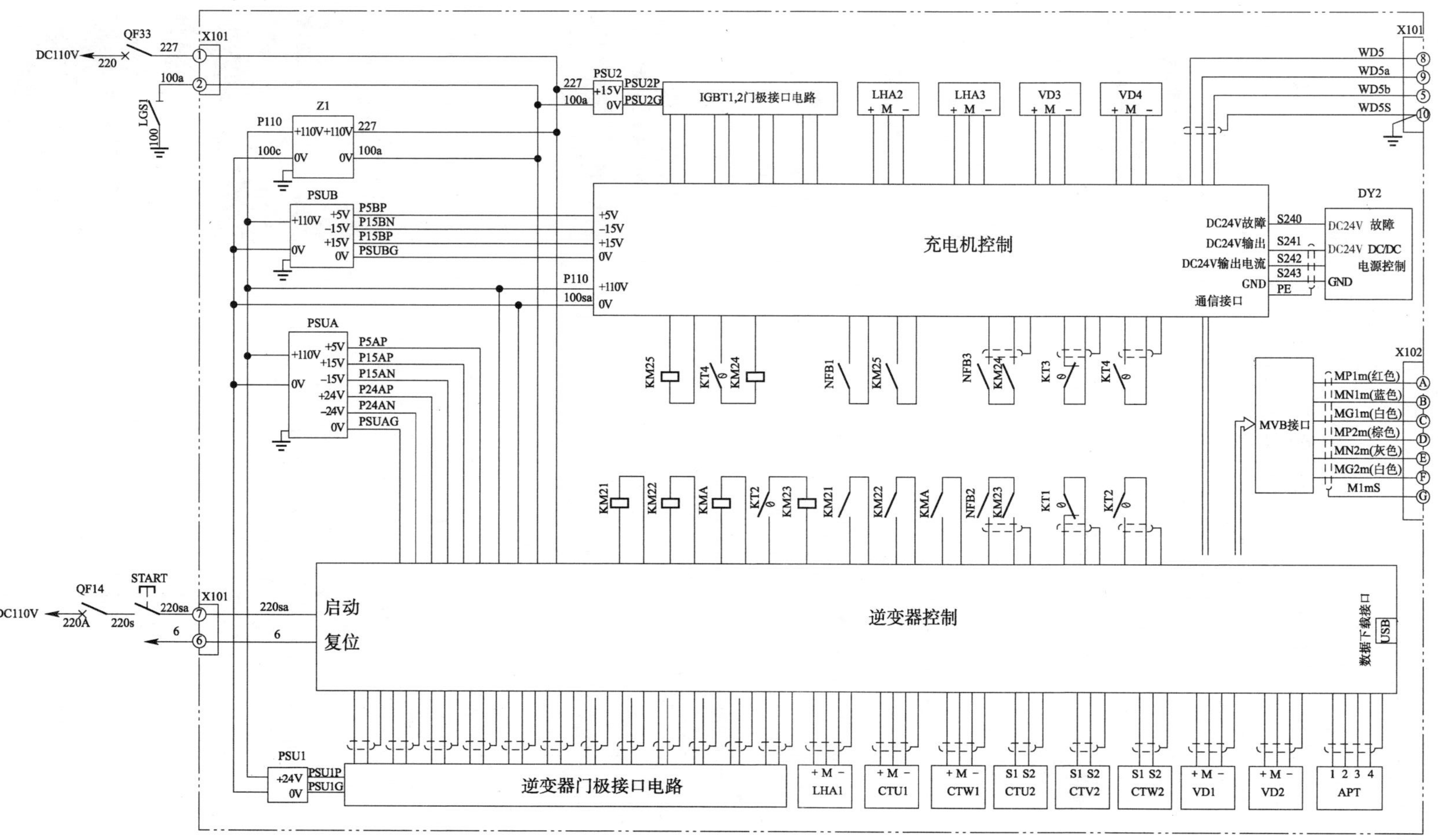

图6-9　SIV控制原理图

二、故障处理

单台 SIV 故障可能导致列车晚点或掉线,司机应当按照列车状态显示屏上 TCMS 的故障提示和驾驶台相关仪表灯的显示,快速、准确处理,故障应急处理操作流程见表 6-2。

故障应急处理操作流程　　表 6-2

序号	检查内容	操　作	图　示
1	TCMS 弹出一台 SIV 故障的提示框	按 TCMS 的提示按动“复位”按钮	 复位 复位
2	检查列车状态显示屏辅助电源界面	确认输入电压是否正常,列车是否在无供电区域	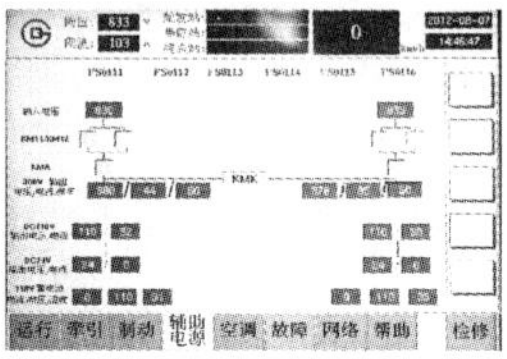
3	TCMS 无故障提示或按提示处理无效时	到故障车断开单台 SIV 的控制保险 QF33 后,闭合试验	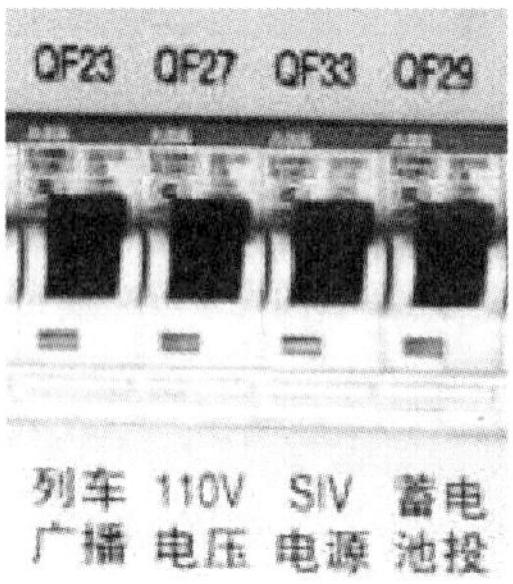 QF23 QF27 QF33 QF29 列车广播 110V电压 SIV电源 蓄电池投
4	检查双针压力表的总风压力显示	若总风压力过低,及时启动空压机强制泵风	 强制泵风 强制泵风
5	经过上述步骤仍处理不好时	与行车调度员联系,申请终点站掉线回段	

三、注意事项及要点总结

单台 SIV 的故障一般是由控制电路故障,或者控制电源开关跳闸、继电器故障等导致的,司机应首先检查 SIV 控制电源的相关开关和继电器的电路。

SIV 的运行状态由 TCMS 进行监控。当 SIV 出现故障时,列车状态显示屏会主动弹出故障提示,以便司机及时发现故障并进行应急处理。

当一台 SIV 出现故障时,列车仍能够通过扩展供电功能为全列车提供必要的电能,此时故障车的空调将减载运行,进入应急通风的状态;故障车的照明减载,进入应急照明状态。若扩展供电不能投入工作,司机应向行车调度员申请立即清人掉线。

一台 SIV 无 AC380V 输出,会影响该 SIV 负责的空压机的运转。列车有两台空压机来提供制动系统所需要的风源,两台空压机按照单双日期交替工作。主空压机工作时,辅助空压机处于备机状态。

在处理 SIV 故障的过程中,司机应当密切关注双针压力表显示和空压机的状态。总风压力低于 750kPa 时,主空压机应当启动泵风,如果发现空压机未及时启动,司机需要立即进行强制泵风。出现 SIV 故障致使一台空压机不能工作,但能保证列车正常使用的风源时,司机应向行车调度员申请终点站掉线,并在运行过程中时刻观察总风压力变化。

技能考核

根据故障处理的操作过程和处理结果,对司机的工作进行评价。评价时,既要考虑故障点分析是否得当,还要考虑处理方法是否正确,更应考虑对线路运营的影响和乘客服务质量。学习者可根据本书配套的“技能考核与评价手册”,充分利用现有实训条件开展自评与互评。

情境任务二　两台 SIV 故障的处理

工作情境

16 号线 1226 次列车正常运行至 A 站,在经过 A 站库线道岔区段的接触轨断电区时,列车状态显示屏显示列车多个系统的控制模块故障。司机将列车维持运行至库线内规定位置停车,更换驾驶台,按压“SIV 启动”按钮后,SIV 未启动,同时蓄电池自动跳开。司机立即申请清人掉线,在库线待命。末班车后,该车由于无法投入蓄电池工作,被其他列车救援回段。

工作目标

初步判断故障原因,按照故障处理办法的步骤进行应急处理,当故障无法排除时,应立即向行车调度员申请清人掉线。

一、故障现象与分析

1. 故障现象

列车运行中列车状态显示屏显示多个系统的控制模块故障。司机室 DC110V 电压表显示电压不足,辅助电源界面显示两台 SIV 停止工作,输出电压和电流均为零,如图 6-10 和图 6-11 所示。

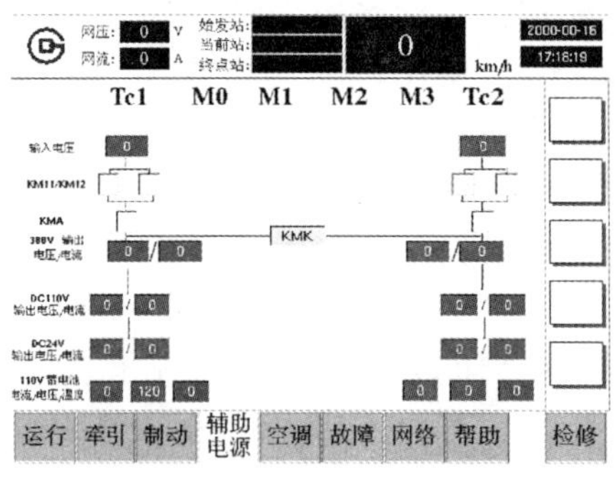

图 6-10　辅助电源界面

图 6-11　DC110V 电压表

2. 故障分析

列车进入库线道岔区段运行速度较低,经过断电区的时间会延长。部分受流器无法搭接在接触轨上,导致 SIV 暂时停止工作。

当满足以下条件时,辅助电源系统将启动:

(1)无重大故障或轻微故障;

(2)输入电压高于 DC500V,低于 DC900V(使用 DC1500V 接触网的列车要求输入电压高于 DC1000V);

(3)DC110V 控制电源有电;

(4)接到启动指令。

在以下条件下辅助电源系统将停止(不包括故障条件下停止),此时所有闸极信号和接触器/继电器信号立即被关闭:

(1)输入电压低于 DC500V(使用 DC1500V 接触网的列车为输入电压低于 DC950V);

(2)DC110V 控制电源关闭;

(3)接到停止指令。

辅助电源系统检测到轻微故障时(参考图 6-3):

(1)CPU 检测到轻微故障后立即停止所有指令;

(2)在间隔几秒钟后触发自动复位;

(3)在所有闸极断开后,CPU 指令 SIV 启动接触器等数秒钟接通;

(4)数秒钟间隔后,CPU 指令高速断路器接通。当滤波电容器电压充电超过悬链线电压的 80% 以后,CPU 发出指令接通 IVK;

(5)在 IVK 接通后,时序与正常启动时序相同。

启动时序如下:

(1)接通电池电路后,向 SIV 供应 DC110V 电源;

(2)CPU 初始化历时 3～4s;

(3)CPU 初始化完成后,CPU 指令 IVHB 间隔 1s 后接通;

(4)滤波电容器电压充电超过悬链线电压的 80% 后,接通 IVK,即初始充电已经完成;

(5)IVK 通电和启动后,CPU 向变流器发出指令,1s 后变流器启动。

第二次轻微故障(首次检测到轻微故障后 60s 内又检测到),或检测到重大故障时:

(1)所有闸极信号和接触器/继电器信号都被关闭;

(2)CPU 保持锁定状态,直至严重故障复位。

SIV 故障后的复位有三种方式:

(1)SIV 在轻微故障保护操作后 60s 内未检测到第二次故障则自动重新启动;

(2)不能自动启动时,按 SIV 控制的“复位”按钮;

(3)接通/断开 SIV 控制的 DC110V 电源。

按下 SIV 控制的“复位”按钮后,电池充电器故障、DC24V 电器故障也被同时排除。

当两台 SIV 都工作异常时,无稳定的 AC380V 电压输出。此时,两台空压机单元都无法运转,总风压力会持续下降。

列车蓄电池在没有可用的 DC110V 电源为其充电时,将切换至放电状态。正常情况下蓄电池可以为列车照明、应急通风、广播、监控等提供 45min 电能。

当蓄电池故障或放电过多导致电量低时,列车各系统的控制模块欠压待机,无法正常运转。

列车蓄电池消耗完电能,则列车完全停机,停放制动施加。

两台SIV故障处理流程图

二、故障处理

两台 SIV 故障可能导致列车晚点、掉线甚至需要申请救援,司机应当认真分析故障现象,展开排查,故障应急处理操作流程见表 6-3。

故障就应急处理操作流程　　表 6-3

序号	检查内容	操作	图示	序号	检查内容	操作	图示
1	TCMS 弹出两台 SIV 故障的提示框	若因轻微故障停机,则等待 5s 自动重新启动		3	检查列车状态显示屏辅助电源画面和网压表	确认输入电压是否正常,列车是否在无供电区域	
2	查看两台 SIV 是否自动重新启动	若 30s 后仍未启动,则按“复位”按钮对 SIV 进行手动恢复操作		4	检查 SIV 启动保险 QF14	若跳开则将其闭合,闭合不上时到尾端司机室进行试验	

续上表

序号	检查内容	操作	图示	序号	检查内容	操作	图示
5	检查尾端司机室	按下 SIV 启动按钮		6	仍不能解决故障时	向行车调度员申请立即清人掉线、就近入库,运行中随时注意总风压力;必要时申请救援	

注:单司机作业或无尾端检查条件时,不执行尾端驾驶室操作。

三、注意事项及要点总结

出库前司机进行整备作业静动态试验时,要特别关注 SIV 的运转情况,发现故障或异常要及时报修,尽量将隐患留在列车上线运行之前。

段内运行车速低,断电区较多,运行过程中要特别注意双针压力表显示和空压机的运转状态。

列车运行中,要时常翻看列车状态显示屏的辅助电源界面,出现 SIV 输出异常且无法恢复时,要及时申请掉线,就近入库,避免故障范围扩大,影响全线的运营秩序。本任务的工作情境中,司机发现 SIV 异常后,申请清人掉线并将列车维持运行到库线内规定位置停车,是正确的做法。

单司机作业或无尾端检查条件时,司机在检查完 SIV 启动保险后仍不能解决故障时,还可以尝试断、合蓄电池进行试验,注意重新闭合蓄电池后应按下"复位"按钮。

列车辅助系统故障应急处理

在正线运营时出现单台 SIV 故障不工作后,列车的扩展供电装置启动,空调系统减载运行,司机应小心安全驾驶列车,维持到终点站退出运营。而两台 SIV 因故障均不工作时,会严重影响列车正常运营,如果司机处理未果,必须向行车调度员申请在车站清客、立即掉线。

两台 SIV 停机后,列车蓄电池开始工作,此时,司机应当关注应急照明、应急通风和广播的运转状态,及时进行人工广播稳定乘客情绪,根据行车调度员的指示等待救援或者疏散乘客。

由于 SIV 故障造成空压机不能正常工作而引起总风压力不足,产生全列紧急制动不缓解时,使用紧急制动短路开关,限速 30km/h 维持运行,根据总风压力和列车所处位置,必要时向行车调度员请求救援。

技能考核

根据故障处理的操作过程和处理结果,对司机的工作进行评价。评价时,既要考虑故障点分析是否得当,还要考虑处理方法是否正确,更应考虑对线路运营的影响和乘客服务质量。学习者可根据本书配套的"技能考核与评价手册",充分利用现有实训条件开展自评与互评。

技能拓展

列车高压电路

列车高压电路(图6-12)的作用是为牵引系统和辅助系统提供电能。

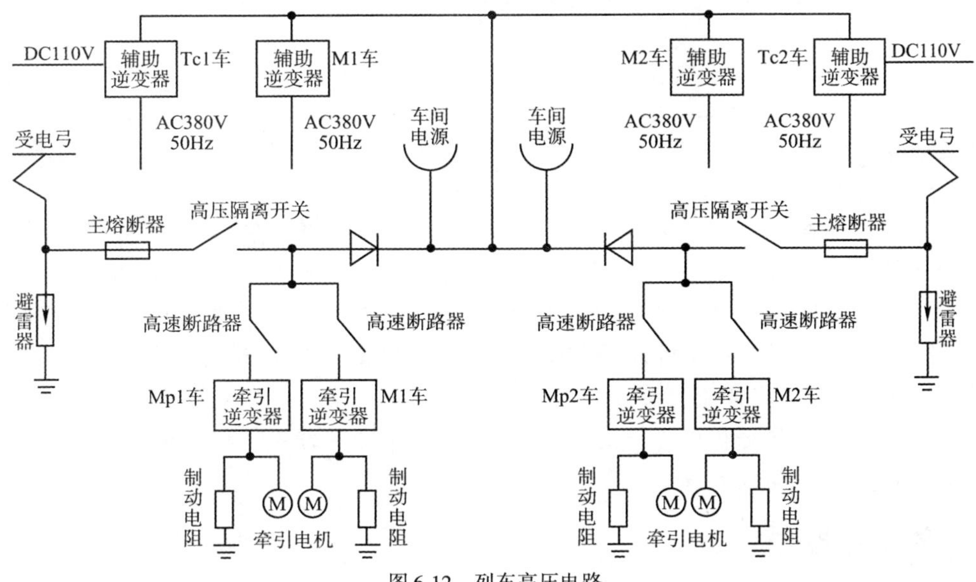

图6-12　列车高压电路

练一练

(1)画出接触网供电的通路;(2)画出车间电源供电的通路;(3)画出避雷器被击穿的情况。

提示:车间电源供电时,牵引逆变器不工作。

项目七 列车服务设备故障处理

项目说明

列车服务设备包括乘客信息系统、广播系统、视频监控系统、空调与电暖系统和客室照明系统等，是提升运营服务水平、传播列车服务信息的重要媒介。在列车运营过程中，若此类设备出现故障，会大大降低乘客的乘坐舒适性，甚至引起乘客投诉；而在突发事件中，服务设备故障还可能导致司机不能及时为乘客提供安全指引，进而引发事故。因此，服务设备不仅关系服务质量，还涉及运营安全，司机必须具备快速处理这类设备故障的能力。

通过本项目的学习和训练，学生应掌握服务设备故障的判断和分析方法，能在规定时间内处理主要几类服务设备故障。

对应职业能力

轨道列车司机（五级/初级工）—列车故障处理—列车服务设备故障处理。

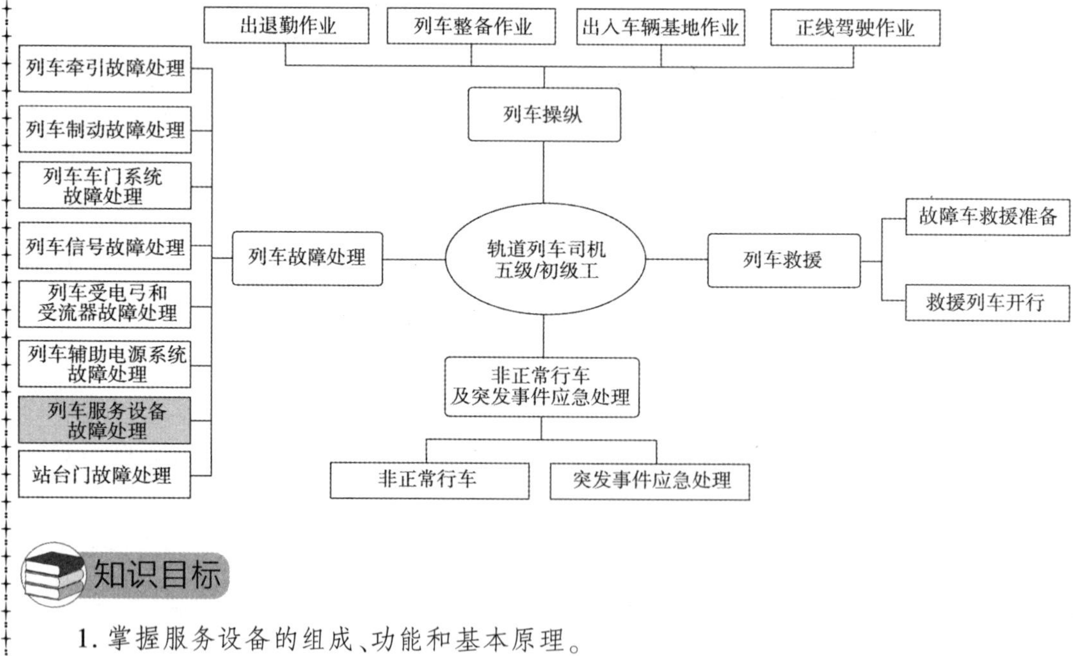

知识目标

1. 掌握服务设备的组成、功能和基本原理。

2. 掌握服务设备故障的应急处理原则及要求。

3. 掌握服务设备主要故障的判断和应急处理方法。

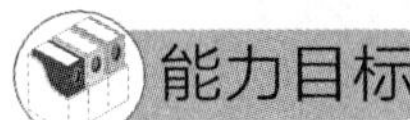

能力目标

1. 能及时发现服务设备异常,正确判断故障。

2. 能根据故障现象分析导致服务设备故障的原因。

3. 能根据应急处理原则和要求,在规定时间内完成服务设备故障处理。

4. 能在“列车状态记录单”上正确填写服务设备故障情况。

素质目标

1. 树立为乘客服务的意识。

2. 培养良好的沟通能力,提高与乘客的沟通效率。

3. 具备爱岗敬业、顾全大局的职业精神。

4. 培养关注细节、精益求精的工匠精神。

建议学时

10 课时。

教学条件

1. 多媒体教室:能连接互联网,开展与课程有关的教学活动。

2. 列车模拟驾驶器:能模拟服务设备主要故障,并具备与客室主要服务设备(如PIS、广播、照明)联动的功能。

3. 教学软件:能模拟列车操纵环境,并具备实时交互反馈功能。

知识单元

列车服务设备

列车服务设备包括乘客信息系统、广播系统、视频监控系统、空调与电暖系统和客室照明系统等,是提升运营服务水平、传播列车服务信息的重要媒介。

一、乘客信息系统

乘客信息系统(Passenger Information System,PIS)是在列车的特殊环境下,依托多媒体网络技术,以计算机系统为核心,以车载显示终端为媒介,向乘客提供信息服务的系统,具有实时新闻无线接入、车站乘客信息显示、多媒体节目播放、LCD 显示等功能,能提供城市轨道交通乘车须知、服务时间、列车到发时刻、公告、出行参考、媒体新闻、娱乐、广告等实时动态多媒体信息,在紧急情况下(如火灾、爆炸、恐怖袭击等)进行引导,以指挥乘客疏散,调度工作人员抢险救灾,减少损失。

司机室内的乘客信息系统设备有广播通信控制器(与广播系统共用)、终点站 LED 显示器、视频控制器(与视频监视系统共用)、司机室网络接口单元、监视显示器(与视频监视系统共用)和 PIS 无线交换机(与视频监视系统共用)。客室内的乘客信息系统设备有广播通信车辆接口单元(与广播系统共用)、客室网络接口单元、显示控制单元、客室 LCD 显示屏、车体外侧 LED 显示器及动态电子地图。终点站 LED 显示器如图 7-1 所示,客室动态电子地图如图 7-2 所示,客室 LCD 显示屏如图 7-3 所示。

图 7-1　终点站 LED 显示器

图 7-2　客室动态电子地图

图 7-3　客室 LCD 显示屏

知识链接

动态电子地图的功能

动态电子地图具有以下功能：

(1)显示该列车运营线路的所有车站；

(2)这一列车运行的线路、方向及终点站；

(3)列车将要到达的下一站；

(4)客室车门打开侧指示；

(5)换乘站和用于换乘的相应线路；

(6)与列车自动广播同步进行到站显示；

(7)为线路的后续开通预留扩容的能力。

二、广播系统

广播系统的主要设备分布于司机室和客室中。司机室内的广播设备主要有广播系统控制器、广播控制主机、监听扬声器。广播系统控制器含手持式麦克风，安装于司机室操纵台上，两侧司机室各一套，如图7-4所示；广播控制主机安装于司机座椅后方的电气柜内，两侧司机室各一台；监听扬声器位于操纵台上方，两侧司机室各一台。两套设备互为热备份，当一方为主机时，另一方则为子机；主机负责信息的播出。

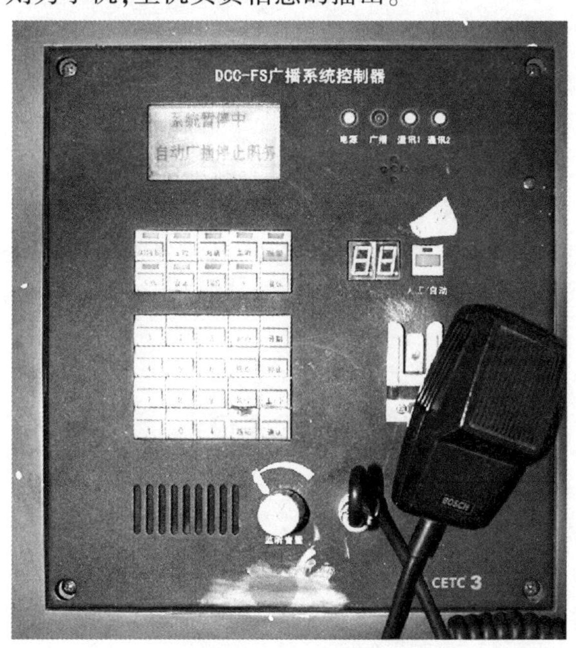

图7-4　广播系统控制器

客室内的广播设备主要有客室扬声器、乘客紧急报警器、紧急报警扬声器、广播通信车辆接口单元等。

广播系统具有全自动广播、半自动广播、人工广播、紧急广播、司机室对讲和乘客紧急报警等功能。

(1)在全自动广播模式下,系统根据 TCMS 提供的信号数据,实现列车自动预报前方到站和列车即将到站的广播,或由广播系统自身采集开关门、5km/h 等信号实现自动报站。

(2)半自动广播的功能是根据列车运行需要,司机操作广播控制器上的键盘进行预报前方到站和已到站的广播。

(3)人工广播即在主控司机室由司机对客室中的乘客进行广播。在人工广播时,自动广播中断。

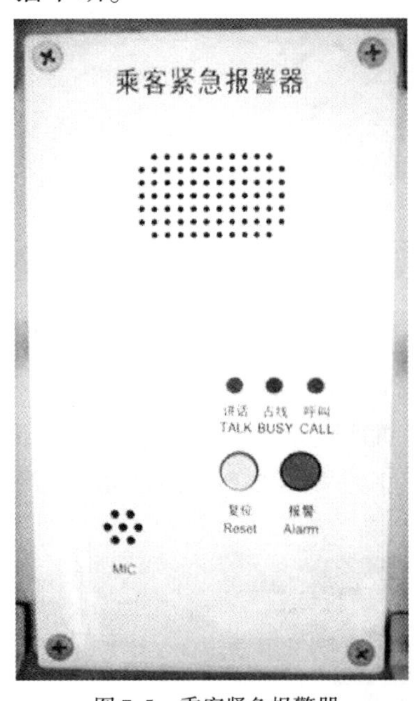

图 7-5 乘客紧急报警器

(4)当列车出现特殊事件时,司机可以操作广播系统控制器的键盘,播放预先录制好的紧急广播。当紧急广播出现时,列车广播系统的音频控制器会自动撤销当时正在进行的人工广播和自动广播,而将紧急广播信息送至客室。此外,运营控制中心(Operating Control Center,OCC)也可通过车载无线设备进入列车有线广播系统,向乘客进行紧急广播。

(5)列车两个司机室可以通过话筒进行双向通话,通话内容不转播到客室。双方通过扬声器和 LED 指示监听对方的呼叫,发现对方呼叫后,按下广播系统控制器上的“对讲”键,即可进行通话。列车在进行数字式语音自动广播、乘客信息播放时,不影响司机室之间的对讲通话功能。

(6)在每个客室中设有两个乘客紧急报警器,如图 7-5 所示。该报警器具有双向通话功能,用于乘客向司机报告紧急事件。乘客报警后,在主控司机室内,可听到蜂鸣器的声响报警。报警通话结束后,由司机取消报警状态。在某一乘客报警通话期间,若有其他乘客报警,系统会自动排队存储其呼叫信息,在当前乘客报警结束后,已被存储等待的乘客报警将会自动进行音响告警。乘客与司机/OCC 的紧急对讲录音会被存储在广播控制模块的存储介质内,同时记录乘客报警的时间,用于备案查询。

知识链接

广播优先级

广播系统缺省的优先级设置顺序自高到低依次为:

(1)OCC 对列车的紧急广播;

(2)乘客紧急报警;

(3)司机室对讲;

(4)人工语音广播;

(5)预录紧急广播;

(6)开关门报警声;

(7)自动化广播。

优先级设定顺序可由用户自行修改定义。高级别广播通信可以打断低级别广播通信,而低级别广播通信不能打断高级别广播通信,高级别广播通信结束后才能开始低级别广播通信。在高级别广播通信条件成立时,正在播放的低级别广播通信立即中断,并进入相应的高级别广播通信。被高级别广播通信打断的低级别广播通信,在高级别广播通信结束后自动恢复。

三、视频监控系统

视频监控系统(Closed Circuit Television,CCTV)是一个网络监控系统,通过摄像机拾取视频信号经车辆接口单元编码后,通过系统网络传输至司机室视频控制器内存储并在视频监视器上显示,供司机实时监控客室内情况及数据备案查询。同时,视频控制器还可通过无线 PIS 交换机与地面无线通信系统接口将监控图像传到控制中心,供中心值班人员实时监控运营列车上的治安状况。系统由 CCTV 多媒体控制器、数字视频存储硬盘、LCD 触摸监视显示器(图 7-6)、司机室摄像机、客室网络摄像机、CCTV 车辆网络接口设备等组成。

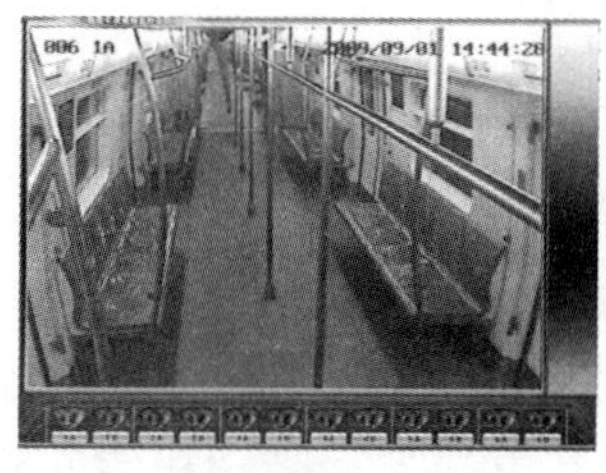

a)单画面

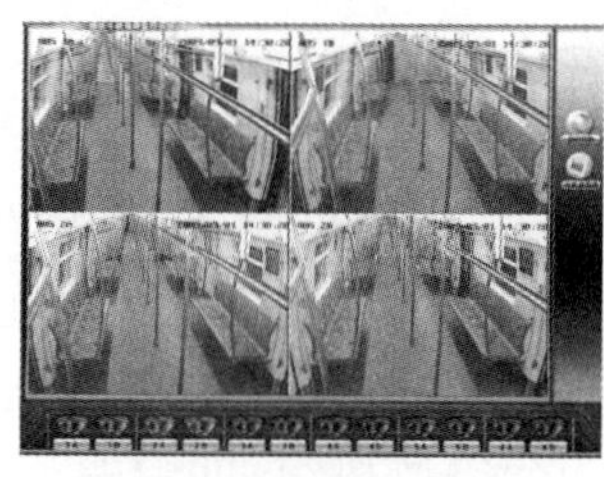

b)四画面

c)站台画面

图 7-6　LCD 触摸监视显示器

CCTV 系统与 TCMS 对接,当收到 TCMS 发来的乘客紧急报警信号、门紧急解锁信号、烟雾报警信号等特殊信息后,CCTV 多媒体控制器切换至事件发生车厢的单画面监控图像,对应摄像机的图标变成红色,同时相应的叠加字符也变成红色对司机进行警告提示。如果存在多个报警,则以单画面轮巡的方式显示所有报警事件对应的视频监控图像。

乘客信息系统、广播系统、视频监控系统均由列车 DC110V 电源供电。司机室的控制单元机箱、视频服务器、广播系统控制器、LCD 监视显示器等分别通过相应的断路器接到列车电源上,客室的控制单元机箱、客室 LCD 屏及电源模块、门区电子地图等也分别通过相应的断路器接到列车电源上。紧急报警器由客室控制机箱供电。

知识链接

智能列车乘客服务系统

2020 年 4 月,"首都智慧地铁"科研项目成果——智能列车乘客服务系统(Train-Intelligent Passenger Service System,T-IPSS)上线北京地铁 6 号线列车。该系统采用大量新技术,乘客可以在车厢的不同位置获取线网图、当前位置、下一站、前方车站、扶梯、洗手间、换乘路线、出口位置分布、前后车厢拥挤度等信息,如图 7-7 所示。与传统系统相比,

T-IPSS 更智能、更高效、更安全,体现着现代社会的科技感,代表乘客服务系统的未来发展方向。

图 7-7　智能列车乘客服务系统

四、空调与电暖系统

空调与电暖系统是改善车内乘坐环境、满足乘客旅行的舒适度要求、给司机提供健康适宜的工作环境、提高列车档次的重要途径。

空调系统使用三相 AC380V 电源,包括客室空调机组、送风装置、幅流风机、排风装置及司机室空调等。空调机组的结构形式为车顶单元式,每辆车安装两台,为独立的制冷系统,分步启动,对整车电源的冲击小。空调系统以微机控制单元为核心,配合断路器、接触器、继电器、传感器等元件,安装在列车内电气柜内,满足控制功能。每辆列车端部均设有一个空调控制柜(图 7-8),控制该列车的两台空调机组、四台幅流风机和电热器。带司机室车辆的控制柜还有司机室送风单元和回风单元联动控制功能。

空调系统设集中控制和本车控制两种方式,各车辆空调控制柜内的工作模式选择开关(SA,图 7-9)分集控、通风、半冷、全冷、半暖、全暖、停机七挡。当列车正常运行时,各车辆的 SA 开关置于“集控”位,空调机组的工作模式可由司机室的空调功能选择开关集中控制;当列车检修或进行测试时,各车辆的 SA 开关可扳至其他挡位,实现对本车辆空调机组的单独控制,此时为本车控制方式。

图 7-8　空调控制柜

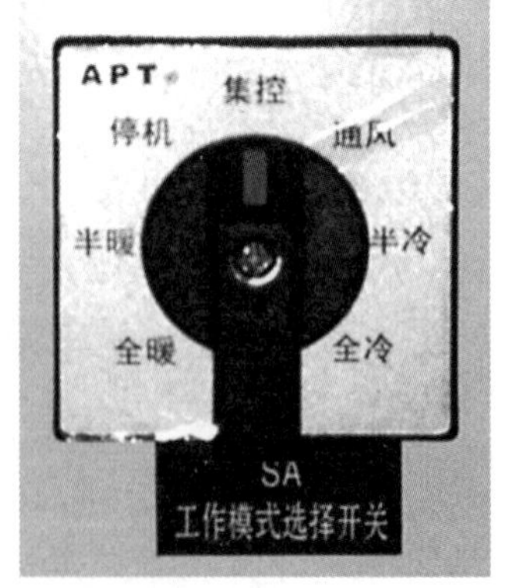

图 7-9　空调控制柜内的工作模式选择开关

司机室内有空调控制开关 SAAC(图 7-10),当其位于“网控”位且客室内各 SA 开关位于

“集控”位时，司机能通过列车状态显示屏设定空调工作模式（图7-11），由TCMS将控制指令发送至全列车的空调微机控制单元。

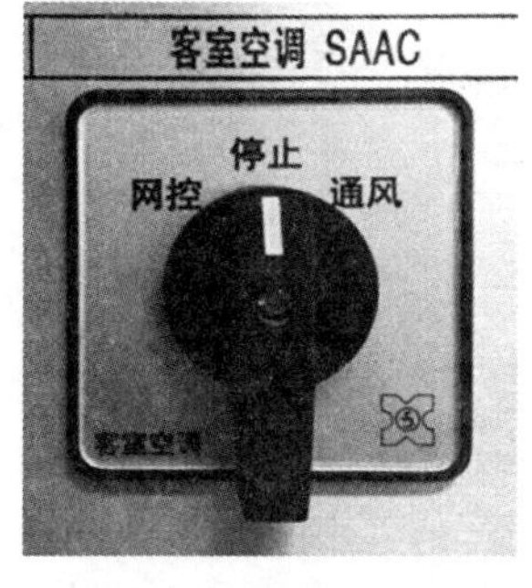

图7-10　空调控制开关

图7-11　空调工作模式设定

列车采暖主要采用电热采暖，电热器由底板、安装架、罩板及电热元件等组成，安装在座椅下方，采用单相AC220V电源。电热器可通过空调控制器分别控制两支电热管启动或停止，即整车电热器可分为全暖和半暖两种工作模式。

电热器由两个独立的制热回路组成，通过电热管加热流动空气，从而达到供暖效果。在制热模式下，由温度继电器实现并维持客室内的设定温度。

五、客室照明系统

客室照明系统由正常灯具和应急灯具组成。正常灯具包括两条灯带，采用集中式启动电源，单相AC220V。应急灯具一般为贯通道灯和客室每个门区的灯具，采用逆变器供电方式，输入电压是DC110V，以保证在出现辅助逆变器故障时仍可维持照明。正常情况下，应急照明是正常照明的一部分；紧急情况下，应急灯具切换为由蓄电池供电。

图7-12　客室灯开关

客室灯开关（图7-12）位于驾驶台上，在每辆列车的直流柜内和交流柜内各有一个断路器保险开关。

情境任务一　客室LCD显示屏不显示的处理

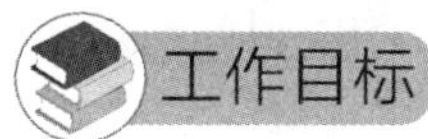

工作情境

11号线GC车辆段内，司机对即将出库投入运营的11046次列车进行整备作业时发现，客室所有的LCD显示屏都处于蓝屏状态。

工作目标

在规定时间内找出故障点，根据情况做出相应处理。

一、故障现象与分析

1. 故障现象

客室所有 LCD 显示屏蓝屏(或黑屏),地图没有通信,无声音,无监控图像。

2. 故障分析

1)客室 LCD 显示屏显示原理

客室 LCD 显示屏作为乘客信息系统(PIS)的终端,主要具有以下功能:

(1)运行信息的实时显示;

(2)多媒体信息的播放;

(3)通过车载的无线电视设备,接收地面的数字电视信号并进行实时播放。

PIS 在车厢与车厢之间构建百兆以太网用于传输视频数据。媒体服务器通过车地无线传输网络从运营控制中心(OCC)接收多媒体信息后缓存,并将数据流进行解码、叠加字符等处理,再进行编码,将编码后的视频数据传到客室媒体网关的客室信息解码器进行解码,解码后分配视音频信号输出至客室的 LCD 显示屏,实现媒体信息的播放显示。另外,PIS 也可以接收列车 TCMS 提供的到站信息并实现播放显示。图 7-13 为一个 Tc-M 单元 PIS 原理框图,其余车辆结构类似。

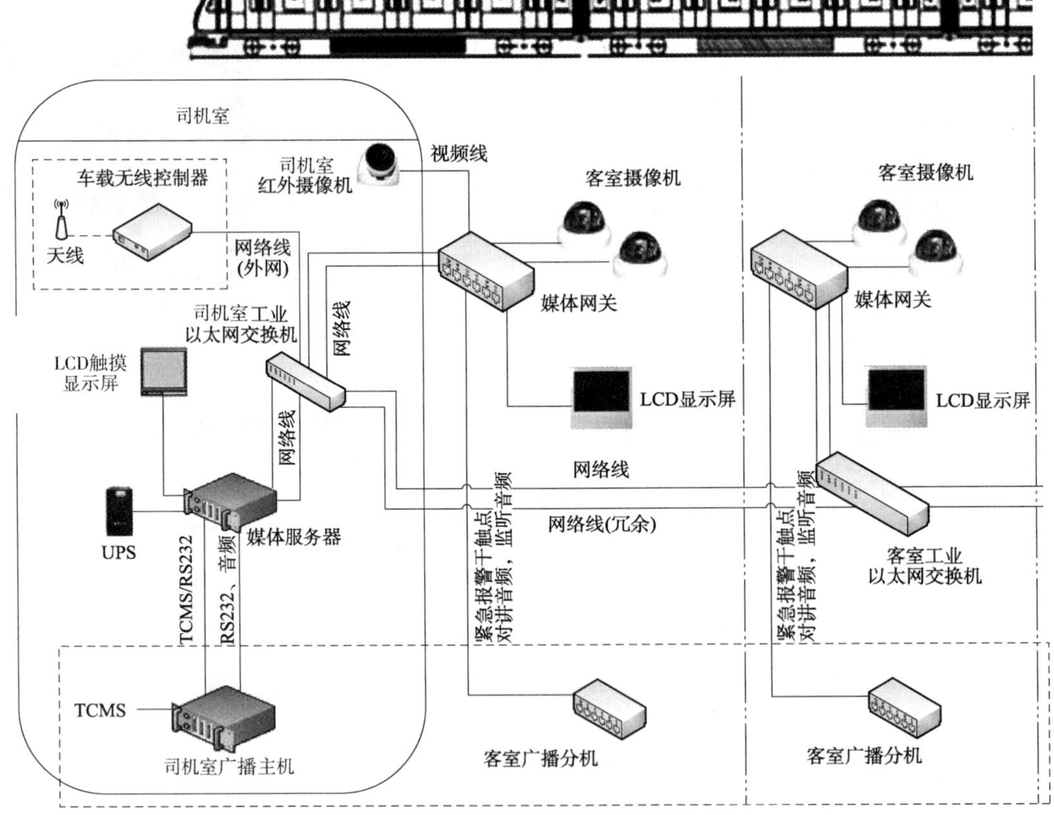

图 7-13 Tc-M 单元 PIS 原理框图

PIS 在每次上电以后,需要大约 5min 的启动时间,在此期间,不能对驾驶台上视频操作单元的按键做任何操作,操作无效、无响应。

2)常见故障判断方法

首先检查电源是否正常,线路和网络接口是否正常,开关位置是否正确。其次检查软件是否正常。如果某一故障出现多次,并且在系统重新启动后故障消失,可以判断为是软件运行的问题,应考虑刷新软件。此外,PIS 的故障多发生于司机室通信板、司机室音频板、客室音频板、DC110V/DC12V 电源、DC110V/DC24V 电源等。在日常检查和维护过程中要特别注意上述器件备品的质量,做好随时更换的准备。

二、故障处理

若全列车所有 LCD 显示屏都不显示,则可以判断是客室网络接口故障,或片源没有发出,或片源与分频器之间的信号线连接故障。

处理方法:尝试重启 PIS 电源保险开关(图 7-14),若不能消除故障,报告相关部门进行检查和维修。若故障现象为客室 LCD 屏播出内容异常,也可通过重启 PIS 电源保险开关的方法来解决。

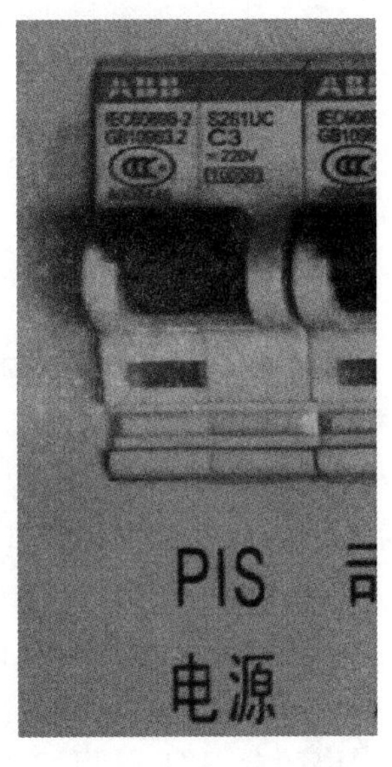

图 7-14　PIS 电源保险开关

三、注意事项及要点总结

列车在正线运行中发生客室 LCD 显示屏不显示的故障时,务必在站台停车后再重启 PIS 电源保险开关,严禁于运行中操作。若重启复位后仍不能解决故障,报告行车调度员,按其指示办理。

出现 PIS 故障时,一般先通过重启电源来排除故障;若是内部模块、接线或通信的问题,则需要由车辆检修人员来核查和完成。

全列客室 LCD 显示屏不显示(蓝屏或黑屏),则有可能需要更换 DC110V/DC12V 电源。若是单个 LCD 显示屏不显示(蓝屏或黑屏),则可能是由于信号传输受干扰,也可能是因为内部模块故障、网络接口故障,或电源、连线故障。在处理时,检查该 LCD 显示屏的电源线和 VGA 线插头连接是否牢固(操作时注意插拔的力度,避免用力过大、操作幅度过快,造成人员划伤或模块损坏),若确认为电源故障,则更换与该 LCD 显示屏相连的电源盒;若电源无故障,则更换编解码器、更换视分板。若单车的 LCD 显示屏显示无法与其他车同步动作,则可以判断为该车车辆网络接口电源出现故障。

在对 PIS 进行日常维护时,严禁人为机械冲击驾驶台上的司机控制单元按键及系统设备,以免造成损坏,注意保持客室 LCD 显示屏的清洁。

PIS 的常见故障还有媒体播放系统视频流和音频流不同步、画面显示卡阻等,可以通过软件升级、硬件改良等措施来处理这类故障。

技能考核

根据故障处理的操作过程和处理结果,对司机的工作进行评价。评价时,既要考虑故障点分析是否得当,还要考虑处理方法是否正确,更应考虑对线路运营的影响和乘客服务质量。学习者可根据本书配套的“技能考核与评价手册”,充分利用现有实训条件开展自评与互评。

情境任务二　自动广播不报站的处理

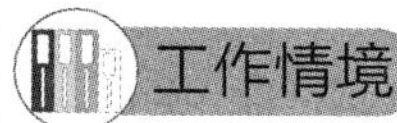

工作情境

8号线2159次列车在运行中突然出现全列广播均不自动报站的现象。无论广播主控单元在当前操纵端,还是更换到尾端,均不能报站。司机采用人工广播报站,运行至终点站后,列车掉线回段。

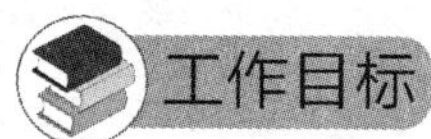

工作目标

及时发现故障并做出相应处理,判断故障严重程度,视情况申请立即清人掉线或终点站掉线。

一、故障现象与分析

1.故障现象

激活驾驶端的广播不能自动报站,将广播主控端更换到尾端司机室后,也不能报站。

2.故障分析

广播系统具有自动播报功能,其带司机室的车辆控制电路如图7-15所示,其余车的广播系统控制电路均相似。DC110V电源输入后,经过头尾车开关SC1、门关闭继电器TDCR2得电闭合、ATP输出、30SDR继电器得电闭合(闭合条件为$v<30$km/h)等共同作用,由广播系统控制器输出指令,经过音频处理器,将信息发送到终点站显示、客室显示等单元。

在广播的自动播报模式下,司机通过主控端的广播系统控制器设置起点站、终点站、下一站等信息后,广播系统会根据列车提供的位置信息、零速信号、30km/h信号(有些为25km/h信号或其他)、开门信号和门关闭信号等完成无人工参与的自动广播报站。因此,在列车起始站位置、没有载客前(即没有进行开门操作前),必须将起点站、终点站、下一站信息设置正确,广播才能正常执行“自动”模式。当列车速度大于30km/h,或驶离当前站50m时,广播系统进行离站广播;当列车速度小于30km/h时,或距离下一站进站计轴器小于150m时,广播系统进行到站广播。

广播系统在列车运行的过程中,向乘客实时提供到站、换乘、开关门、紧急事件等信息,但由于其系统不稳定、设备故障、电路故障、通信故障等,会造成自动播报失效/不报站、报站错误等故障。可能导致故障的原因有:

(1)TCMS提供的信号(如速度、目标距离、开关门操作)有误,未触发广播系统;

(2)广播系统程序运行出现错误;

(3)广播系统控制器出现故障。

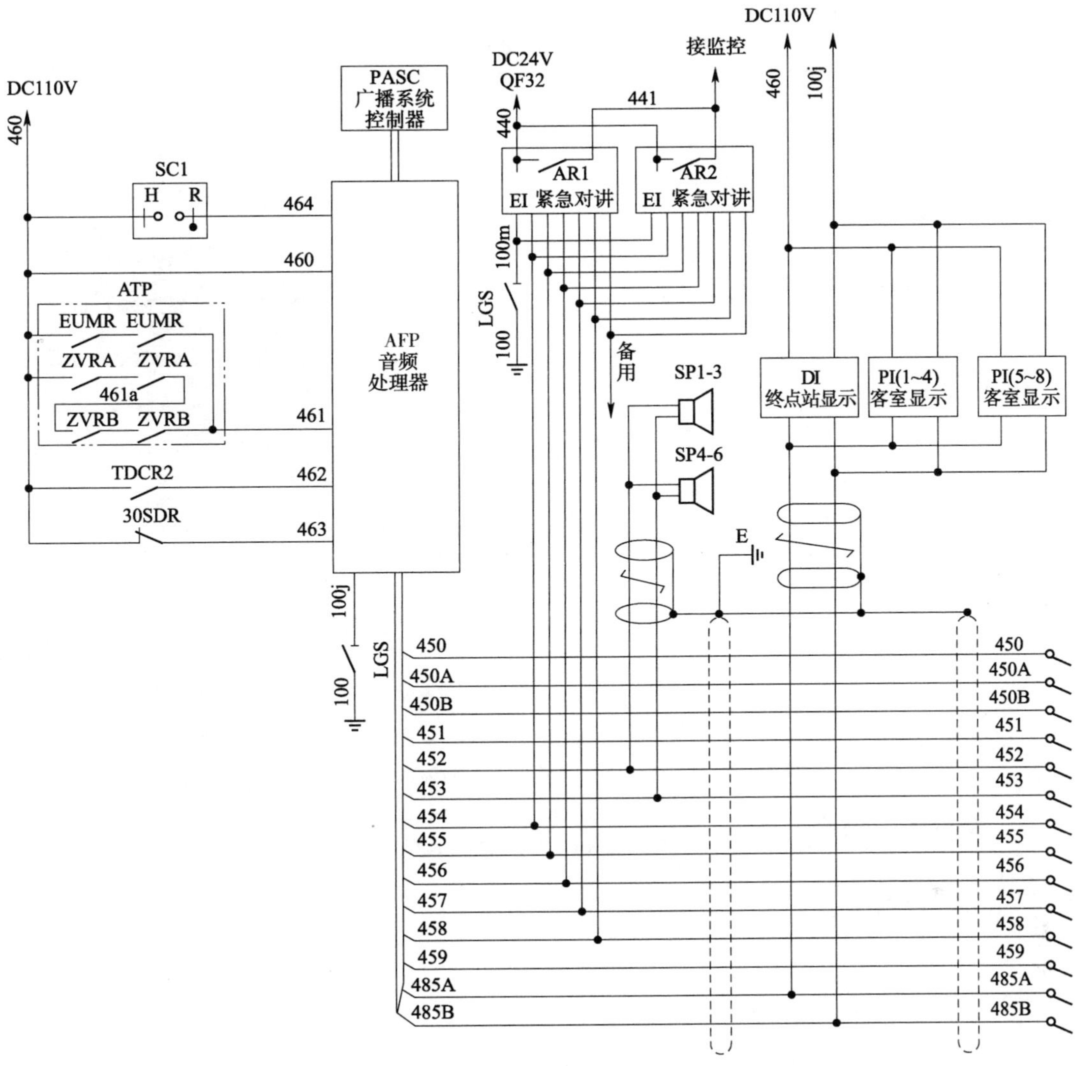

图 7-15　广播系统控制电路

首尾车司机室的广播系统分别使用相同的设备，可互为热备份。当一方为主机时，另一方则为子机。主机负责信息的播出。在正常情况下，通过司机操作列车运行方向开关来设置主机。如果“主机”发生故障，则通过广播系统控制器上的“主机”键进行转换。

当司机室广播主机为主控，且不自动报站或有其他故障时，可通过司机室的广播系统控制器将主控切换到另一司机室，切换后观察运行信息是否与当前一致，如不一致则应重新设置。如处理后仍无法自动报站，可按广播系统控制器上的“人工”键，对客室进行人工广播。

自动广播不报站处理流程图

二、故障处理

广播系统不能自动报站的故障虽然不会影响列车运营，但司机若不能及时、快速地发现故障、处理故障，会给乘客出行带来不便。自动广播不报站的处理操作流程如表7-1所示。

自动广播不报站的处理操作流程　　表7-1

序号	检 查 内 容	操　　作	图　　示
1	检查广播系统控制器是否正常	手动按“开始”键,查看是否报站	 自动 人工 对讲 报警 开始 停止 监听 主控 静音 1 2 3 上/下 起点 4 5 6 F1 终点 7 8 9 F2 越站 ↑ 0 ↓ 取消 确认
2	检查自动广播是否恢复报站	若未恢复,先使用人工广播报站,到站后停车处理	
3	检查列车广播保险是否跳开	可以进行一次断、合(间隔3s)操作,然后查看功能是否恢复正常,若能恢复,可以判断为列车广播瞬时故障	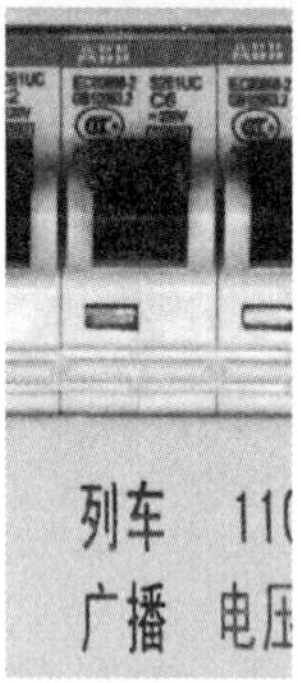 列车 11 广播 电压
4	若使用列车广播保险开关重启无效,检查另一司机室作为广播主控端能否使用自动播报	若不能,则后续运行均改为人工广播,列车运行至终点站掉线回段	 自动 人工 对讲 报警 开始 停止 监听 主控 静音 1 2 3 上/下 起点 4 5 6 F1 终点 7 8 9 F2 越站 1 0 ↓ 取消 确认
5	检查列车人工广播是否正常	若人工广播也无法使用,应将情况报告行车调度员,申请立即清客,退出运营	

知识链接

人工广播模式的切换

在“主机”状态下，按“人工”键后，按键指示灯亮，将广播工作模式切换至人工广播状态，主司机室的司机便能通过话筒对客室乘客进行人工广播。

按“监听”键后，按键指示灯亮，还可监听客室广播播音。

图7-16所示为广播系统控制器的按键及功能说明。

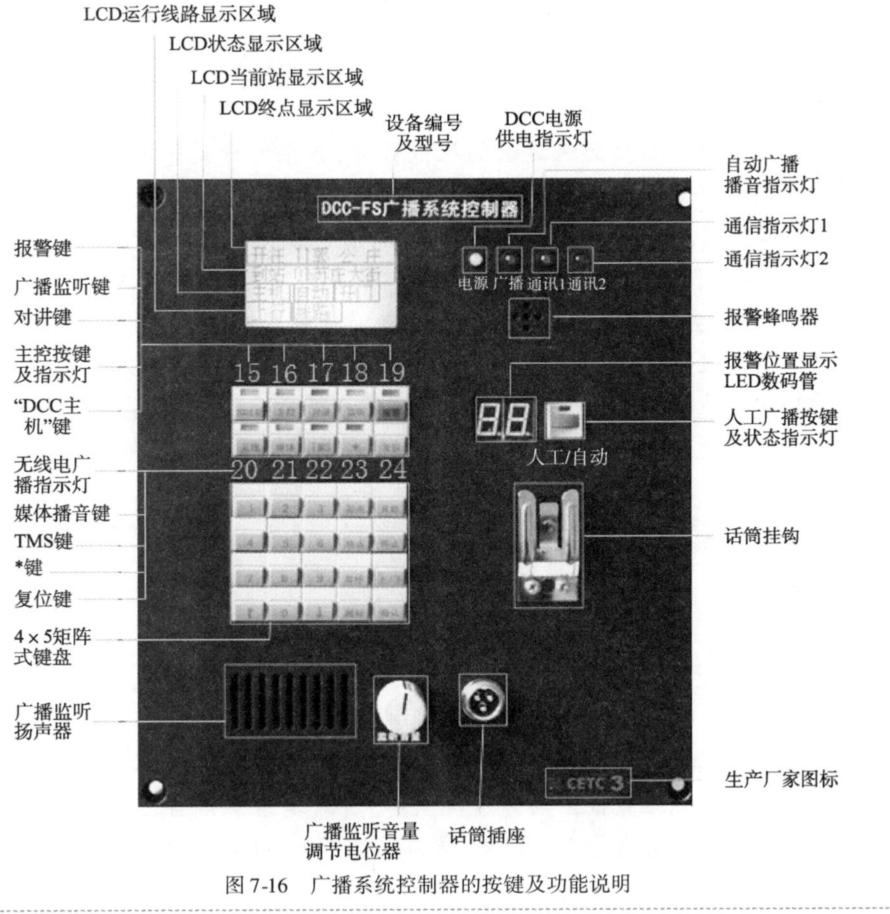

图7-16　广播系统控制器的按键及功能说明

三、注意事项及要点总结

列车广播系统是为乘客提供服务的工具之一，司机要加以重视，在列车运行过程中认真监听。广播发生故障后司机必须及时处理，并通过人工广播向乘客做好播报站服务，以免造成负面影响。

在以上的操作步骤中，若司机手动按“开始”键后恢复报站，可以判断司机室与客室之间的广播通信正常，可能是司机室广播系统控制器未检测到开门信号（控制自动报站功能）或列车速度信号（控制自动预报站功能），导致自动广播功能失效。这种现象一般是由接口板故障造成的，可以通过更换故障端司机室音频控制器内的接口板来解决，再进行动车试验来检查自动预报站或自动报站功能是否恢复正常。

两端司机室均不能进行自动广播,但是可以使用人工广播,这种情况的故障点可能是广播模块故障或广播控制板虚接,需要在列车掉线后由检修人员使用万用表及相关工具、仪表进行测量,检测电路中各触点状态,确认具体故障点。

若人工广播也无输出,可能的原因是广播系统控制器模块故障或广播中央控制器故障。

知识链接

人工广播注意事项

司机在司机室操纵列车运行的过程中,必须时刻关注各节车厢中乘客的状态,通过广播系统与乘客进行良好的沟通。

城市轨道交通作为公共交通运输的组成部分,归根结底是以“服务”为出发点的。司机作为城市轨道交通运营公司的一员,必须将为乘客服务置于工作的出发点,在执勤过程中对乘客真正负起应有的责任,积极主动地与车上乘客进行沟通,正确表达行车必要信息,使乘客获得良好体验,提高服务质量。乘客在乘车过程中,当乘车条件发生变化时,其心理要求也会随之变化,因此,司机应能掌握乘客乘车的共性心理,同时又能探索和理解乘客的个性心理,避免服务工作的片面性和盲目性。

司机的广播作业能力不仅表现在人工广播的流畅性上,更表现在突发事件发生时,冷静、准确、恰到好处地设计广播词的能力上,使乘客积极配合司机的工作,实现安全运营的目标。

练习使用人工广播标准用语

司机在进行人工广播时,应尽量使用文明用语,如“您、请、谢谢、对不起”等。特殊和紧急情况下的广播内容应首先引起乘客注意,再简单说明情况或原因,最后委婉地提出要求。在实际工作中,司机应能根据具体情况快速、有效地组织语言,正确进行广播。请针对以下十种情形,练习如何进行人工广播,要求简明扼要、吐字清楚、语言流畅。

(1)区间临时停车超过1min;

(2)车辆发生故障造成临时停车;

(3)列车在站通过;

(4)列车清客;

(5)列车救援;

(6)接到客室报警信息;

(7)列车在区间发生火灾、爆炸等突发事件;

(8)缓解乘客紧张情绪;

(9)列车晚点;

(10)信号设备故障、列车产生紧急制动。

技能考核

根据故障处理的操作过程和处理结果,对司机的工作进行评价。评价时,既要考虑故障点分析是否得当,还要考虑处理方法是否正确,更应考虑对线路运营的影响和乘客服务质量。学习者可根据本书配套的“技能考核与评价手册”,充分利用现有实训条件开展自评与互评。

情境任务三 CCTV 系统故障的处理

3 号线 1207 次列车在区间运行中,司机从驾驶台右侧的 CCTV 监视器上看到 2 号车厢客室监控出现花屏的现象。司机待列车进站停稳后进行处理。

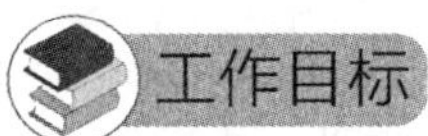

及时发现故障,根据情况采取应急处理措施。

一、故障现象与分析

1. 故障现象

某节客室监控出现未连接、无显示、定格、花屏等现象。

2. 故障分析

1)CCTV 系统工作原理

车载 CCTV 系统由视频监控主机(图 7-17)、客室监视器(为触摸屏)、媒体网关、摄像机等组成。摄像机负责采集列车各节客室和两个司机室的视频图像数据,由同轴电缆传输至相应客室内的媒体网关,进行编码处理。同时,媒体网关也将列车车体号、图像摄取时间、摄像机编号、图像水印等信息一并写入视频图像数据,再通过车载冗余工业以太网络传输给两个司机室的视频监控主机,存储在主机的硬盘中。根据设定的画面显示方式(单画面或四画面),视频监控主机通过车内网络访问媒体网关,调用所选择摄像机信号在客室监视器上显示,提供给司机查看。

图 7-17 视频监控主机

两个司机室内的视频监控主机互为热备份,同时工作,记录整车视频图像。车载 CCTV 系统启动后,当接收到 TCMS 给出的某端司机室激活信号后,两个视频监控主机确定主、备关系。若无 TCMS 信号,系统随机确定主、备关系,系统主机操作控制,备机处于记录状态。两个视频监控主机之间采用每秒 1 次的心跳信号确认对方的存在,当主机出现故障时,备机将在 3s 左右发现故障,并启动切换程序。也就是说,当一台视频监控主机出现故障,另一台仍然能够正常工作,完成监控、记录等功能。

2)常见故障判断方法

CCTV 系统的视频监控主机具有定期收集系统网络中各个设备运行状态和故障告警信息的功能。常见的故障告警信息有硬盘存储空间不足、硬盘读写故障、网络中断、摄像机视频丢失、媒体网关故障等,这些信息会通过司机室内的客室监视器向工作人员进行报警提示,司机或检修人员根据提示做出相应处理。

图 7-18 视频监视保险开关

二、故障处理

单节车客室监控显示不正常可能是因为该车辆出现媒体网关故障、连接线故障、网络故障或摄像机故障。司机的应急处理方法为:进站停车后,尝试断开视频监视保险开关(图 7-18)3s 后重新闭合,待系统重新启动后查看故障车的视频监控显示画面是否恢复正常。若不能消除故障,报告行车调度员,按其指示办理。

全列车客室监控显示不正常、司机室内的客室监视器黑屏或无显示等故障现象,也可通过重启视频监视保险开关来尝试解决。若列车无视频监视保险开关,可尝试使用 PIS 电源保险开关。

三、注意事项及要点总结

单节车客室监控显示不正常的同时,若该车厢内突发紧急情况、乘客报警,司机将无法通过 CCTV 系统查看该车厢内情况,会影响事件处置进度和乘客服务质量。因此,一旦发现单节车客室监控不正常,司机绝不能轻视,要及时处理。

车载 CCTV 系统的车内可维修更换单元有客室监视器触摸屏、视频监控主机、媒体网关、摄像机和系统连接电缆、接头。对于司机来说,在列车运营中 CCTV 系统发生故障后,应重点检查与系统相关的保险开关、供电电源等,使用重启法快速处理突发故障,应注意严禁在列车运行中操作保险开关。如果无效,则报告行车调度员,交由检修人员排查,进行接线紧固或部件更换。

技能考核

根据故障处理的操作过程和处理结果,对司机的工作进行评价。评价时,既要考虑故障点分析是否得当,还要考虑处理方法是否正确,更应考虑对线路运营的影响和乘客服务质量。学习者可根据本书配套的“技能考核与评价手册”,充分利用现有实训条件开展自评与互评。

情境任务四　空调系统故障的处理

工作情境

1 号线 2139 次列车运行中，司机接到 5 号车乘客紧急报警，得知该车辆空调不制冷。司机查看列车状态显示屏后确认该车辆出现空调机组故障，使用人工广播安抚乘客后进行处理。

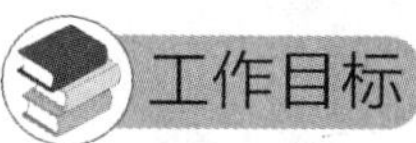

工作目标

及时发现故障，根据情况采取应急处理措施，并做好乘客服务工作。

一、故障现象与分析

1. 故障现象

单节车空调不制冷或不启动，在列车状态显示屏的“空调”界面（图 7-19）中，有红色故障图标显示或空调设置不正确。

2. 故障分析

1）客室空调机组制冷原理

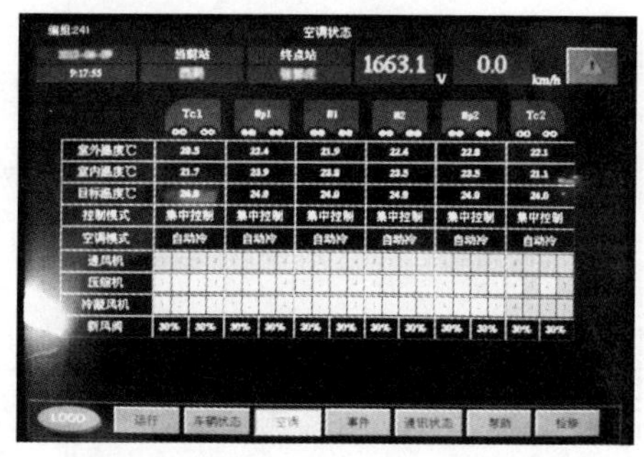

图 7-19　列车状态显示屏“空调”界面

客室空调机组由两个独立的制冷系统组成。首先，经压缩机压缩的高温高压气体制冷剂在冷凝器内被冷凝风机吹入的空气冷却为中温高压的液态制冷剂；然后，液态制冷剂经过干燥过滤器，再经毛细管节流为低温低压的液体制冷剂进入蒸发器，与回风和新风混合的空气进行热交换，从而使混合空气冷却和干燥；最后，冷却干燥的空气通过天花板风道被吹入客室。与此同时，在蒸发器内被蒸发的制冷剂变成低压饱和气体或少量过热气体，经过汽液分离器被吸入压缩机，从而完成制冷循环。压缩机不断工作，达到连续制冷的效果。

2）客室空调故障原因分析

客室车厢温度不够低可能是空调不制冷或制冷效果差导致。不制冷的原因有压缩机故障、制冷剂泄漏、高压压力开关或低压压力开关动作、空调机组内电器元件误动作或损坏、机械元件安装松弛等，制冷效果差的原因有少量制冷剂泄漏、送风量小、温度传感器测温不准、冷凝器散热片脏堵等。

空调系统故障处理流程图

二、故障处理

列车空调系统故障无法排除时，可能导致列车在终点站退出运营。故障应急处理操作流程见表 7-2。

故障应急处理操作流程　　表7-2

序号	检查内容	操　作	图　示
1	单节车空调不启动或不制冷	进入列车状态显示屏的“空调”界面,检查空调各项设置	
		做好人工广播,让故障车的乘客移动到其他车厢	
		查看是否有断路器保险跳开。若跳开保险在司机室内,则将其闭合;若跳开保险在客室控制柜内,则向行车调度员申请安排人员上车处理*。工作人员上车后,打开空调控制柜复位该车辆空调主电路断路器,必要时,利用单车SA开关进行空调设置	
2	全列车空调不启动或不制冷	进入列车状态显示屏的“空调”界面,检查空调各项设置和运转状态	
		使用人工广播向乘客解释	
		若重新设置空调系统无法解决故障,则向行车调度员申请终点站掉线	

*:处理过程为单司机作业条件。双司机作业条件下可由其中一名司机进入客室检查保险开关。

三、注意事项及要点总结

空调系统是否正常工作与乘客的乘车体验密切相关，尤其是在炎热的夏季和高峰时段，稍有不慎便会降低运营服务质量、产生乘客投诉情况。因此，面对空调系统故障，司机应当尽快处理，并使用人工广播向乘客解释。

整列车空调操作无效故障应急处理

客室空调系统常见的故障现象有不出风、风量小、不制冷、制冷效果差、振动噪声大、漏水等，早班司机在车辆段内进行整备作业的空调试验时，要关注其运转情况，并于客室巡视检查中查看有无异常，尽量在列车上线运行之前排除隐患。

想一想

查阅资料，总结在新冠肺炎疫情期间，地铁车站和列车上的空调系统如何运转以符合防控需要？

技能考核

根据故障处理的操作过程和处理结果，对司机的工作进行评价。评价时，既要考虑故障点分析是否得当，还要考虑处理方法是否正确，更应考虑乘客服务质量和对线路运营的影响。学习者可根据本书配套的“技能考核与评价手册”，充分利用现有实训条件开展自评与互评。

情境任务五　客室照明故障的处理

工作情境

5 号线车号为 05017 的列车在终点站清客后，司机按规定关闭客室照明，进入折返程序。折返完毕进站前司机操作客室照明开关无效，无法开启客室照明，但应急照明正常。

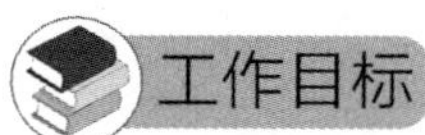

工作目标

及时发现故障，根据情况采取应急处理措施，减小对运营秩序的影响。

一、故障现象与分析

1. 故障现象

司机扳动客室照明开关，无法开启客室照明，应急照明正常。

2. 故障分析

列车照明分布如图 7-20 所示。80-E01 ~ 80-E04 为客室应急照明灯，使用 DC110V 电源；80-E05 ~ 80-E28 为客室普通照明灯，使用 AC220V 电源；80-E29 ~ 80-E30 为贯通道灯，使用 DC110V 电源；80-E31 ~ 80-E33 为司机室灯，使用 DC110V 电源。与照明系统相关的断路器保险开关有照明控制保险开关（图 7-21）和本车照明电源保险开关（图 7-22）。司机可通过驾驶台上的客室照明开关开启或关闭客室照明。全列客室照明不亮可能是因为照明控制保险开关跳开或出现客室照明开关故障，单车客室照明不亮则应重点检查本车照明电源保险开关。

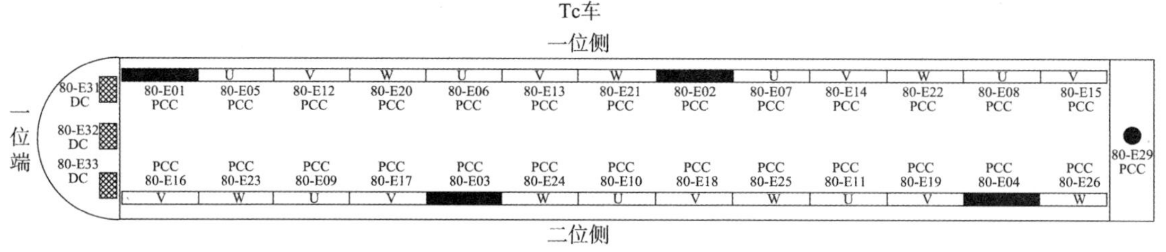

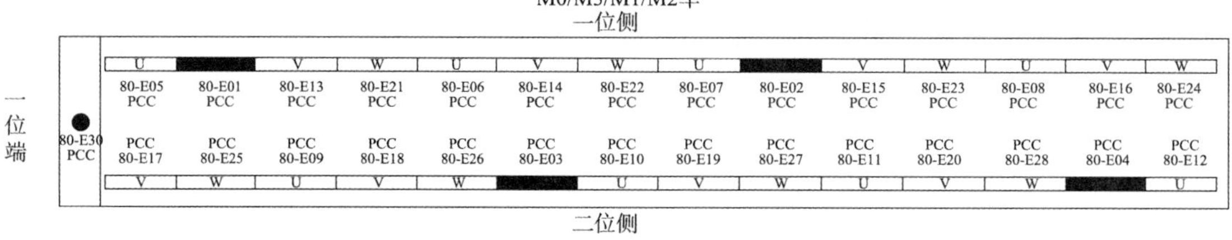

●贯通道灯 ■客室应急照明灯 U/V/W客室普通照明灯 ▩司机室灯

图 7-20　列车照明分布

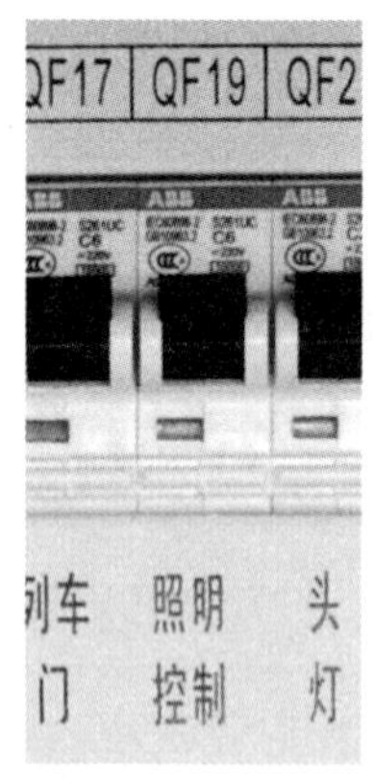

图 7-21　照明控制保险开关

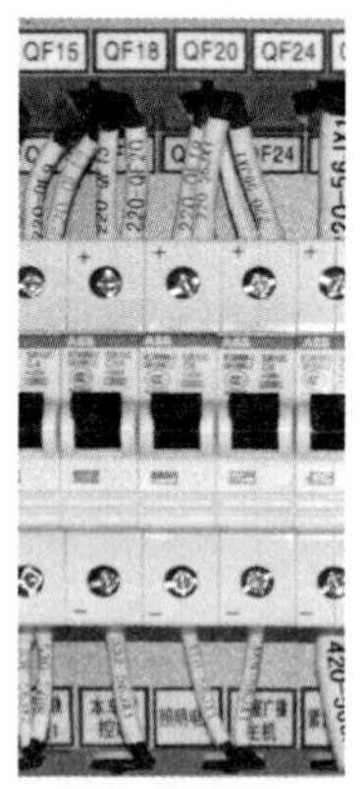

图 7-22　本车照明电源保险开关（QF20）

二、故障处理

列车全列照明系统故障无法排除时，可能导致列车退出运营。故障应急处理操作流程见表 7-3。

故障应急处理操作流程　　表7-3

序号	操　　作	序号	操　　作
1	操作客室照明开关试验，检查开关是否接触不良	2	检查照明控制保险开关是否跳开，若跳开将其复位，无法复位时，立即报告行车调度员，按其指示办理

三、注意事项及要点总结

客室正常照明系统的电源来自辅助电源系统，当全列照明不亮时，司机应当首先确认其他设备工作状态，排除辅助电源系统故障的可能性，再检查照明控制保险开关。

如果在列车载客过程中突发全列客室照明故障，司机务必通过人工广播安抚乘客情绪，确保车厢内秩序良好。

全列客室照明不亮且无应急照明时，列车应当立即清客，退出运营；当一节或多节客室照明不亮且无应急照明时，视情况可以维持列车运营至终点站掉线；在列车出库前的整备作业中发现全列客室照明不亮时，该车禁止投入运营。

技能考核

根据故障处理的操作过程和处理结果，对司机的工作进行评价。评价时，既要考虑故障点分析是否得当，还要考虑处理方法是否正确，更应考虑乘客服务质量和对线路运营的影响。学习者可根据本书配套的“技能考核与评价手册”，充分利用现有实训条件开展自评与互评。

项目八 站台门故障处理

项目说明

站台门是城市轨道交通乘客安全系统装置和一种环控模式系统，设置于站台边缘，将站台区域与轨行区分隔开。在信号系统的作用下，列车进站对标停稳后，滑动门随着列车车门的开启而开启，列车离站前随着列车车门的关闭而自动关闭。当站台门发生故障时，为了不影响乘客乘降和正常行车作业，司机应当尽快排除故障，保证列车安全和正点运营。

通过本项目的学习和训练，学生应掌握站台门故障的处理办法，能准确、高效地完成出现站台门故障时的站台作业。

对应职业能力

轨道列车司机(五级/初级工)—列车故障处理—站台门故障处理。

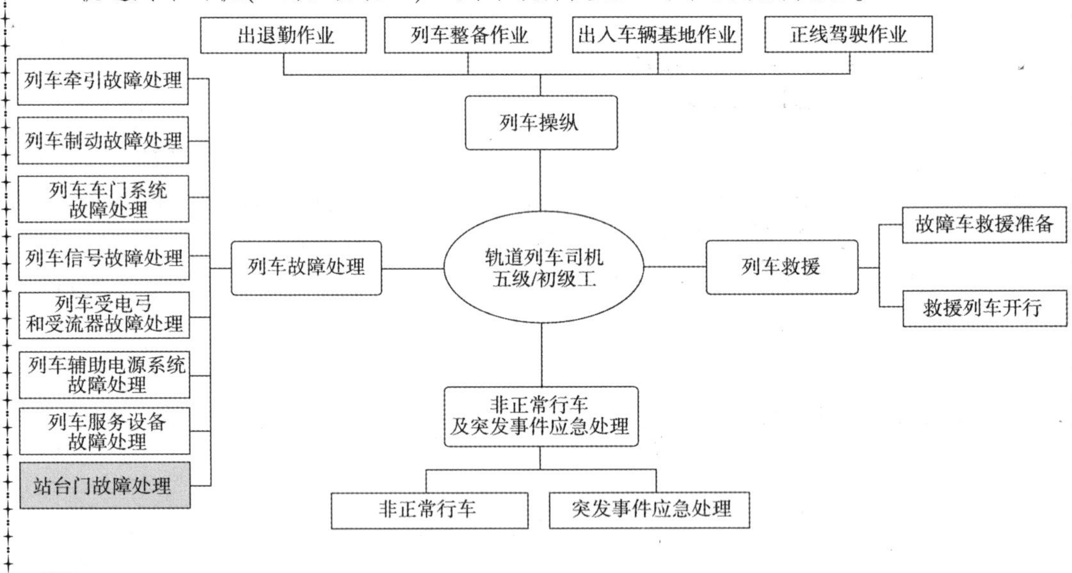

知识目标

1. 掌握站台门的控制方式、与列车车门联动的原理。
2. 掌握站台门故障的应急处理原则及要求。
3. 掌握站台门主要故障的判断和应急处理方法。

能力目标

1. 能及时发现站台门运行异常,正确判断故障。
2. 能人工操作站台门开启与关闭,避免影响正点发车。
3. 能根据应急处理原则和要求,独立或与相关人员合作完成站台门故障处理。

素质目标

1. 提升乘客服务意识。
2. 培养良好的沟通能力,提高与同事的沟通效率。
3. 具备责任意识和大局意识。
4. 培养关注细节、精益求精的工匠精神。

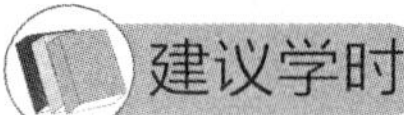

建议学时

6 课时。

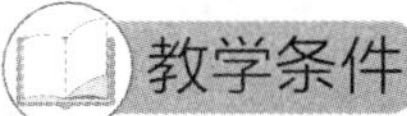

教学条件

1. 多媒体教室:能连接互联网,开展与课程有关的教学活动。
2. 列车模拟驾驶器:能与至少一组实物客室车门和站台门联动,能模拟站台门主要故障,具备就地控制盘 PSL。
3. 教学软件:能模拟列车操纵环境,并具备实时交互反馈功能。
4. 其他工具:PSL 钥匙。

知识单元

站台门的控制原理

站台门(Platform Screen Door,PSD)是城市轨道交通乘客安全系统装置和一种环控模式系统,设置于站台边缘,将站台区域与轨行区分隔开。在信号系统的作用下,列车进站对标停稳后,滑动门随着列车车门的开启而开启,列车离站前随着列车车门的关闭而自动关闭。

一、站台门组成

机械部分和电气部分组成站台门的门体部分,如图 8-1 所示。

机械部分包括门体结构和门机系统。门体结构由承重结构、滑动门(Automatic Sliding Door,ASD)、固定门(Fixed Panel,FIX)、应急门(Emergency Escape Door,EED)、端门(Manual Secondary Door,MSD)、门槛、顶箱等组成,门机系统由电机、减速器、传动装置、锁紧装置等组成。当列车停靠在正确的位置时,列车门对应站台门的各个滑动门。

电气部分包括电源系统和控制系统。电源系统由驱动电源和控制电源等组成。控制系统由中央控制盘(PSD Central Control Panel,PSC)、就地控制盘(PSD Local Control Panel,PSL)、门控单元(Door Control Unit ,DCU)、就地控制盒(Local Control Box,LCB)、综合后备盘(Intergration Backup Panel,IBP)等组成。

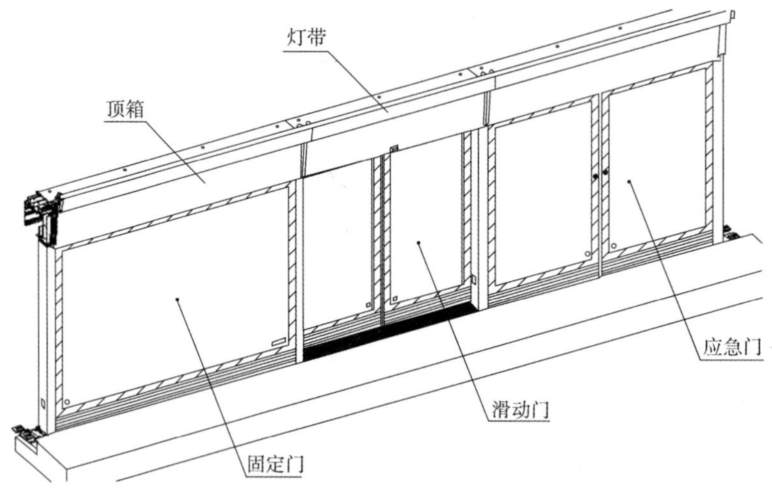

图 8-1　站台门门体部分

二、站台门的控制等级

站台门具有系统级控制、站台级控制(分为 PSL 控制和 IBP 控制)和手动操作三级控制方式。在这三级控制方式中,手动操作优先级最高,IBP 控制模式优先级比 PSL 控制模式高,系统级控制优先级最低。

1. 系统级控制

系统级控制是站台门通常的运行模式,优先级最低,由信号系统直接对站台门进行控制。在系统级控制方式下,列车到站并停在允许的误差范围内时,列车信号系统向站台门发送开/关门指令,控制指令经信号系统发送至中央控制盘(PSC,图 8-2)。中央接口盘通过门控单元(DCU)对滑动门开/关进行实时控制,实现站台门的系统级控制。

图 8-2　中央控制盘

2. 站台级控制

1)PSL 控制

在系统级控制出现故障时,可进行 PSL 控制。PSL 控制是由司机或站台工作人员在就地控制盘(PSL,图 8-3)上对滑动门进行开/关的控制。例如,当信号系统出现故障时,工作人员在就地控制盘上进行开门或关门操作,实现站台门的 PSL 控制。

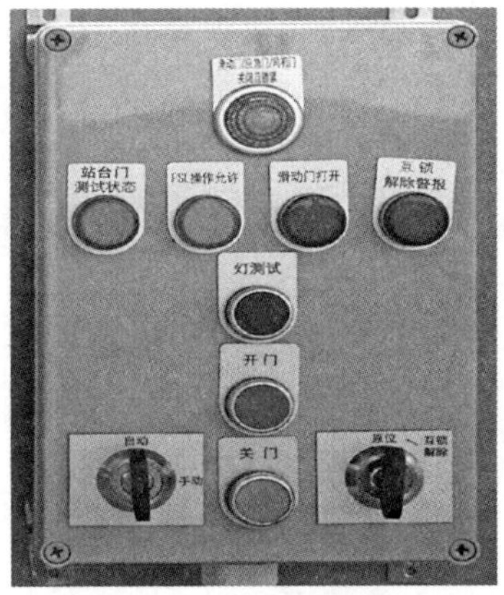

图 8-3　就地控制盘(PSL)

2)IBP 盘紧急控制

在发生火灾或其他紧急情况下,工作人员可进行紧急开门操作,配合站台火灾排烟模式需要。用钥匙开关打开在车站控制室内的综合后备盘(IBP,图 8-4)上的操作允许开关,实现对滑动门进行开门的控制。

3. 手动操作

手动操作是站台工作人员或乘客对站台门进行操作。当系统电源或个别站台门操作机构发生故障时,站台工作人员可在站台侧用钥匙开/关站台门,或者乘客在轨道侧操作站台门开门把手打开站台门,实现对站台门的手动控制。

在维修测试情况下,单扇门就地操作由维修维保人员使用就地控制盒(LCB,图 8-5)对单道站台门进行操作。

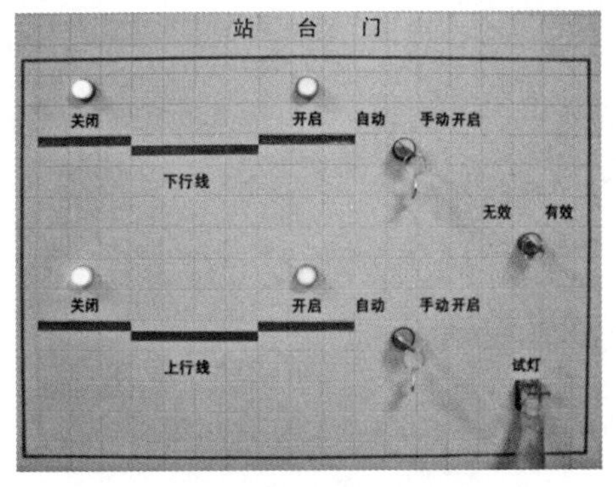

图 8-4　综合后备盘(IBP)

图 8-5　就地控制盒(LCB)

三、站台门与列车车门的联动

在 CBTC 级别或 ITC 级别时,ATP 系统提供列车车门与站台门的联动功能,保证车门与站台门同步开关。只有满足打开站台门的条件,车载 ATP 才授权站台门安全打开。允许打开站台门的条件为:①列车零速;②列车在一个指定的停车点对位,对位误差在允许范围内;③将要开启的站台门必须与当前列车停靠在站台同侧;④列车牵引已切断,保持制动或紧急制动已施加。

在车门与站台门联动不可用时,需要司机人工控制站台门的打开和关闭。当站台门未正常打开时,系统允许人工操作站台门 PSL 的开关按钮来打开或关闭站台门,此时,站台门的状态仍在系统监督下,保证列车和乘客安全。

车载ATP和ATO系统通过计算机联锁子系统转发对站台门系统的控制命令,控制站台门的开关,并接收站台门的状态信息。车载ATP和ATO系统与计算机联锁子系统通过无线通道传输信息,计算机联锁子系统与站台门控制系统由继电接口直接连接,它们之间的控制连接图如图8-6所示。

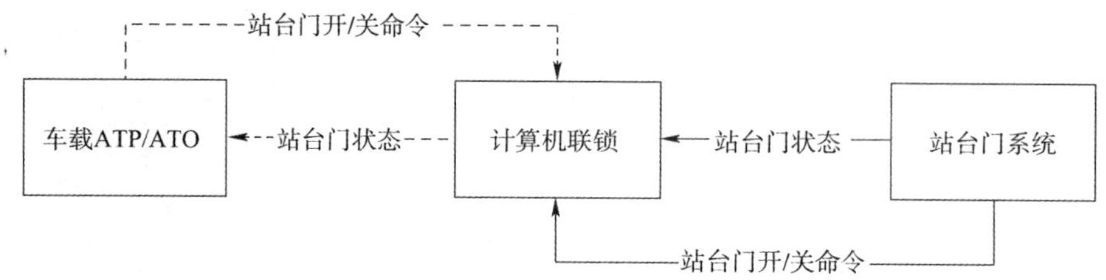

图8-6　站台门控制连接图

由于故障,站台门打开或失去状态表示导致列车无法运行时,可通过人工操作就地控制盘上的"互锁解除"开关来切除信号系统对站台门状态的监督,使列车继续运行。

知识链接

信号系统与站台门系统的接口逻辑

信号系统与站台门系统的接口应当符合如下条件:

(1)正常情况下,站台门的开关由信号系统自动控制;

(2)对于故障列车或运行在RM模式下的列车,能执行站台门人工管理;

(3)当所有列车车门和站台门都关闭锁紧后,或站台门互锁解除后,才允许列车驶离车站;

(4)在CBTC级别下,若车载信号系统不能检测到站台门关闭且锁紧,则不允许列车进入或驶出站台,并对正在进出站的列车实施紧急制动;

(5)站台门系统能直接由人工本地控制。

情境任务一　站台门与车门不联动的处理

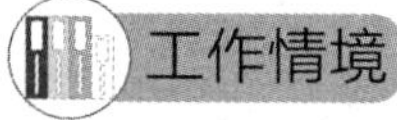

1号线2102次列车以CBTC-AM运行模式至L站上行站台正常停车,车门控制模式为"自动",所有车门打开后,全列站台门没有开启。

及时发现故障,做出合理处置,确保乘客乘降作业安全、有序进行。

一、故障现象与分析

1. 故障现象

站台门与车门不联动的情况有:列车正常停站时,全列车门打开后,站台门未自动开启;列车正常停站后,全列车门已经关闭,站台门未自动关闭。

2. 故障分析

在 CBTC 级别或 ITC 级别下,站台门与车门的联动由信号系统保证。当列车满足零速、适当对位、牵引切断、制动施加等条件后,车载 ATP 系统输出车门使能信号,向列车发出开门指令的同时,向地面信号联锁设备发出开启站台门的请求,该请求经由地面信号系统传递给站台门中央控制盘,中央控制盘收到开门命令后,控制应开门侧所有滑动门的打开。车门与站台门的联动关闭也是一样的原理。

因此,在全列车门已经打开或关闭的情况下,站台门没有自动打开或关闭,可能的原因有:

(1)信号系统未采集到开启或关闭站台门的命令;

(2)信号系统故障;

(3)站台门系统级控制故障。

站台门与车门不联动处理流程图

二、故障处理

站台门与车门不联动时,司机应尝试使用手动控制的方式解决,避免因开门或关门延误导致列车晚点。故障应急处理操作流程见表 8-1。

故障应急处理操作流程　　表 8-1

序号	现　象	操　作	图　示
1	车门打开,站台门未打开	将车门控制模式转为“手动”,按压开门按钮,观察站台门是否开启	半自动 手动 自动 开门模式选择开关 ADA 开门模式选择
		若站台门没有开启,使用 PSL 打开站台门,并报告行车调度员	开门 自动 手动 关门

续上表

序号	现　　象	操　　作	图　　示
2	车门关闭,站台门未关闭	将车门控制模式转为“手动”,按压关门按钮,观察站台门是否关闭	开门模式选择
		若站台门没有关闭,使用 PSL 关闭站台门,并报告行车调度员	

三、注意事项及要点总结

人工开启站台门

FAM 模式下,出现站台门与车门不联动的故障时,司机报告行车调度员。若行车调度员通知司机激活驾驶台进行人工开门作业,则处理方法与人工驾驶时的处理流程一致。车门与站台门全部关闭后,满足 FAM 模式的升级条件时可升级至 FAM 模式运行;若不满足,按调度命令以 AM 模式或 CM 模式驾驶列车继续运行。

若连续多站出现站台门与车门不联动的情况,则可以判断故障由信号系统异常所致。

在 RM 模式下,信号系统不提供车门与站台门的联动功能,只能人工进行站台门开门或关门作业。

技能考核

根据故障处理的操作过程和处理结果,对司机的工作进行评价。评价时,既要考虑故障点分析是否得当,还要考虑处理方法是否正确、与站台工作人员是否高效配合,更应考虑对线路运营的影响和乘客服务质量。学习者可根据本书配套的“技能考核与评价手册”,充分利用现有实训条件开展自评与互评。

情境任务二　全列站台门故障的处理

工作情境

10 号线 1025 次列车以 CBTC-AM 运行模式至 L 站上行站台正常停车,所有车门打开后,全列站台门没有开启。司机使用 PSL 仍不能打开站台门。

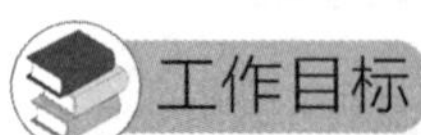

工作目标

及时发现故障,做出合理处置,确保乘客乘降作业安全、有序进行。

一、故障现象与分析

1. 故障现象

列车正常停站，全列车门打开或关闭后，站台门未自动开启或关闭，司机使用 PSL 不能打开或关闭站台门。

2. 故障分析

在站台门的系统级控制下，信号系统直接对站台门进行控制，将开门或关门命令发送给 PSC，由 PSC 将开门或关门命令集中发送给每道滑动门的 DCU，完成开门或关门动作。

信号系统向站台门系统提供的主要信息有开站台门的信息、关站台门的信息、列车占用车站轨道的信息；站台门系统向信号系统提供的主要信息有滑动门和应急门关闭且锁紧信息、滑动门和应急门互锁解除信息。

当系统级控制出现故障时，如信号系统故障，可由工作人员在 PSL 上对滑动门进行开关控制。使用 PSL 控制时，来自信号系统的开站台门和关站台门指令都将被忽略，由 PSL 将开门或关门命令发送给每个 DCU。PSL 通过硬线电缆与 PSC 单元控制器相连。

站台门系统的电源设备一般设置在车站设备室内，包括门机驱动电源和控制电源。门机驱动电源的供电方式有直流驱动电源和交流驱动电源，控制电源采用不间断电源（UPS）作为后备电源，为 PSC、PSL、IBP、逻辑监控模块等设备供电。

当司机无法使用 PSL 控制全列站台门时，可以判断是站台门控制系统故障还是电源中断。

全列站台门故障处理流程图

二、故障处理

使用 PSL 无法控制站台门时，司机应尽快报告行车调度员，申请站台工作人员协助处理，避免影响乘客乘降作业。故障应急处理操作流程见表 8-2。

故障应急处理操作流程　　表 8-2

序号	现　象	操　作	图　示
1	PSL 不能打开站台门	报告行车调度员，申请站台工作人员协助	
		使用车内广播，引导乘客操作滑动门手柄开门	

续上表

序号	现　　象	操　　作	图　　示
2	PSL 不能关闭站台门	报告行车调度员,申请站台工作人员协助	
		站台工作人员操作 PSL“互锁解除”开关,司机发车离站	

三、注意事项及要点总结

在发现站台门故障时,司机应当第一时间报告行车调度员,在站台工作人员处理的过程中,司机注意监听无线电台的正线频道,留意站台门处理过程,并通过广播安抚乘客情绪,引导乘客手动打开滑动门,避免产生乘客投诉。

在进出站过程中,司机可以通过信号系统显示屏观察站台门的状态。当站台门非正常打开时,会有相应图标显示。当全列站台门无法关闭或部分站台门无法关闭时,为了不影响列车出发,司机均可以向行车调度员申请采取“互锁解除”发车。

在 CBTC 级别下,信号系统实时监督站台门状态,当站台门打开时列车将实施紧急制动,禁止进出站或在站台内移动。在 ITC 级别下,只有列车安全停站时才监督站台门的状态,在列车进出站过程中司机应人工监督站台门的状态,确保列车和乘客安全。

技能考核

根据故障处理的操作过程和处理结果,对司机的工作进行评价。评价时,既要考虑故障点分析是否得当,还要考虑处理方法是否正确、与站台工作人员是否高效配合,更应考虑对线路运营的影响和乘客服务质量。学习者可根据本书配套的“技能考核与评价手册”,充分利用现有实训条件开展自评与互评。

技能拓展

单个站台门故障的应急处理

司机发现单个站台门故障时,应当第一时间向行车调度员报告,由车站工作人员前往处理,避免导致乘客乘降受到影响。在车站工作人员处理的过程中,司机要留意处理过程,必要时通过列车广播向乘客解释。车站工作人员处理完毕,向司机展示“一切妥当”手信号。

1. 故障现象:单个站台门不能开启

故障处理:司机报告行车调度员,并利用列车广播告知乘客关于站台门故障的情况,可由乘客手动操作滑动门手柄开门;乘降作业完毕后,司机进行关门操作,确认站台门全部关闭后，或车站工作人员展示“一切妥当”手信号后，凭信号显示发车。

2. 故障现象：单个站台门不能关闭

故障处理：司机报告行车调度员，申请车站工作人员协助关门；待车站工作人员对故障站台门进行处理后，看到“一切妥当”手信号或接到行车调度员发车指示后，凭信号显示发车。

情境任务三　互锁解除失效的处理

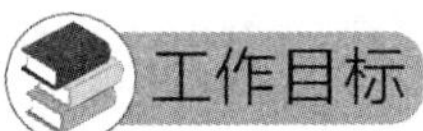

工作情境

7 号线 2158 次列车在 H 站因下行站台门故障，站台工作人员按规定操作 PSL 的“互锁解除”开关使列车离站，但列车仍无法发车。

工作目标

确认站台门故障，与站台工作人员配合，做出合理处置，确保行车安全、运营有序。

一、故障现象与分析

1. 故障现象

站台工作人员将站台门 PSL 上的“互锁解除”开关旋至“互锁解除”位，列车无法离站。

2. 故障分析

信号系统从站台门系统获取的信号有两类：①站台门关闭且锁紧；②站台门互锁解除。在信号系统与站台门系统出现通信故障的情况下，站台门系统应向信号系统发送互锁解除信息，来强制解除站台门系统与信号系统之间的互锁关系，使列车正常进出站。信号系统与站台门系统的接口功能说明见表 8-3。

信号系统与站台门系统的接口功能说明　　表 8-3

信号名称	信号方向	信号系统功能	站台门系统功能
站台门关闭且锁紧 （持续信号）	站台门→信号系统	接收到站台门“关闭且锁紧”信号，信号系统允许信号开放； 未接收到站台门“关闭且锁紧”信号，信号系统不允许信号开放	当所有滑动门和应急门关闭且锁紧时，反馈“关闭且锁紧”状态给信号系统；只要有一扇门单元没有锁紧，则不反馈“关闭且锁紧”状态
互锁解除 （持续信号）	站台门→信号系统	接收到“互锁解除”信号后，解除信号系统对站台门关闭且锁紧状态的检查和互锁关系，信号系统允许信号开放	当出现站台门系统故障时，为保证运营，通过解除与信号系统的互锁关系来正常接发列车

续上表

信号名称	信号方向	信号系统功能	站台门系统功能
开门指令 (电平信号)	信号系统→站台门	打开列车车门和站台门时,将开门指令发送给站台门系统	收到开门指令后,由站台门系统执行一侧站台所有滑动门开门动作
关门指令 (电平信号)	信号系统→站台门	关闭列车车门和站台门时,将关门指令发送给站台门系统	收到关门指令后,由站台门系统执行一侧站台所有滑动门关门动作

PSL 上的"互锁解除"开关是一个自复位二位置钥匙开关,作用是强制解除站台门系统与信号系统之间的互锁关系,使列车可以离站或进站而不用等待站台门"关闭且锁紧"信号。当互锁解除钥匙开关启动时,"滑动门/应急门互锁解除"信号从 PSL 输出。操作此开关时,应由站台工作人员使用钥匙旋至"互锁解除"位直到列车完全离开站台或列车进入站台并停稳。

当互锁解除无法发车时,可以判读原因可能为:

(1)站台门系统故障,未成功发出"互锁解除"信号;

(2)信号系统故障,没有正确响应"互锁解除"信号。

二、故障处理

使用 PSL 上的"互锁解除"开关无法发车时,司机应尽快报告行车调度员,申请切除车载信号系统,避免延误发车时间。故障应急处理操作流程见表 8-4。

故障应急处理操作流程 表 8-4

序号	操作	序号	操作
1	报告行车调度员,申请切除车载信号系统	2	切除车载信号系统后,列车转为 EUM 驾驶模式,手动驾驶列车越过出站信号机 5m 后,恢复 VOBC 继续运行

图 8-7 PSL 上的互锁解除指示灯

三、注意事项及要点总结

站台门"关闭且锁紧"信号是一个安全信号,一直保持到下一次开门命令时中止;"互锁解除"信号也是一个安全信号,由人工在 PSL 上执行。当互锁解除信号发送给信号系统后,PSL 上的互锁解除指示灯(图 8-7)应当点亮,车站工作人员可由该指示灯的状态判断互锁解除信号是否发送到了信号系统。

正常运行的列车进入站内停车时,ATP 子系统连续监测站台门的"关闭且锁紧"信号,当发现该信号异常或信号系统收不到站台门状态信息时,ATP 向列车施加紧急制动。因此,站台工作人员应当关注站台门的状态,为防止由于站台门故障导致列车无法进站的情况发生,也应由专人操作 PSL 互锁解除开关。

技能考核

根据故障处理的操作过程和处理结果,对司机的工作进行评价。评价时,既要考虑故障点分析是否得当,还要考虑处理方法是否正确、与站台工作人员是否高效配合,更应考虑对线路运营的影响和乘客服务质量。学习者可根据本书配套的"技能考核与评价手册",充分利用现有实训条件开展自评与互评。

附录一 列车上线技术标准

一、列车请求救援的情况

(1)列车发生故障,进行处理后仍不能牵引全列车维持运行。
(2)制动系统发生故障,致使全列车制动不能缓解。
(3)列车发生突发事件,处理后仍无法运行。
(4)发生严重故障,有危及行车安全的可能,司机认为需要救援。
(5)列车需要推进运行,但前端司机室无瞭望条件。

二、列车立即清人掉线的情况

(1)动车过少,全列有一半及以上动车失去牵引力。
(2)制动系统发生故障,全列车失去 1/6 以上基础制动。
(3)列车运行中显示列车"缓解不良",且无法确认列车制动系统状态。
(4)全列车紧急制动不缓解,处理后仍无法正常使用但可缓解,此时就近入库。
(5)列车总风泄漏严重,此时就近入库。
(6)全列车无法正常开、关门,经处理无法恢复。
(7)车门发生故障,手动不能关好(门开度大于 100mm)且无人监护。
(8)一节车及以上车门发生故障,无法处理。
(9)列车状态显示屏与门灯显示不一致,且司机无法确认车门状态。
(10)司机室门机械发生故障,无法开启。
(11)列车运营中,紧急疏散门出现故障,无法关闭。
(12)高、低压导线及电气设备接地、短路发生冒烟或着火等现象。
(13)两台辅助逆变器发生故障无法恢复,此时就近入库。
(14)列车在运行中监控装置发生故障,无法正常显示运行状况。
(15)列车无线电台发生故障,手持电台及其他一切手段无法对外联系。
(16)全列车客室正常照明不亮,且无应急照明。
(17)两个前照灯同时发生故障,不亮,视线不足,无法确认线路。
(18)列车发生异味、冒烟故障。
(19)列车机械、电器等发生故障,危及人身安全。
(20)车辆重要部件脱落,危及行车安全,此时就近入库。
(21)走行部(包括齿轮箱、轴箱、联轴节、牵引装置、牵引电机等)发生故障或有异音。

(22)列车机械部位发生故障,致使车轮不转,此时就近入库。
(23)车轮擦伤严重,此时就近入库。
(24)列车发生故障,列车状态显示屏上提示立即掉线。
(25)列车发生严重故障,司机认为不能继续载客运行。

三、列车终点站掉线的情况

(1)因故障,全列车减少 1/3 或 1/4 动力。
(2)列车控制网络发生故障,但能采取紧急牵引模式运行。
(3)一台空压机组出现故障,但能保证列车正常使用的总风压力。
(4)列车发生故障,需要短接总风压力旁路运行。
(5)列车发生故障,需要短接停放制动旁路运行。
(6)一辆车空气弹簧不充气,此时驾驶列车运行时注意弯道运行限速 30km/h。
(7)需要短接门使能旁路开关以维持列车车门打开。
(8)车门发生故障,列车同节单侧连续 2 个车门封闭。
(9)车门发生故障,手动不能关好(门开度小于 100mm),有专人监护。
(10)列车状态显示屏与门灯有一处显示不正常,但司机能确认车门关闭良好。
(11)司机室门无法关闭。
(12)车载信号设备发生故障,列车无法正常运营。
(13)车载通信系统发生故障,致使整列车站台门不能开启与关闭。
(14)单台辅助逆变器发生故障无法恢复,但有扩展供电。
(15)激活端司机室的广播系统发生故障,切换至子机播放广播。
(16)列车空调系统发生故障超过 1/6 或 1/8。
(17)一节及以上客室正常照明不亮且无应急照明。
(18)列车发生故障,列车状态显示屏提示运行到终点站掉线。
(19)列车发生故障,司机认为列车不能继续完成运行图规定的交路。

附录二 旁路开关索引表

开关名称	作　用	使用时机
ATC 旁路	ATC 切除	信号系统车载设备故障,或需要切除列车防护系统运行时
总风压力旁路	紧急制动缓解	因列车故障造成总风压力不足,或检测电路故障,需要启动列车时
紧急制动短路	紧急制动缓解	确认为安全环路连接导线故障引起的连续紧急制动,在确定列车可以安全运行的前提下,使用该旁路开关,列车限速 30km/h 运行
警惕按钮旁路	紧急制动缓解	确认为警惕按钮故障导致列车施加紧急制动时,用该旁路开关缓解紧急制动
零速旁路	强制开门	在确认是零速继电器故障的情况下,使用该旁路开关,强行将零速信号发送到各车门,即故障开门
门关好旁路	强制牵引	若门关好继电器故障不能启动列车,在确认所有客室门及司机室侧门已经关闭到位的情况下,使用该旁路开关,故障应急走车
缓解不良旁路	强制牵引	当列车状态显示屏提示列车缓解不良时,按下“强迫缓解”按钮后列车缓解,但仍不能牵引,可使用该旁路开关
停放制动旁路	强制牵引	在确定列车无停放制动施加的情况下,牵引控制电路中停放制动继电器 PBRR 触点不闭合,使用该旁路开关
列车完整性旁路	ATC 启动	在确认是列车完整性环线断开的前提下,头车可使用该旁路开关,强行送信号到列车完整性电路和信号系统

附录三 专业术语中英文对照表

英文缩写	英文全称	中文名称
AOM	Assistant Operation Module	辅助驾驶设备
ASD	Automatic Sliding Door	(站台门)滑动门
ATC	Automatic Train Control	列车自动控制
ATO	Automatic Train Operation	列车自动驾驶
ATP	Automatic Train Protection	列车自动防护
ATS	Automatic Train Supervision	列车自动监控
AR	Auto Reverse	自动折返
BC	Brake Cylinder	制动缸
BCU	Brake Control Unit	制动控制单元
BHB	Bus High Speed Breaker	母线高速断路器
BTM	Balise Transmission Module	应答器传输单元
CBTC	Communication Based Train Control System	基于无线通信的列车自动控制系统
CCTV	Closed Circuit Television	视频监控系统
CI	Computer Interlock	计算机联锁
DCU	Door Control Unit	(站台门)门控单元
	Drive Control Unit	牵引控制单元
EB	Emergency Brake	紧急制动
EBCU	Electronic Brake Control Unit	电子制动控制单元
EDCU	Electric Door Control Unit	电子门控单元
EED	Emergency Escape Door	(站台门)应急门
FAO	Fully Automatic Operation	全自动运行

续上表

英文缩写	英 文 全 称	中 文 名 称
FAM	Fully Automatic Train Operating Mode	全自动驾驶模式
FB	Fixed Data Balise	固定数据应答器
FIX/FP	Fixed Panel	(站台门)固定门
HB/HSCB	High Speed Circuit Breaker	高速断路器
IB	Infill DataBalise	填充应答器
IBP	Intergration Backup Panel	综合后备盘
ITC	ITCk Based Train Control	点式级别列车控制
LCB	Local Control Box	(站台门)就地控制盒
LEU	Linside Electronic Unit	轨旁电子单元
LB	Line Breaker	接触器
MA	Movement Authority	移动授权
MC	Master Controller	司机控制器
MSD	Manual Secondary Door	(站台门)端门
MVB	Multifunction Vehicle Bus	多功能车辆总线
OCC	Operating Control Center	运营控制中心
PBCU	Pneumatic Brake Control Unit	气制动控制单元
PIS	Passenger Information Systems	乘客信息系统
PSC	PSD Central Control Panel	(站台门)中央控制盘
PSD	Platform Screen Door	站台门
PSL	PSD Local Control Panel	(站台门)就地控制盘
PWM	Pulse Width Modulation	脉冲宽度调制
SIV	Static Inverter	辅助逆变器/静止逆变器
TCMS	Train Control and Management System	列车控制与管理系统
VB	Variable Data Balise	可变数据应答器
VCM	Vehicle Control Module	车辆控制模块
VCU	Vehicle Control Unit	列车控制单元
VOBC	Vehicle on-board Controller	车载控制器
VVVF	Variable Voltage and Variable Frequency	牵引逆变器
ZC	Zoom Controller	区域控制器

参 考 文 献

[1] 中华人民共和国人力资源和社会保障部,中华人民共和国交通运输部. 轨道列车司机(城市轨道交通列车司机)[EB/OL]. 2020-02-27. http://cettic. mohrss. gov. cn/zyjnjd/zyjnbz/site66/20200227/4ccc6a76ab911fc18c1401. pdf.

[2] 交通运输部职业资格中心,交通运输部职业技能鉴定指导中心. 城市轨道交通列车司机(初级·中级·高级)[M]. 北京:人民交通出版社股份有限公司,2020.

[3] 毛昱洁. 城市轨道交通电动列车驾驶[M]. 2 版. 北京:机械工业出版社,2020.

[4] 中国城市轨道交通协会. 城市轨道交通列车司机[M]. 成都:西南交通大学出版社,2018.

[5] 王治根,马仲智. 城市轨道交通车辆常见故障及处理[M]. 重庆:重庆大学出版社,2013.

[6] 张立常,康鹏. 城市轨道交通车辆电路分析与电气故障处理[M]. 北京:机械工业出版社,2012.

《城市轨道交通列车故障处理》

技能考核与评价手册

班　　级：________________

姓　　名：________________

学　　号：________________

指导教师：________________

项目一 牵引系统故障处理

☆理论知识过关准备☆

一、填空题

1. 列车运行前,激活端司机室的钥匙开关应置于____________位,另一端司机室的钥匙开关应置于____________位。

2. 若要扳动方向选择开关,钥匙开关应在________位,司控器主手柄应在________位。

3. 在列车运行过程中,门选向开关应在________________________位。

4. 在短接门关好旁路时,必须确认________________________。

5. 处理单车牵引无流的故障时,按压“复位”按钮,能使____________投入运行。

6. 在处理全列牵引无流故障时,若发现列车带闸,则判断列车不能牵引可能是________造成的。

7. 在故障处理的过程中,一般将司控器主手柄放置在________________位,防止在排查故障时列车突然启动。

8. 在进行故障应急处理时,司机可以借助____________的提示信息进行操作。

二、简答题

1. 在图 1-2 的牵引系统主电路中,接触网电压到动车转向架的四个牵引电动机的过程是如何实现的?

2. 试分析牵引指令的传输过程。

3. 借助文献、书籍、网络资源等,查阅列车控制与管理系统(TCMS)的主要功能。

4. 总结处理牵引系统故障的注意事项,并尝试优化故障应急处理过程。

☆实操技能考核与评价☆

情境任务一　全列牵引无流的处理

【故障描述】在非高峰时间段，你驾驶 1 号线 1125 次列车运行至 A 站下行站台进行开关门作业完毕后，回到司机室，发现司控器主手柄无论置于哪一级牵引位，列车均不启动，全列车显示牵引无流现象。

【任务目标】在规定时间内找出故障点、判断故障严重程度，根据情况做出相应处理，尽量恢复列车运行。

【评价要点】

1. 能解读故障现象，判断全列牵引无流。
2. 能逐条排查可能导致故障的原因，找出故障点。
3. 在规定时间内做出应急处理，保证列车安全运行。
4. 能正确判断请求救援的状况。
5. 处理过程中有条不紊、不慌乱。

【职业素质提升】

安全意识，责任意识，服务意识，观察能力，心理素质

【任务实施】

【操作要点笔记】

【考核内容】

考核项目	考核标准	分值	得分
故障处理	确认故障现象	10	
	报告行车调度员	10	
	依次排查故障点	15	
	根据故障原因进行相应操作 （注意：部分操作需要再次联系行车调度员）	15	
	视处理结果采取维持运营、终点站掉线、立即清人掉线或请求救援的措施	10	

续上表

考核项目	考核标准	分值	得分
表单填写	“列车状态记录单”填写正确，字迹工整	10	
作业标准	操作动作标准，无违规操作	10	
时间观念*	在规定时间内完成	10	
服务意识	能根据故障应急处理情况做好乘客服务广播	10	
总分		100	

总结与反思：

指导教师（企业导师）意见：

*：由于故障点可能不同，学生需要进行的处理步骤也不尽相同，教师可以根据预先制定的故障点，自行规定时间要求。原则上不应超过5min。

情境任务二　单车牵引无流的处理

【故障描述】在非高峰时间段，你驾驶 7 号线 2219 次列车运行至 K 站—J 站区间时，发现列车状态显示屏弹出单车 VVVF 故障的提示框，在牵引工况下，该节车牵引电流为 0。

【任务目标】在规定时间内找出故障点、判断故障严重程度，根据情况做出相应处理，尽量恢复列车运行。

【评价要点】

1. 能解读故障现象，判断单车牵引无流。
2. 能逐条排查可能导致故障的原因，找出故障点。
3. 在规定时间内做出应急处理，保证列车安全运行。
4. 能正确判断维持运营或终点站掉线的情况。
5. 处理过程中有条不紊、不慌乱。

【职业素质提升】

精益意识，观察能力，心理素质，应变能力

【任务实施】

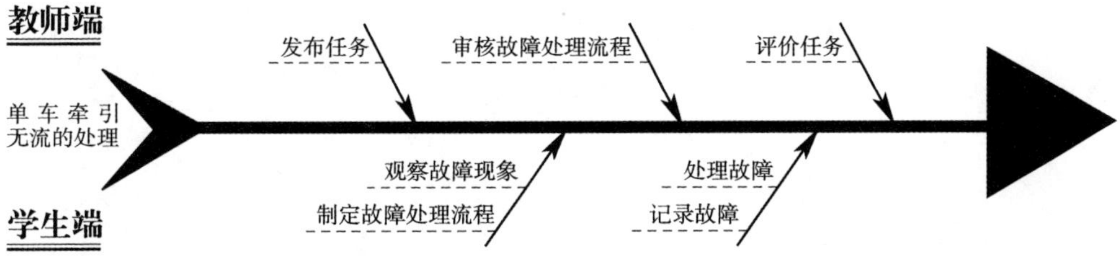

教师端

发布任务

审核故障处理流程

评价任务

单车牵引无流的处理

观察故障现象

制定故障处理流程

处理故障

记录故障

学生端

【操作要点笔记】

【考核内容】

考核项目	考核标准	分值	得分
故障处理	确认故障现象	10	
	停车，报告行车调度员	10	
	依次排查故障点	15	
	采取故障处理操作	15	
	视处理结果采取维持运营或终点站掉线的措施	10	

续上表

考核项目	考核标准	分值	得分
表单填写	“列车状态记录单”填写正确，字迹工整	10	
作业标准	操作动作标准，无违规操作	10	
时间观念*	在规定时间内完成	10	
服务意识	能根据故障应急处理情况做好乘客服务广播	10	
总分		100	
总结与反思：			
指导教师（企业导师）意见：			

*：原则上不应超过2min。

项目二 制动及风源系统故障处理

☆理论知识过关准备☆

一、填空题

1. 制动控制系统承担着________、________、________、空气制动防滑控制、停放制动控制、车辆制动载荷补偿等任务。

2. 风源系统中最重要的设备是由三相380V交流电机驱动的________。

3. 常用制动采用________制动并优先使用________制动。

4. 紧急制动采用________制动，由________直接控制。

5. 停放制动由________施加制动力。

6. 若常用制动不缓解是由车载ATP设备引起的，可以操作________开关。

7. 当紧急制动不能缓解、需要请求救援时，应将列车各台车________全部切除以缓解制动。

8. 司机松开司控器主手柄的警惕开关时间过长会导致列车产生________制动。

9. ________是导致列车产生停放制动不缓解的主要原因。

10. 列车风源系统主要是为________提供足够的、干燥的、清洁的压缩空气。

11. 当总风压力不足而空压机未启动，可以首先尝试按下________按钮。

12. 当总风压力高于设定值时，________会自动排风。

二、简答题

1. 对照制动控制电路（图2-15），分析常用制动不缓解的可能原因。

2. 识读紧急制动环路(图 2-4),分析可能引发列车紧急制动的原因。

3. 结合空压机控制电路(图 2-23),分析影响空压机正常工作的原因。

4. 空气管路泄漏可能导致哪些情况发生?

5. 总结制动及风源系统各类故障中需要申请救援的情况。

☆实操技能考核与评价☆

情境任务一　紧急制动不缓解的处理

【故障描述】你担当3号线2049次列车运行任务，行驶至C站台进行开关门作业完毕后，将司控器主手柄置于“惰行”位时，发现列车状态显示屏上显示列车施加紧急制动，双针压力表的制动压力指针指示紧急制动压力。

【任务目标】在规定时间内找出故障点、判断故障严重程度，根据情况做出相应处理，使列车制动缓解。

【评价要点】

1. 能解读故障现象，判断紧急制动不缓解。
2. 能逐条排查可能导致故障的原因，找出故障点。
3. 在规定时间内做出应急处理，保证列车安全运行。
4. 能正确判断请求救援的情况。
5. 处理过程中有条不紊、不慌乱。

【职业素质提升】

安全意识，服务意识，观察能力，心理素质，应变能力

【任务实施】

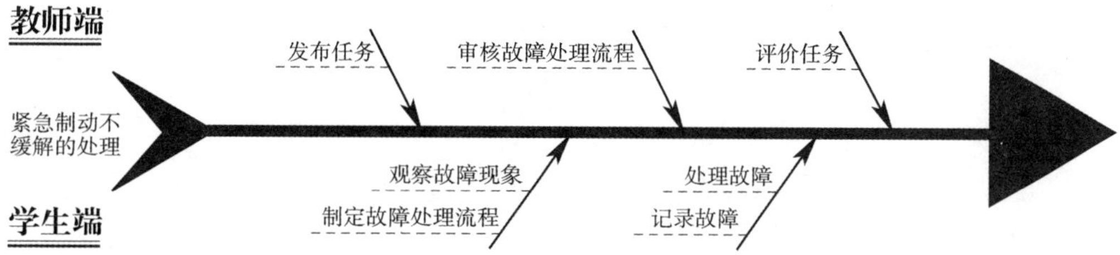

教师端

发布任务

审核故障处理流程

评价任务

紧急制动不缓解的处理

观察故障现象

制定故障处理流程

处理故障

记录故障

学生端

【操作要点笔记】

【考核内容】

考核项目	考核标准	分值	得分
故障处理	确认故障现象	10	
	报告行车调度员	10	
	依次排查故障点	15	
	根据故障原因进行相应操作 （注意：部分操作需要再次联系行车调度员）	15	
	视处理结果采取维持运营、立即清人掉线或请求救援的措施	10	

续上表

考核项目	考核标准	分值	得分
表单填写	“列车状态记录单”填写正确,字迹工整	10	
作业标准	操作动作标准,无违规操作	10	
时间观念*	在规定时间内完成	10	
服务意识	能根据故障应急处理情况做好乘客服务广播	10	
总分		100	

总结与反思:

指导教师(企业导师)意见:

*:由于故障点可能不同,学生需要进行的处理步骤也不尽相同,教师可以根据预先制定的故障点,自行规定时间要求。原则上不应超过5min。

情境任务二　常用制动不缓解的处理

【故障描述】你驾驶 2 号线 1123 次列车运行至 D 站—C 站下行区间弯道前，按规范施加常用制动减速，再次进入直线地段施加牵引操作时出现全列常用制动不缓解的故障。

【任务目标】利用列车当前速度维持进站，停车后进行处理。在规定时间内找出故障点、判断故障严重程度，根据情况做出相应处理，使列车制动缓解。

【评价要点】

1. 能解读故障现象，判断常用制动不缓解。
2. 能逐条排查可能导致故障的原因，找出故障点。
3. 在规定时间内做出应急处理，保证列车安全运行。
4. 能正确判断立即清人掉线或请求救援的情况。
5. 处理过程中有条不紊、不慌乱。

【职业素质提升】

安全意识，观察能力，心理素质，应变能力

【任务实施】

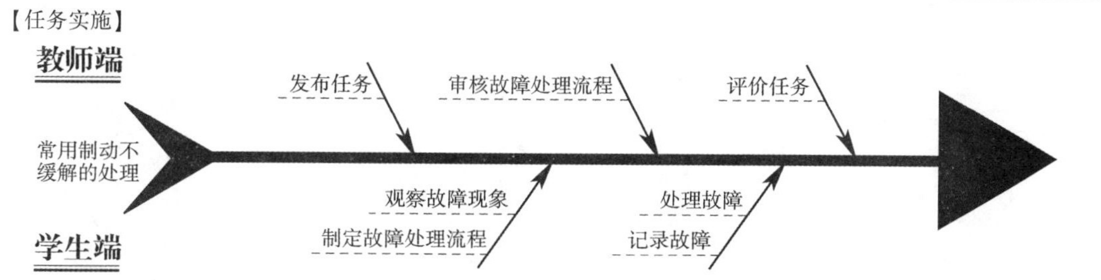

【操作要点笔记】

【考核内容】

考核项目	考核标准	分值	得分
故障处理	确认故障现象	10	
	报告行车调度员	10	
	依次排查故障点	15	
	根据故障原因进行相应操作 （注意：部分操作需要再次联系行车调度员）	15	
	视处理结果采取维持运营、立即清人掉线或请求救援的措施	10	

续上表

考核项目	考核标准	分值	得分
表单填写	“列车状态记录单”填写正确,字迹工整	10	
作业标准	操作动作标准,无违规操作	10	
时间观念*	在规定时间内完成	10	
服务意识	能根据故障应急处理情况做好乘客服务广播	10	
总分		100	

总结与反思:
指导教师(企业导师)意见:

*:由于故障点可能不同,学生需要进行的处理步骤也不尽相同,教师可以根据预先制定的故障点,自行规定时间要求。原则上不应超过5min。

情境任务三　停放制动不缓解的处理

【故障描述】你担当早班轮乘任务，对停车库内的002号列车进行检查和整备作业时，发现列车状态显示屏上显示出现停放制动不缓解故障。

【任务目标】在规定时间内找出故障点、判断故障严重程度，根据情况做出相应处理。

【评价要点】

1. 能解读故障现象，判断停放制动不缓解。
2. 能逐条排查可能导致故障的原因，找出故障点。
3. 在规定时间内做出应急处理，保证列车安全运行。
4. 能正确判断终点站掉线或请求救援的情况。
5. 处理过程中有条不紊、不慌乱。

【职业素质提升】

安全意识，责任意识，观察能力，应变能力

【任务实施】

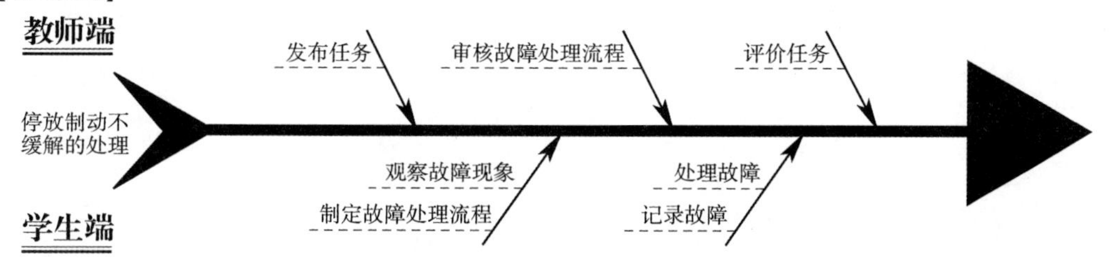

【操作要点笔记】

【考核内容】

考核项目	考核标准	分值	得分
故障处理	确认故障现象	10	
	报告行车调度员	10	
	依次排查故障点	15	
	根据故障原因进行相应操作	15	
	视处理结果采取终点站掉线或请求救援的措施	10	
表单填写	“列车状态记录单”填写正确，字迹工整	10	
作业标准	操作动作标准，无违规操作	10	

续上表

考核项目	考核标准	分值	得分
时间观念*	在规定时间内完成	10	
服务意识	能根据故障应急处理情况做好乘客服务广播	10	
总分		100	
总结与反思：			
指导教师（企业导师）意见：			

*：由于故障点可能不同，学生需要进行的处理步骤也不尽相同，教师可以根据预先制定的故障点，自行规定时间要求。原则上不应超过2min。

情境任务四　空压机不启动的处理

【故障描述】你担当3号线1105次列车司机，在区间正常运行过程中，列车突然产生紧急制动，观察后发现，总风压力过低，检查空压机启动开关位置正常，空压机不工作，按“强制泵风”无效。

【任务目标】在规定时间内找出故障点、判断故障严重程度，根据情况做出相应处理，尽量恢复列车运行，减小对正线运营秩序的影响。

【评价要点】

1. 能解读故障现象，判断空压机不启动。
2. 能逐条排查可能导致故障的原因，找出故障点。
3. 在规定时间内做出应急处理，保证列车安全运行。
4. 能正确判断请求救援的状况。
5. 处理过程中有条不紊、不慌乱。

【职业素质提升】

安全意识，精益意识，观察能力，应变能力

【任务实施】

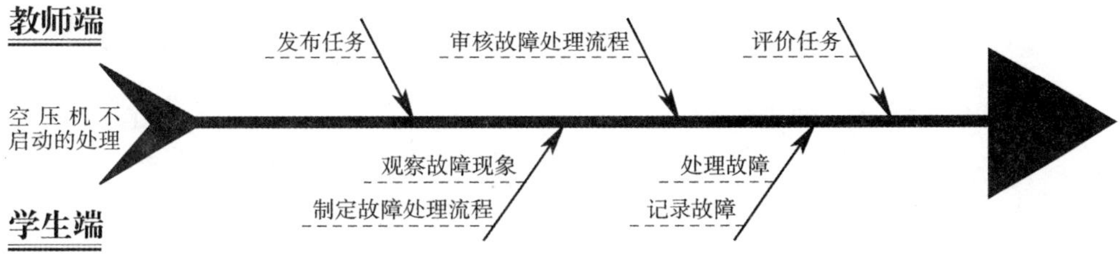

【操作要点笔记】

【考核内容】

考核项目	考核标准	分值	得分
故障处理	确认故障现象	10	
	报告行车调度员	10	
	依次排查故障点	15	
	根据故障原因进行相应操作	15	
	视处理结果采取维持运营、立即清人掉线或请求救援的措施	10	

续上表

考核项目	考核标准	分值	得分
表单填写	“列车状态记录单”填写正确，字迹工整	10	
作业标准	操作动作标准，无违规操作	10	
时间观念*	在规定时间内完成	10	
服务意识	能根据故障应急处理情况做好乘客服务广播	10	
总分		100	
总结与反思：			
指导教师(企业导师)意见：			

*：由于故障点可能不同，学生需要进行的处理步骤也不尽相同，教师可以根据预先制定的故障点，自行规定时间要求。原则上不应超过3min。

情境任务五　总风泄漏的处理

【故障描述】你驾驶 16 号线 2309 次列车在区间正常运行过程中，通过双针压力表发现总风压力低，但空压机正常工作，总风压力不上升。

【任务目标】在规定时间内找出故障点、判断故障严重程度，根据情况做出相应处理。

【评价要点】

1. 能解读故障现象，判断总风泄漏。
2. 能在规定时间内找到泄漏点，并视情况采取应急处理措施。
3. 恢复列车运行后，操作恰当，遵守安全规章。
4. 处理过程中有条不紊、不慌乱。

【职业素质提升】

精益意识，安全意识，观察能力，应变能力

【任务实施】

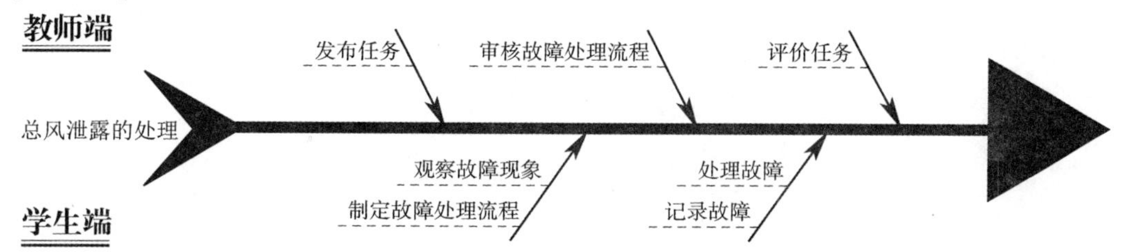

【操作要点笔记】

【考核内容】

考核项目	考核标准	分值	得分
故障处理	确认故障现象	10	
	报告行车调度员	10	
	查找泄漏点	10	
	视列车制动情况采取相应处理措施	10	
	正确执行清人掉线	10	
	恢复运行后遵守限速要求	10	
表单填写	“列车状态记录单”填写正确，字迹工整	10	

续上表

考核项目	考核标准	分值	得分
作业标准	操作动作标准，无违规操作	10	
时间观念*	在规定时间内完成	10	
服务意识	能做好乘客服务广播	10	
总分		100	
总结与反思：			
指导教师（企业导师）意见：			

*：由于故障点可能不同，学生需要进行的处理步骤也不尽相同，教师可以根据预先制定的故障点，自行规定时间要求。原则上不应超过3min。

项目三 车门系统故障处理

☆理论知识过关准备☆

一、填空题

1. 门控器在收到____________信号且相应侧的开关门按钮被按下后,对应侧车门才会产生动作。

2. 列车在站台对标停稳,司机看到____________灯点亮后,可以进行开门作业。

3. 紧急情况下,手动开关单个客室侧门使用的装置为____________。

4. 司机可通过____________和____________确认全列车门关闭。

5. 单节车门故障关不上时,司机应到故障车检查____________是否跳开。

6. 单个门控器的电源为____________V。

7. 全列车无法正常开关门,经处理无法恢复时,司机应向行车调度员申请____________。

8. 列车状态显示屏和门灯有一处显示不正常,且司机无法确认车门状态时,应向行车调度员申请____________;若司机能确认车门关闭良好,应向行车调度员申请____________。

二、简答题

1. 单个车门关不上的可能原因有哪些?

2. 分析车门打开需要的条件。

3. 分别总结车门系统各类故障中需要立即清人掉线和终点站掉线的情况。

☆实操技能考核与评价☆

情境任务一　全列车门打不开的处理

【故障描述】你用 ATO 模式驾驶 1 号线 2095 次列车运行，车号为 01006，门模式为“半自动”，在 F 站对标停稳后，发现全列客室车门不动作。将门模式变更为“手动”，再扳动“门选向”开关至站台侧，按下相应侧开门按钮，列车车门仍然不动作。

【任务目标】在规定时间内找出故障点、判断故障严重程度，根据情况做出相应处理，使车门打开，完成乘客乘降作业。

【评价要点】

1. 能解读故障现象，判断全列车门打不开。
2. 能逐条排查可能导致故障的原因，找出故障点。
3. 在规定时间内做出应急处理，完成乘客乘降作业。
4. 能正确判断立即清人掉线或终点站掉线的情况。
5. 能与站台工作人员配合处理，有条不紊、不慌乱。

【职业素质提升】

服务意识，责任意识，心理素质，沟通能力，合作能力

【任务实施】

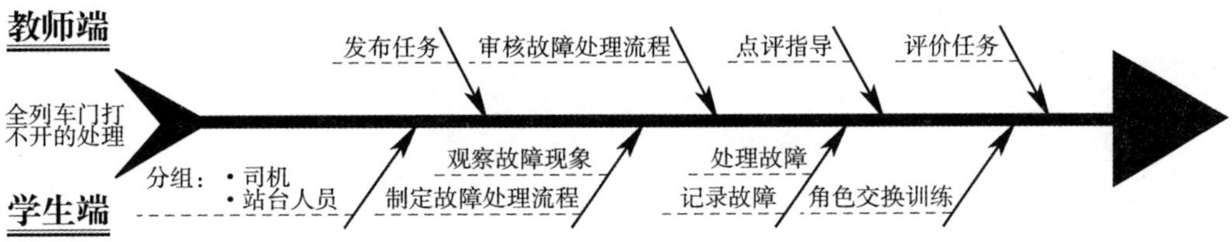

【操作要点笔记】

【考核内容】

考核项目	考核标准	分值	得分
故障处理	确认故障现象	10	
	报告行车调度员	10	
	依次排查故障点	10	
	根据故障原因进行相应操作 （注意：部分操作需要再次联系行车调度员）	10	
	视处理结果采取维持运营、终点站掉线或立即清人掉线的措施	10	

续上表

考核项目	考核标准	分值	得分
表单填写	“列车状态记录单”填写正确,字迹工整	10	
作业标准	操作动作标准,无违规操作	10	
时间观念*	在规定时间内完成	10	
服务意识	能根据故障应急处理情况做好乘客服务广播	10	
团队合作	能与站台工作人员有效配合,提高故障处理效率	10	
总分		100	
总结与反思:			
指导教师(企业导师)意见:			

*:由于故障点可能不同,学生需要进行的处理步骤也不尽相同,教师可以根据预先制定的故障点,自行规定时间要求。原则上不应超过5min。

情境任务二　全列车门关不上的处理

【故障描述】你担当9号线2104次列车驾驶任务，在K站进行手动关门作业时，按下侧墙上"关右门"按钮后，列车车门不关闭。使用驾驶台上"关右门"按钮，列车车门仍不关闭。

【任务目标】在规定时间内找出故障点、判断故障严重程度，根据情况做出相应处理，使车门关闭、列车发车。

【评价要点】

1. 能解读故障现象，判断全列车门关不上。
2. 能逐条排查可能导致故障的原因，找出故障点。
3. 在规定时间内做出应急处理，保证列车安全运行和乘客人身安全。
4. 能正确判断立即清人掉线的情况。
5. 能与站台工作人员配合处理，有条不紊、不慌乱。

【职业素质提升】

服务意识，安全意识，心理素质，沟通能力，合作能力

【任务实施】

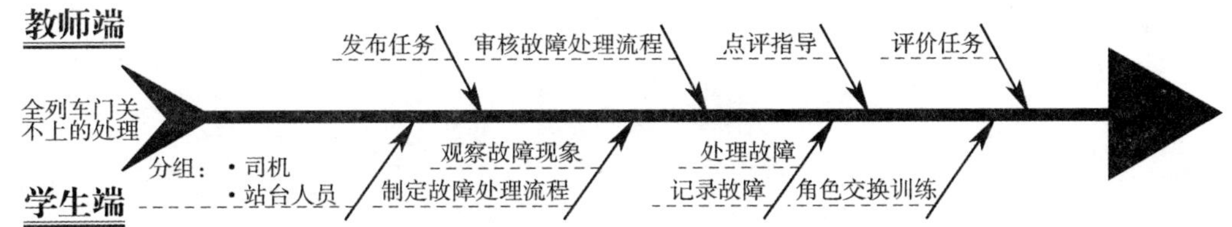

【操作要点笔记】

【考核内容】

考核项目	考核标准	分值	得分
故障处理	确认故障现象	10	
	报告行车调度员	10	
	依次排查故障点	10	
	根据故障原因进行相应操作	10	
	视处理结果采取维持运营或立即清人掉线的措施	10	
表单填写	"列车状态记录单"填写正确，字迹工整	10	
作业标准	操作动作标准，无违规操作	10	

续上表

考核项目	考核标准	分值	得分
时间观念*	在规定时间内完成	10	
服务意识	能根据故障应急处理情况做好乘客服务广播	10	
团队合作	能与站台工作人员有效配合,提高故障处理效率	10	
总分		100	
总结与反思:			
指导教师(企业导师)意见:			

*:由于故障点可能不同,学生需要进行的处理步骤也不尽相同,教师可以根据预先制定的故障点,自行规定时间要求。原则上不应超过3min。

情境任务三　单节车门打不开的处理

【故障描述】你驾驶1号线上1316次列车，车号01026，在F站台停车后，进行手动开门作业时发现1号车车门不动作。

【任务目标】在规定时间内找出故障点、判断故障严重程度，根据情况做出相应处理，打开故障车门，尽量恢复列车运营。

【评价要点】

1. 能解读故障现象，判断单节车门打不开。
2. 能逐条排查可能导致故障的原因，找出故障点。
3. 在规定时间内做出应急处理，保证列车安全运行。
4. 能正确判断立即清人掉线的情况。
5. 能与站台工作人员配合处理，有条不紊、不慌乱。

【职业素质提升】

服务意识，观察能力，应变能力，沟通能力，合作能力

【任务实施】

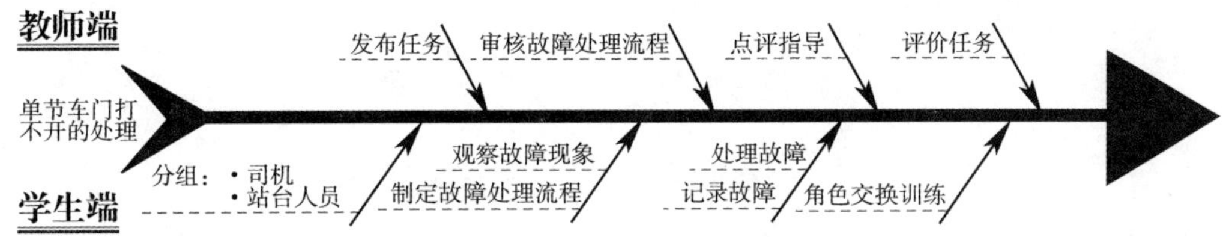

【操作要点笔记】

【考核内容】

考核项目	考核标准	分值	得分
故障处理	确认故障现象	10	
	报告行车调度员	10	
	依次排查故障点	10	
	根据故障原因进行相应操作	10	
	视处理结果采取维持运营或立即清人掉线的措施	10	

续上表

考核项目	考核标准	分值	得分
表单填写	“列车状态记录单”填写正确,字迹工整	10	
作业标准	操作动作标准,无违规操作	10	
时间观念*	在规定时间内完成	10	
服务意识	能根据故障应急处理情况做好乘客服务广播	10	
团队合作	能与站台工作人员有效配合,提高故障处理效率	10	
总分		100	
总结与反思:			
指导教师(企业导师)意见:			

*:由于故障点可能不同,学生需要进行的处理步骤也不尽相同,教师可以根据预先制定的故障点,自行规定时间要求。原则上不应超过3min。

情境任务四　单节车门关不上的处理

【故障描述】你担当2号线2019次列车值乘任务，车号为02017。在F站台进行乘客乘降作业后，进行手动关门作业时，发现4号车车门不动作。

【任务目标】在规定时间内找出故障点、判断故障严重程度，根据情况做出相应处理，关闭故障车门，恢复列车运营。

【评价要点】

1. 能解读故障现象，判断单节车门关不上。
2. 能逐条排查可能导致故障的原因，找出故障点。
3. 在规定时间内做出应急处理，保证列车安全运行和乘客人身安全。
4. 能正确判断终点站清人掉线的情况。
5. 能与站台工作人员配合处理，有条不紊、不慌乱。

【职业素质提升】

服务意识，观察能力，应变能力，沟通能力，合作能力

【任务实施】

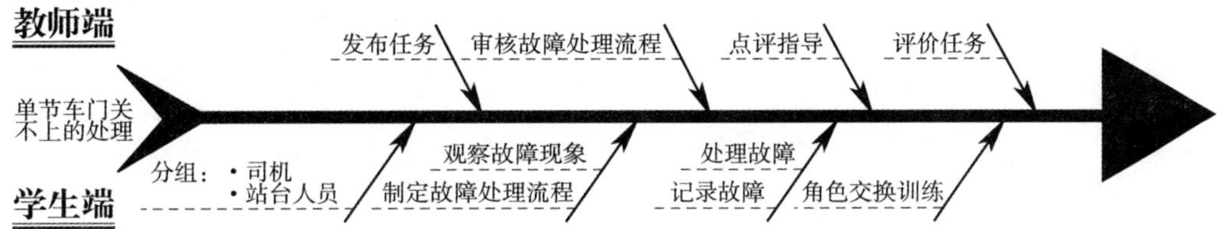

【操作要点笔记】

【考核内容】

考核项目	考核标准	分值	得分
故障处理	确认故障现象	10	
	报告行车调度员	10	
	依次排查故障点	10	
	根据故障原因进行相应操作	10	
	视处理结果采取维持运营或终点站清人掉线的措施	10	
表单填写	“列车状态记录单”填写正确，字迹工整	10	

续上表

考核项目	考核标准	分值	得分
作业标准	操作动作标准,无违规操作	10	
时间观念*	在规定时间内完成	10	
服务意识	能根据故障应急处理情况做好乘客服务广播	10	
团队合作	能与站台工作人员有效配合,提高故障处理效率	10	
总分		100	
总结与反思:			
指导教师(企业导师)意见:			

*:由于故障点可能不同,学生需要进行的处理步骤也不尽相同,教师可以根据预先制定的故障点,自行规定时间要求。原则上不应超过3min

情境任务五　单个车门关不上的处理

【故障描述】你驾驶7号线07013号车担当1385次列车值乘任务，在C车站进行关门作业时，发现5号车左侧2门有防挤压动作，该门关不到位。

【任务目标】在规定时间内准确判断故障类型，根据情况做出相应处理，尽快恢复列车运营。

【评价要点】

1. 能解读故障现象，判断单个车门关不上。
2. 能逐条排查可能导致故障的原因，找出故障点。
3. 在规定时间内做出应急处理，保证列车安全运行和乘客人身安全。
4. 能正确判断维持运营、终点站掉线或立即清人掉线的情况。
5. 处理过程中有条不紊、不慌乱。

【职业素质提升】

服务意识，安全意识，责任意识，应变能力

【任务实施】

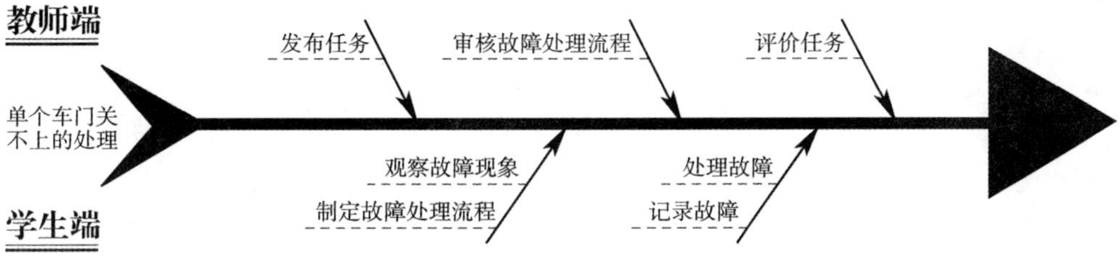

【操作要点笔记】

【考核内容】

考核项目	考核标准	分值	得分
故障处理	确认故障现象，报告行车调度员	10	
	依次排查故障点	10	
	携带工具齐全	10	
	根据故障原因进行相应操作	20	
	视处理结果采取维持运营、终点站掉线或立即清人掉线的措施	10	
表单填写	“列车状态记录单”填写正确，字迹工整	10	
作业标准	操作动作标准，无违规操作	10	

续上表

考核项目	考核标准	分值	得分
时间观念*	在规定时间内完成	10	
服务意识	能根据故障应急处理情况做好乘客服务广播	10	
总分		100	
总结与反思:			
指导教师(企业导师)意见:			

*:原则上不应超过5min,熟练后应于3min内完成故障处理。

情境任务六　门灯显示故障的处理

【故障描述】你驾驶1号线2006次列车，在G站台进行开门作业时，发现6号车侧墙门灯不亮，检查后确认：该节车车门全部开启，门灯显示与车门状态不符。

【任务目标】在规定时间内准确判断故障情况，并做出相应处理，保障列车安全运营。

【评价要点】

1. 能解读故障现象，判断门灯显示故障。
2. 在规定时间内做出合理判断，保证列车安全运行。
3. 处理过程中有条不紊、不慌乱。

【职业素质提升】

精益意识，观察能力，安全意识

【任务实施】

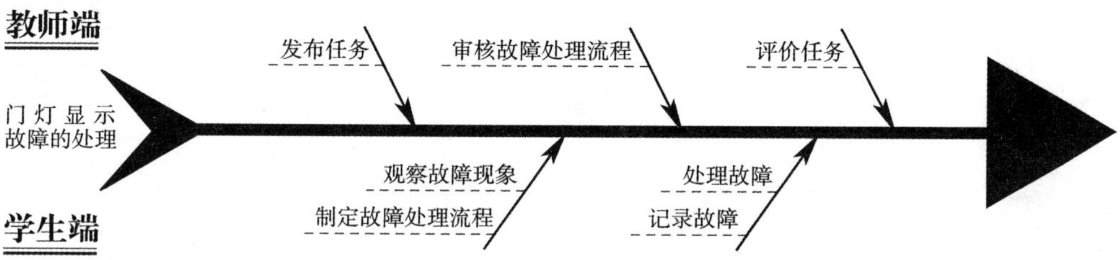

教师端

门灯显示故障的处理

发布任务　审核故障处理流程　评价任务

观察故障现象　制定故障处理流程　处理故障　记录故障

学生端

【操作要点笔记】

【考核内容】

考核项目	考核标准	分值	得分
故障处理	确认故障现象	10	
	报告行车调度员	10	
	排查故障点	15	
	根据故障原因进行相应操作	15	
	视处理结果采取维持运营或终点站掉线的措施	10	
表单填写	"列车状态记录单"填写正确，字迹工整	10	
作业标准	操作动作标准，无违规操作	10	

续上表

考核项目	考核标准	分值	得分
时间观念*	在规定时间内完成	10	
服务意识	能根据故障应急处理情况做好乘客服务广播	10	
总分		100	
总结与反思：			
指导教师（企业导师）意见：			

*：由于故障现象和故障点不同，学生需要进行的处理步骤也不尽相同，教师可以根据预先制定的故障点，自行规定时间要求。原则上不应超过3min。

项目四 车载信号系统故障处理

☆理论知识过关准备☆

一、填空题

1. ______________________是直接保证列车安全的车载信号子系统,实现对列车安全的防护,为 ATO 提供信息。

2. 车载信号系统通过____________________和测速雷达实现列车自主定位,并用____________________对列车的位置和速度信息进行校正。

3. 列车的运行级别由高到低依次为:__________________、__________________和__________________。

4. 列车丢失连续________个应答器,会导致位置丢失。

5. 列车丢失位置后,需要经过________个连续应答器(且最后一个不为________),才可重新定位。

6. ATP 发生较严重故障时,难以维持继续运行,列车将一直______________________。

7. 列车要能进行无人折返,必须确保两端司机室的预设最高模式为________________。

8. 给出以下英文缩写对应的中文名称:

(1)AR:______________　(2)FAO:______________　(3)MA:______________

(4)CBTC:____________　(5)VOBC:______________

二、简答题

1. 简要总结车载信号系统的功能和设备组成。

2. 列举信号系统引起列车紧急制动的情况。

3. 对照信号系统显示屏(图 4-3),说出各图标的显示含义。

☆实操技能考核与评价☆

情境任务一　列车位置丢失的处理

【故障描述】你驾驶15号线15009号车担当1080次运营任务，运行模式为CBTC－AM。在S站启动出发过程中列车突然产生紧急制动，信号系统显示屏上出现“无定位”图标，信息显示栏有“要求进入RM模式”的提示。

【任务目标】根据故障现象初步判断故障原因，并尽量排除故障，保障列车安全运行。

【评价要点】

1. 能快速判断列车位置丢失。
2. 做出正确处理和模式降级申请，保证列车安全运行。
3. 处理过程中有条不紊、不慌乱。

【职业素质提升】

安全意识，大局意识，责任意识，应变能力，创新意识

【任务实施】

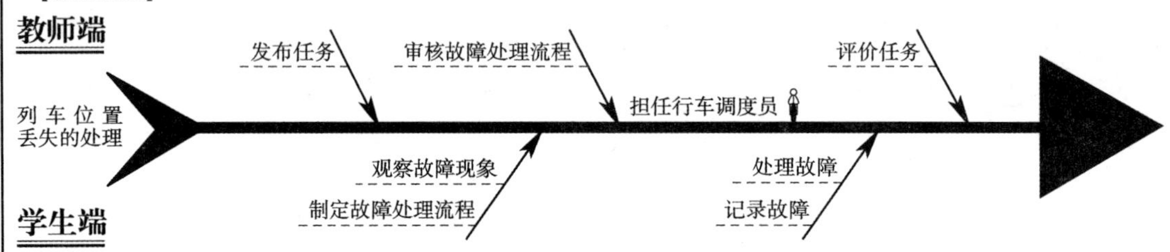

【操作要点笔记】

【考核内容】

考核项目	考核标准	分值	得分
故障处理	确认故障现象，报告行车调度员	15	
	视情况申请运行模式降级	15	
	执行手指呼唤确认	15	
	手动驾驶列车直至自动升级（或正确判断无法升级，报告行车调度员）	15	
表单填写	“列车状态记录单”填写正确，字迹工整	10	

续上表

考核项目	考核标准	分值	得分
作业标准	操作动作标准,无违规操作	10	
时间观念*	在规定时间内完成故障预判断和模式降级处理	10	
服务意识	能在故障发生后做好乘客服务广播	10	
总分		100	

总结与反思:
指导教师(企业导师)意见:

*:原则上不应超过1min。

情境任务二　车载信号死机的处理

【故障描述】你驾驶4号线04017号车担当2106次运营任务，以CBTC－AM模式运行，在接近第二预告标处列车突然紧急制动，信号系统显示屏黑屏。

【任务目标】根据故障现象初步判断故障原因，并尽量排除故障，保障列车安全运行。

【评价要点】

1. 能快速判断车载信号死机。
2. 做出正确处理和模式降级申请，保证列车安全运行。
3. 处理过程中有条不紊、不慌乱。

【职业素质提升】

安全意识，大局意识，心理素质，应变能力，创新意识

【任务实施】

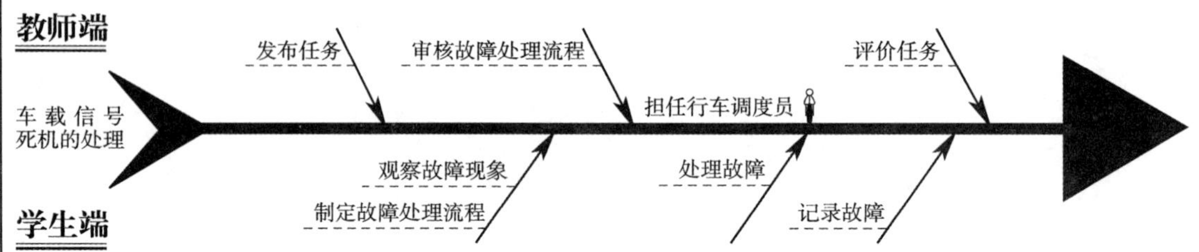

【操作要点笔记】

【考核内容】

考核项目	考核标准	分值	得分
故障处理	确认故障现象，报告行车调度员	10	
	正确重启信号设备	10	
	申请运行模式降级，手动驾驶时遵守规章	15	
	进站后正确开启客室车门	15	
	视信号设备故障情况报告及办理	10	
表单填写	“列车状态记录单”填写正确，字迹工整	10	
作业标准	操作动作标准，认真执行手指呼唤确认	10	

续上表

考核项目	考核标准	分值	得分
时间观念*	在规定时间内完成故障预判断和重启作业	10	
服务意识	能在故障发生后做好乘客服务广播	10	
总分		100	
总结与反思:			
指导教师(企业导师)意见:			

*:原则上不应超过2min。

情境任务三　车载ATP故障的处理

【故障描述】你以CBTC-CM运行模式驾驶2号线02005号车，车次为1197次，在G站—F站区间惰行时列车突然产生紧急制动停车，信号系统显示屏上出现ATP故障图标。

【任务目标】根据故障现象初步判断故障原因，并尽量排除故障，保障列车安全运行。

【评价要点】

1. 能快速判断车载ATP故障。
2. 做出正确处理和模式降级申请，保证列车安全运行。
3. 处理过程中有条不紊、不慌乱。

【职业素质提升】

安全意识，大局意识，心理素质，应变能力，创新意识

【任务实施】

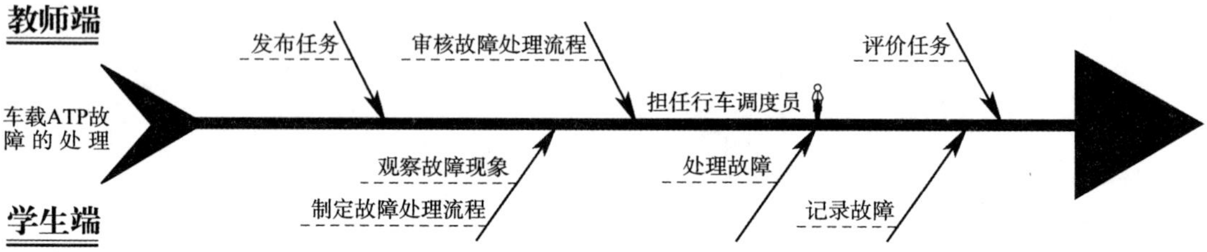

【操作要点笔记】

【考核内容】

考核项目	考核标准	分值	得分
故障处理	确认故障现象，报告行车调度员	10	
	正确重启相关断路器	15	
	视故障恢复情况报告及办理	15	
	能正确开启客室车门和站台门	10	
	手动驾驶时遵守规章	10	
表单填写	“列车状态记录单”填写正确，字迹工整	10	
作业标准	操作动作标准，认真执行手指呼唤确认	10	

续上表

考核项目	考核标准	分值	得分
时间观念*	在规定的时间内完成故障预判断和重启作业	10	
服务意识	能在故障发生后做好乘客服务广播	10	
总分		100	
总结与反思：			
指导教师(企业导师)意见：			

*:原则上不应超过1min。

情境任务四　无人折返失败的处理

【故障描述】你担当12号线2004次列车司机,以CBTC－AM运行模式驾驶12010号车至上行终点站,清客后按规定准备执行列车无人折返程序时,发现信号系统显示屏上没有折返表示图标。

【任务目标】根据故障现象初步判断故障原因,排除故障或以人工方式完成折返作业,保障列车安全运行。

【评价要点】

1. 能快速判断无人折返失败。
2. 做出正确处理和人工折返申请,保证列车按点运行。
3. 处理过程中有条不紊、不慌乱。

【职业素质提升】

责任意识,大局意识,应变能力,创新意识

【任务实施】

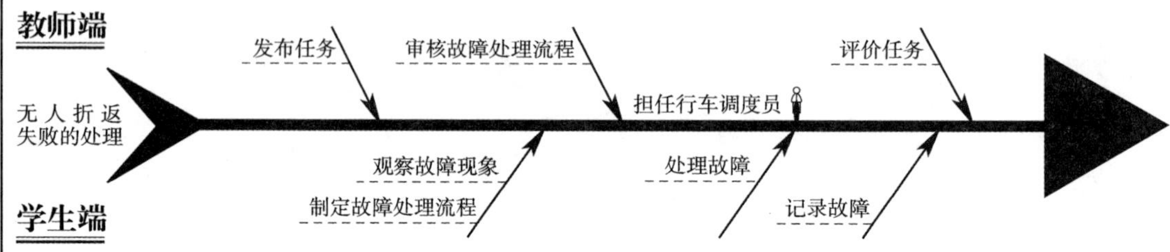

【操作要点笔记】

【考核内容】

考核项目	考核标准	分值	得分
故障处理	确认故障现象,报告行车调度员	15	
	正确进入人工折返模式	15	
	换端操作无误	15	
	折返完毕后确认预设最高模式	15	
表单填写	"列车状态记录单"填写正确,字迹工整	10	
作业标准	操作动作标准,认真执行手指呼唤确认	10	

续上表

考核项目	考核标准	分值	得分
时间观念	人工折返作业效率高,不晚点	10	
沟通表达	正确描述故障现象,与行车调度员沟通效率高	10	
总分		100	

总结与反思：

指导教师(企业导师)意见：

项目五 高压供电系统故障处理

☆理论知识过关准备☆

一、填空题

1. 在处理高压回路接地的故障时，应断开______________、______________、______________和其他各负载开关。

2. 查找接地点的方法是__________、__________和__________。

3. 接触轨断电后，在解除接地点前，必须做的一项安全保护工作是______________。

4. 若列车一再接地，采取的解决方法是____________________。

5. 若高压回路接地导致电灼伤、焦煳味及冒烟现象，采用______________（措施）对故障点进行消隐处理。

6. 按“升弓泵启动”按钮的条件是______________和______________。

7. 列车经过断电区时也能保证牵引逆变器不断电的电路是______________。

8. 采用脚踏升弓方式时，应先按下______________按钮，再踩脚踏泵机械升弓。

二、简答题

1. 导致受电弓不能升弓的可能原因有哪些？

2. 列车接地的形式有哪些?

3. 在处理受流器接地的故障时,有哪些安全注意事项?

4. 在线上运行的一列车网压表突然显示为“0”,请分析产生此现象的可能原因。

☆实操技能考核与评价☆

情境任务一　受流器接地的处理

【故障描述】你驾驶5号线1087次列车在区间正常运行过程中，通过网压表显示发现接触轨无电且长时间未恢复，果断报告行车调度员。

【任务目标】利用列车当前速度运行至前方车站规定位置停车，找出故障点、判断故障严重程度，根据情况做出相应处理。

【评价要点】

1. 能解读故障现象，判断受流器接地。
2. 能按规定穿戴防护用品，做好接地防护措施，查找接地点。
3. 在规定时间内做出应急处理，保证运营安全。
4. 能正确判断请求救援的状况。
5. 处理过程中有条不紊、不慌乱、安全高效。

【职业素质提升】

安全意识，观察能力，心理素质，责任意识

【任务实施】

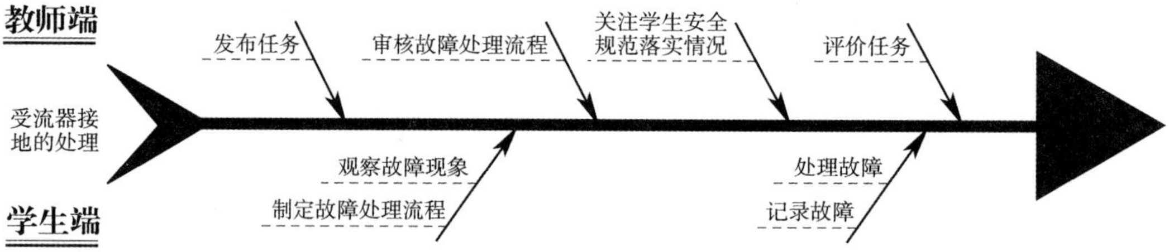

【操作要点笔记】

【考核内容】

考核项目	考核标准	分值	得分
故障处理	确认故障现象	5	
	报告行车调度员，正确掌握申请断电和送电的时机	10	
	各开关、按钮位置正确	10	
	防护用品穿戴正确	10	
	接地防护措施妥当	15	
	能正确查找和解除接地点	10	
	视处理结果采取立即清人掉线或请求救援的措施	5	

续上表

考核项目	考核标准	分值	得分
表单填写	“列车状态记录单”填写正确,字迹工整	10	
安全意识	无违规操作,符合安全规范	10	
时间观念*	在规定时间内完成	5	
服务意识	能根据故障应急处理情况做好乘客服务广播	10	
总分		100	
总结与反思:			
指导教师(企业导师)意见:			

*:原则上不应超过10min。

情境任务二　全列受电弓无法升弓的处理

【故障描述】你担当6号线早班轮乘任务，在停车列检库内，对即将出库的06037列车进行正常升弓作业时，发现全列受电弓均不能升起。

【任务目标】在规定时间内找出故障点、判断故障严重程度，根据情况做出相应处理。

【评价要点】

1. 能解读故障现象，判断全列受电弓不升弓。
2. 能逐条排查可能导致故障的原因，找出故障点。
3. 在规定时间内做出应急处理，使列车受电。
4. 处理过程中有条不紊、不慌乱。

【职业素质提升】

安全意识，观察能力，合作能力，沟通能力，服务意识

【任务实施】

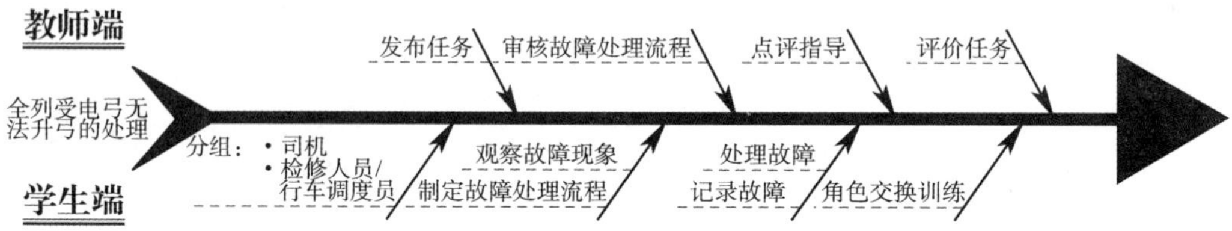

教师端
发布任务
审核故障处理流程
点评指导
评价任务
全列受电弓无法升弓的处理
分组：
• 司机
• 检修人员/行车调度员
观察故障现象
制定故障处理流程
处理故障
记录故障
角色交换训练
学生端

【操作要点笔记】

【考核内容】

考核项目	考核标准	分值	得分
故障处理	确认故障现象	10	
	依次排查故障点	15	
	根据故障原因进行相应操作	15	
	仍不能升弓时，报告车辆段调度员或行车调度员	10	
	列车在段场时：配合检修人员处理，向其说明情况； 列车在正线上：申请救援	10	

续上表

考核项目	考核标准	分值	得分
表单填写	“列车状态记录单”填写正确,字迹工整	10	
作业标准	操作动作标准,无违规操作	10	
时间观念*	在规定时间内完成	10	
沟通能力	列车在段场时:能与检修人员有效沟通列车情况; 列车在正线上:能根据故障应急处理情况做好乘客服务广播	10	
总分		100	

总结与反思:

指导教师(企业导师)意见:

*:由于故障点可能不同,学生需要进行的处理步骤也不尽相同,教师可以根据预先制定的故障点,自行规定时间要求。原则上不应超过2min。

项目六 辅助电源系统故障处理

☆理论知识过关准备☆

一、填空题

1. 辅助电源系统为______________、______________、风扇、______________和______________及控制装置提供电源。

2. 辅助逆变器的控制电源为__________________V，正常情况下，__________________是辅助逆变器的启动电源。

3. 辅助电源系统具有__________________功能，即当一台SIV发生故障时，还可由另外一台SIV为全列车提供负载供电。

4. 当SIV报轻故障停机后，按下__________________按钮，逆变器控制模块将尝试从故障恢复到正常状态。

5. 单台SIV故障且扩展供电不能投入工作时，司机应向行车调度员申请____________。

二、简答题

1. 对照电路图（图6-3）分析，当单台SIV故障时，辅助电源系统如何实现扩展供电功能？

2. 简述列车蓄电池装置的作用。

3. SIV故障可能造成哪些不良后果？

☆实操技能考核与评价☆

情境任务一　单台 SIV 故障的处理

【故障描述】你操纵 FS 线 2119 次列车从 A 站发车后，运行至区间时列车状态显示屏弹出一台 SIV 故障提示，进入“辅助电源”系统界面，发现故障 SIV 输出为零，扩展供电未启动。总风压力下降，但主空压机不启动打风。

【任务目标】初步判断故障原因，按照故障处理办法的步骤进行应急处理，当故障无法排除时，应立即向行车调度员申请清人掉线。

【评价要点】

1. 能解读故障现象，判断单台 SIV 故障。
2. 能逐条排查可能导致故障的原因，找出故障点。
3. 在规定时间内做出应急处理，保证列车安全运行。
4. 能正确判断立即清人掉线或终点站清人掉线的情况。
5. 处理过程中有条不紊、不慌乱。

【职业素质提升】

安全意识，精益意识，观察能力，应变能力

【任务实施】

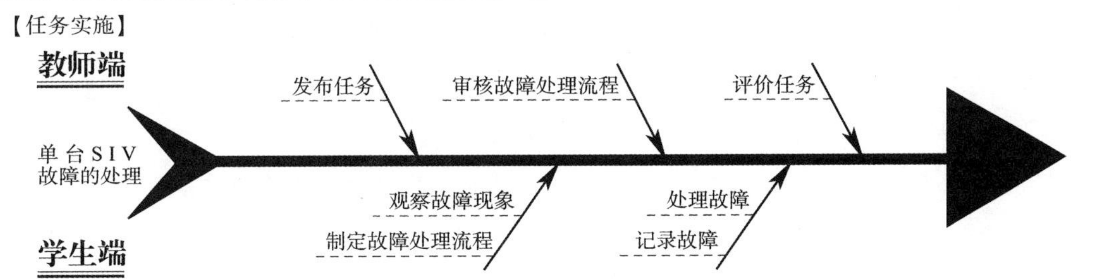

【操作要点笔记】

【考核内容】

考核项目	考核标准	分值	得分
故障处理	确认故障现象	10	
	报告行车调度员	10	
	依次排查故障点	15	
	根据故障原因进行相应操作	15	
	视处理结果采取维持运营、终点站掉线或立即清人掉线的措施	10	
表单填写	“列车状态记录单”填写正确，字迹工整	10	

续上表

考核项目	考核标准	分值	得分
作业标准	操作动作标准,无违规操作	10	
时间观念*	在规定时间内完成	10	
服务意识	能根据故障应急处理情况做好乘客服务广播	10	
总分		100	
总结与反思:			
指导教师(企业导师)意见:			

*:由于故障点可能不同,学生需要进行的处理步骤也不尽相同,教师可以根据预先制定的故障点,自行规定时间要求。原则上不应超过3min。

情境任务二　两台 SIV 故障的处理

【故障描述】你驾驶 16 号线 1226 次列车正常运行至 A 站，在经过 A 站库线道岔区段的接触轨断电区时，列车状态显示屏显示列车多个系统的控制模块故障。将列车维持运行至库线内规定位置停车，更换驾驶台，按压"SIV 启动"按钮后，SIV 未启动，同时蓄电池自动跳开。

【任务目标】初步判断故障原因，按照故障处理办法的步骤进行应急处理，当故障无法排除时，应立即向行车调度员申请清人掉线。

【评价要点】

1. 能解读故障现象，判断两台 SIV 故障。
2. 能逐条排查可能导致故障的原因，找出故障点。
3. 在规定时间内做出应急处理，保证列车安全运行。
4. 能正确判断立即清人掉线或请求救援的情况。
5. 处理过程中有条不紊、不慌乱。

【职业素质提升】

安全意识，精益意识，观察能力，应变能力

【任务实施】

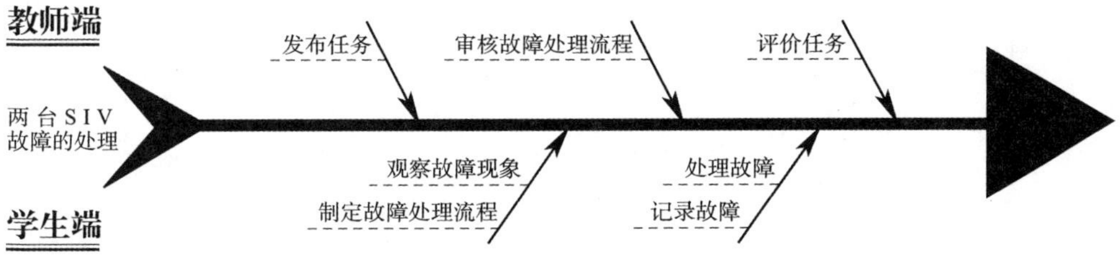

【操作要点笔记】

【考核内容】

考核项目	考核标准	分值	得分
故障处理	确认故障现象	10	
	报告行车调度员	10	
	依次排查故障点	15	
	根据故障原因进行相应操作	15	
	视处理结果采取维持运营、立即清人掉线或请求救援的措施	10	
表单填写	"列车状态记录单"填写正确，字迹工整	10	

续上表

考核项目	考核标准	分值	得分
作业标准	操作动作标准,无违规操作	10	
时间观念*	在规定时间内完成	10	
服务意识	能根据故障应急处理情况做好乘客服务广播	10	
总分		100	
总结与反思:			
指导教师(企业导师)意见:			

*:由于故障点可能不同,学生需要进行的处理步骤也不尽相同,教师可以根据预先制定的故障点,自行规定时间要求。原则上不应超过3min。

项目七 列车服务设备故障处理

☆理论知识过关准备☆

一、填空题

1. PIS、广播系统、CCTV 系统由________ V 电源供电。

2. 列车广播控制器有____________________套，互为____________________。

3. 若广播系统突然不能进行自动报站，但司机按下“开始”键后恢复报站，故障可能为______________。

4. 空调系统有____________________控制和____________________控制两种方式。

5. 要实现全列空调系统的网控模式，各车辆 SA 开关应位于____________________位。

6. 某节车厢内有乘客按下紧急报警器后，司机室内的监视显示器能________________。

7. 重启各系统保险开关的操作应当在列车____________________________状态下进行。

二、简答题

1. 试分析单个 LCD 显示屏不显示的可能原因。

2. 简述可能导致广播系统故障的原因。

3. 总结列车服务设备故障给运营秩序带来的影响。

☆实操技能考核与评价☆

情境任务一　客室 LCD 显示屏不显示的处理

【故障描述】11 号线 GC 车辆段内,你对即将出库投入运营的 11046 次列车进行整备作业时发现,客室所有的 LCD 显示屏都处于蓝屏状态。

【任务目标】在规定时间内找出故障点,根据情况做出相应处理。

【评价要点】

1. 能及时发现客室 LCD 显示屏显示故障。
2. 在规定时间内做出相应处理;解决故障或上报。

【职业素质提升】

服务意识,责任意识,观察能力,沟通能力

【任务实施】

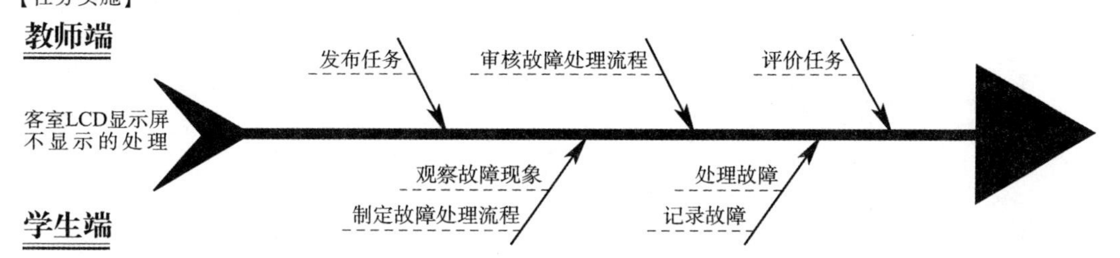

【操作要点笔记】

【考核内容】

考核项目	考核标准	分值	得分
故障处理	确认故障现象	15	
	确保停车状态下处理故障	20	
	必要时联系车辆段调度员或行车调度员	15	
表单填写	“列车状态记录单”填写正确,字迹工整	15	
作业标准	操作动作标准,无违规操作	10	

续上表

考核项目	考核标准	分值	得分
时间观念*	在规定时间内完成	10	
服务意识	能视故障严重程度做好乘客服务	15	
总分		100	
总结与反思：			
指导教师(企业导师)意见：			

*：原则上不应超过1min。

情境任务二　自动广播不报站的处理

【故障描述】你驾驶的 8 号线 2159 次列车在运行中突然出现全列广播均不自动报站的现象，无论广播主控单元在当前操纵端还是更换到尾端，均不能报站。

【任务目标】及时发现故障并做出相应处理，判断故障严重程度，视情况申请立即清人掉线或终点站掉线。

【评价要点】

1. 能及时发现自动广播不报站的情况。
2. 能采用人工广播正确应对自动广播故障的紧急情况。
3. 能正确判断立即清人掉线或终点站掉线的情况。

【职业素质提升】

服务意识，责任意识，沟通能力，应变能力

【任务实施】

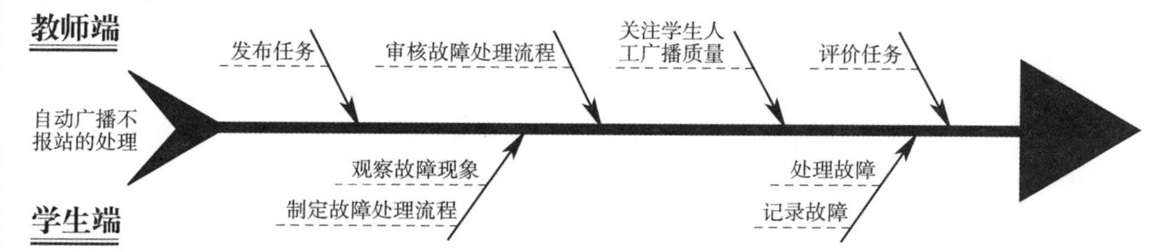

【操作要点笔记】

【考核内容】

考核项目	考核标准	分值	得分
故障处理	确认故障现象	10	
	及时采用人工广播，用语标准、吐字清晰	15	
	确保停车状态下处理故障	15	
	视处理结果向行车调度员申请立即清人掉线或终点站掉线	15	
表单填写	"列车状态记录单"填写正确，字迹工整	10	
作业标准	操作动作标准，无违规操作	10	

续上表

考核项目	考核标准	分值	得分
时间观念*	在规定时间内完成	10	
服务意识	能根据故障应急处理情况做好乘客服务	15	
总分		100	
总结与反思:			
指导教师(企业导师)意见:			

*:原则上不应超过1min。

情境任务三　CCTV 系统故障的处理

【故障描述】你驾驶 3 号线 1207 次列车在区间运行中，从驾驶台右侧的 CCTV 监视器上看到 2 号车厢客室监控出现花屏的现象。待列车进站停稳后进行处理。

【任务目标】及时发现故障，根据情况采取应急处理措施。

【评价要点】

1. 能及时发现 CCTV 系统故障。
2. 在规定时间内做出相应处理：解决故障或上报。

【职业素质提升】

服务意识，精益意识，观察能力

【任务实施】

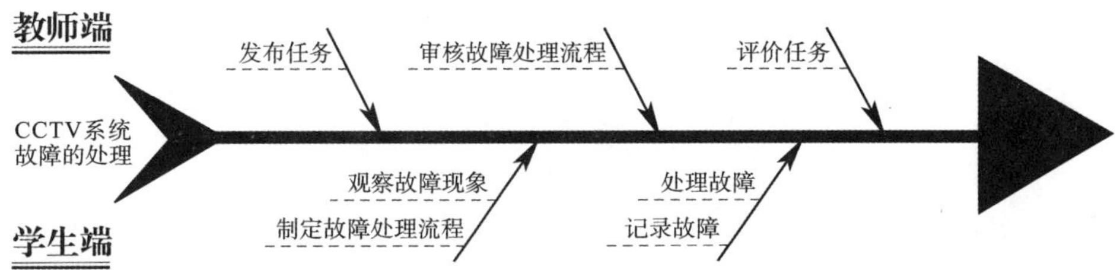

【操作要点笔记】

【考核内容】

考核项目	考核标准	分值	得分
故障处理	确认故障现象	15	
	确保停车状态下处理故障	20	
	必要时联系行车调度员，按其指示办理	15	
表单填写	“列车状态记录单”填写正确，字迹工整	15	
作业标准	操作动作标准，无违规操作	10	

续上表

考核项目	考核标准	分值	得分
时间观念*	在规定时间内完成	10	
服务意识	能视故障严重程度做好乘客服务与广播	15	
总分		100	
总结与反思：			
指导教师(企业导师)意见：			

*：原则上不应超过1min。

情境任务四　空调系统故障的处理

<table>
<tr><td colspan="4">【故障描述】你驾驶1号线2139次列车运行时,接到5号车乘客紧急报警,反映该车辆空调不制冷。查看列车状态显示屏后确认该车辆出现空调机组故障,使用人工广播安抚乘客后进行处理。</td></tr>
<tr><td colspan="4">【任务目标】及时发现故障,根据情况采取应急处理措施,并做好乘客服务。</td></tr>
<tr><td colspan="4">【评价要点】
1. 能及时发现空调系统故障。
2. 能做好乘客广播服务工作。
3. 能正确判断终点站掉线的情况。</td></tr>
<tr><td colspan="4">【职业素质提升】
服务意识,精益意识,责任意识,沟通能力,应变能力</td></tr>
<tr><td colspan="4">【任务实施】
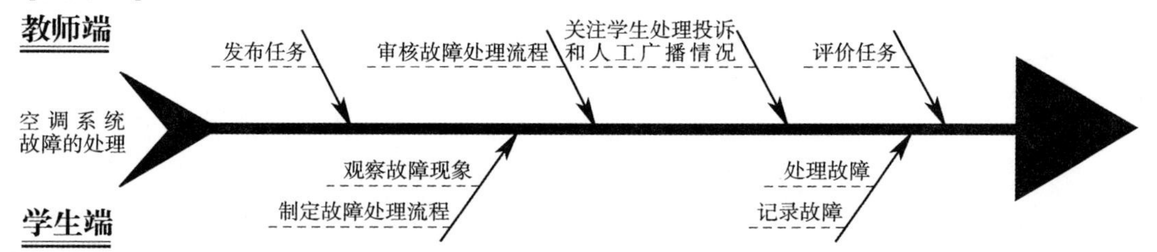
</td></tr>
<tr><td colspan="4">【操作要点笔记】</td></tr>
<tr><td colspan="4">【考核内容】</td></tr>
<tr><td>考核项目</td><td>考核标准</td><td>分值</td><td>得分</td></tr>
<tr><td rowspan="5">故障处理</td><td>确认故障现象</td><td>10</td><td></td></tr>
<tr><td>及时采用人工广播,用语标准、吐字清晰</td><td>15</td><td></td></tr>
<tr><td>能熟练使用列车状态显示屏进行空调系统检查与设置</td><td>15</td><td></td></tr>
<tr><td>必要时联系行车调度员,请求工作人员协助</td><td>10</td><td></td></tr>
<tr><td>视处理结果采取维持运营或终点站掉线的措施</td><td>10</td><td></td></tr>
<tr><td>表单填写</td><td>“列车状态记录单”填写正确,字迹工整</td><td>10</td><td></td></tr>
</table>

续上表

考核项目	考核标准	分值	得分
作业标准	操作动作标准,无违规操作	10	
时间观念*	在规定时间内完成	10	
服务意识	能做好乘客服务与广播,确保无投诉	10	
总分		100	
总结与反思:			
指导教师(企业导师)意见:			

*:原则上不应超过2min。

情境任务五　客室照明故障的处理

【故障描述】你驾驶5号线05017号列车在终点站清客后,按规定关闭客室照明,进入折返程序。折返完毕进站前操作客室照明开关,发现无法开启客室照明,但应急照明正常。

【任务目标】及时发现故障,根据情况采取应急处理措施,减小对运营秩序的影响。

【评价要点】

1. 能及时发现客室照明不亮的情况。
2. 能采用人工广播及时安抚乘客。
3. 能在规定时间内做出相应处理;解决故障或上报。

【职业素质提升】

服务意识,精益意识,观察能力,应变能力

【任务实施】

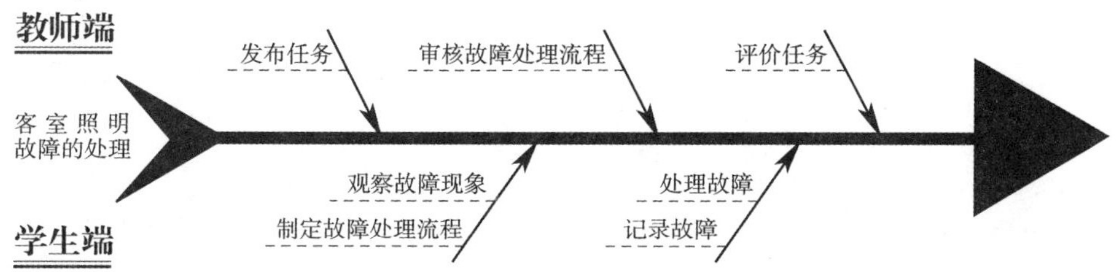

【操作要点笔记】

【考核内容】

考核项目	考核标准	分值	得分
故障处理	确认故障现象(全列或单车故障)	10	
	及时采用人工广播,用语标准、吐字清晰	15	
	确保停车状态下处理故障	15	
	视处理结果向行车调度员申请立即清人掉线或终点站掉线	15	
表单填写	“列车状态记录单”填写正确,字迹工整	10	

续上表

考核项目	考核标准	分值	得分
作业标准	操作动作标准,无违规操作	10	
时间观念*	在规定时间内完成	10	
服务意识	能根据故障应急处理情况做好乘客服务	15	
总分		100	
总结与反思:			
指导教师(企业导师)意见:			

*:原则上不应超过1min。

项目八 站台门故障处理

☆理论知识过关准备☆

一、填空题

1. 在________的作用下，站台门的滑动门随着列车车门的开启或关闭而开启或关闭。
2. 站台门的三级控制方式依次为___________控制、___________控制、___________。
3. 在火灾或其他紧急情况下，紧急控制站台门打开的操作设备为__________________。
4. 列车车门与站台门不能联动时，司机可以使用______________________操纵站台门。
5. 全列或部分站台门无法关闭时，为了不影响列车离站，可以采取的方法为__________。
6. 互锁解除失效的情况下，司机应当向行车调度员申请__________________________。

二、简答题

1. 简要说明列车车门与站台门的联动功能是如何实现的。

2. 总结信号系统与站台门系统的关系。

☆实操技能考核与评价☆

情境任务一　站台门与车门不联动的处理

【故障描述】你驾驶1号线2102次列车以CBTC-AM运行模式至L站上行站台正常停车，车门控制模式为"自动"，发现所有车门打开后，全列站台门没有开启。

【任务目标】及时发现故障，做出合理处置，确保乘客乘降作业安全、有序进行。

【评价要点】

1. 能及时发现站台门与车门不联动。
2. 能手动操作PSL控制站台门开启和关闭，不影响列车安全、正点运营。
3. 处理过程中有条不紊、不慌乱。

【职业素质提升】

服务意识，大局意识，心理素质，应变能力，沟通能力

【任务实施】

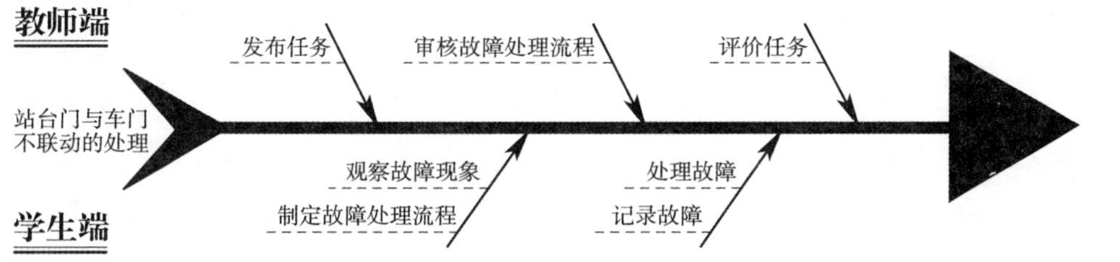

【操作要点笔记】

【考核内容】

考核项目	考核标准	分值	得分
故障处理	确认故障现象	15	
	手动控制车门	15	
	操作PSL手动控制站台门	15	
	报告行车调度员	10	

续上表

考核项目	考核标准	分值	得分
作业标准	操作动作标准,无违规操作	10	
时间观念	不影响乘降作业时间,准点发车	15	
服务意识	保障乘客乘降作业正常进行	10	
沟通表达	正确描述故障现象,与行车调度员沟通效率高	10	
总分		100	

总结与反思:

指导教师(企业导师)意见:

情境任务二　全列站台门故障的处理

【故障描述】你驾驶10号线1025次列车以CBTC－AM运行模式至L站上行站台正常停车，发现所有车门打开后，全列站台门没有开启。尝试使用PSL，但仍不能打开站台门。

【任务目标】及时发现故障，做出合理处置，确保乘客乘降作业安全、有序进行。

【评价要点】

1. 能及时发现站台门故障。
2. 能监护站台门开启或关闭作业，完成乘客乘降作业。
3. 处理过程中有条不紊、不慌乱。

【职业素质提升】

服务意识，大局意识，心理素质，合作能力，沟通能力

【任务实施】

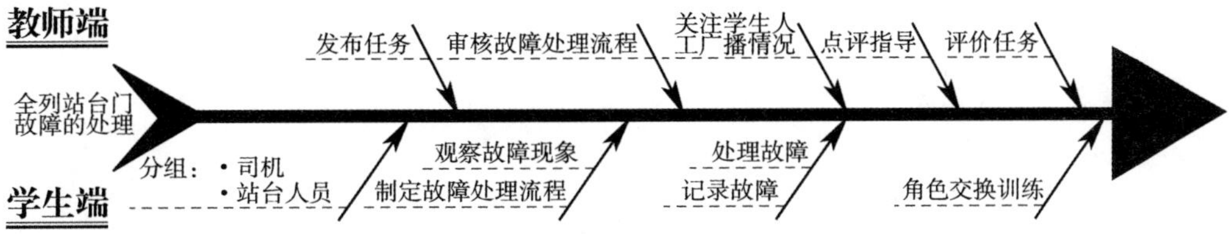

【操作要点笔记】

【考核内容】

考核项目	考核标准	分值	得分
故障处理	确认故障现象	10	
	向行车调度员申请站台工作人员协助处理	10	
	安全、高效完成站台作业	15	
	顺利启动列车离站运行	15	
作业标准	操作动作标准，无违规操作	10	
时间观念*	不影响乘降作业时间，按时发车	10	

续上表

考核项目	考核标准	分值	得分
服务意识	保障乘客乘降作业正常进行	10	
沟通表达	能向乘客清晰、准确地说明滑动门手动打开方法	10	
团队合作	能与站台工作人员有效配合,提高故障处理效率	10	
总分		100	

总结与反思:

指导教师(企业导师)意见:

*:考虑手动打开站台门的花费时间,建议晚点时间不超过1min。

情境任务三　互锁解除失效的处理

【故障描述】你驾驶7号线2158次列车，接行车调度员通知，H站下行站台门故障。站台工作人员按规定操作PSL的“互锁解除”开关使列车离站，但你发现列车仍无法正常发车。

【任务目标】确认站台门故障，与站台工作人员配合，做出合理处置，确保行车安全、运营有序。

【评价要点】

1. 能及时发现站台门互锁解除失效的故障。
2. 能采取恰当的措施处置故障，不影响列车安全、正点运营。
3. 处理过程中有条不紊、不慌乱

【职业素质提升】

服务意识，大局意识，应变能力，沟通能力，合作能力

【任务实施】

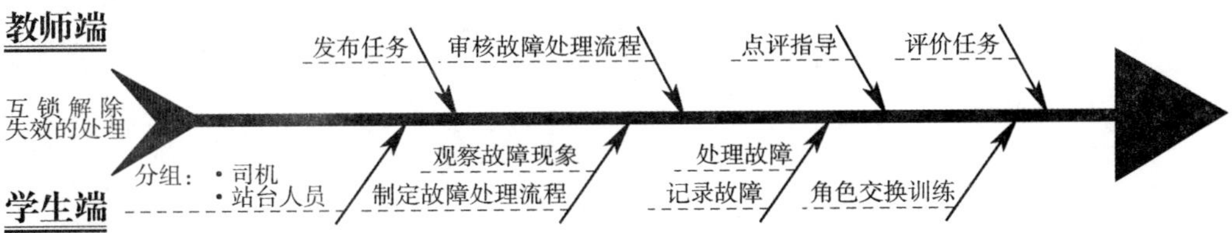

【操作要点笔记】

【考核内容】

考核项目	考核标准	分值	得分
故障处理	确认故障现象	15	
	向行车调度员申请切除车载信号系统	15	
	顺利启动列车离站运行	15	
	正确恢复车载信号系统	15	
作业标准	操作动作标准，无违规操作	10	

续上表

考核项目	考核标准	分值	得分
时间观念	按点发车,不延误	10	
沟通表达	能向行车调度员正确表述故障现象	10	
团队合作	能与站台工作人员有效配合,提高故障处理效率	10	
总结与反思:			
指导教师(企业导师)意见:			